성경적 부자되기

성경적 재정원칙

성경적 부자되기

2019년 4월 15일   제1판 1쇄 발행
지 은 이   김 만 홍
펴 낸 이   김 만 홍
펴 낸 곳   도서출판 예지

인천광역시 계양구 계양문화로 168, 319-304호
전 화   010-2393-9191
등 록   2005. 5. 12. 제387-2005-00010호
ⓒ 김 만 홍 2019

정가 12,000원
ISBN 978-89-93387-37-7 03230

공급처 : 하늘유통 031) 947-7777

성경적 부자되기

김만홍

예지

프롤로그

우리 하나님께서는 물질축복을 누릴 수 있는 성경적 부자 되는 원칙을 만드셨다. 성경적 부자 되는 원칙은 어떤 상황에서도 효력이 나타나는 영적인 원칙이다.

인간이 만든 부자가 되는 원리가 아니라, 온 우주 만물을 창조하신 하나님께서 만드신 부자 되는 원칙이기 때문이다.

그러므로 물질축복을 방해하는 존재는 마귀 사탄과 우리 자신이다.

우리가 마귀 사탄의 유혹으로 인하여 물질축복을 믿지 않고,

부자가 되는 원칙을 우리 삶에 적용하지 않는다면,

성경적 부자 되는 원칙은 아무런 효력이 나타나지 않을 것이다.

그러므로 성경적 부자 되는 원칙이 우리의 마음에 확실하게 자리 잡아야 한다.

그렇게 하려면 우리가 성경적 부자 되는 원칙을 계속해서 공부하고, 계속해서 연구하고, 계속해서 묵상하고, 계속해서 삶에 적용해야 한다.

그럴 때 성경적 부자 되는 원칙은 살아 움직여 우리에게 놀라운 축복을 가져다 줄 것이다. 우리가 성경적 부자 되는 원칙을 정확하게 알고, 믿고, 묵상하고, 말하고, 결정하고, 행하면 우리도 부자가 되어 행복한 삶을 살아갈 수 있다.

"너희가 이것을 알고 행하면 복이 있으리라"(요 13:17)

알라, 믿어라, 묵상하라, 말하라, 결정하라, 행하라, 복을 누리라.

성경적 부자 되는 원칙을 배우고 연구하고 알라.

성경적 부자 되는 원칙으로 부자가 될 수 있다고 믿어라.

성경적 부자 되는 원칙을 충분히 묵상하라.

성경적 부자 되는 원칙을 입으로 자주 말하라.

성경적 부자 되는 원칙으로 부자가 되겠다고 결정하라.

성경적 부자 되는 원칙을 지켜 행하라.

성경적 부자 되는 원칙으로 부자가 되어 복을 누리라.

이 책은 인생의 진정한 성공을 위한 혁명적인 개념을
제시하는 책이다.

이 책은 영원한 관점으로 하늘나라를 바라보게 하는 책이다.

이 책은 성경적 재정원칙을 전하는 책이다.

이 책은 성경적 부자 되는 원칙을 전하는 책이다.

이 책은 재물에 노예가 되지 않고 재물을 다스리게 하는 책이다.

이 책은 부자에 대한 하나님의 뜻을 알려 주는 책이다.

이 책은 우리의 공급자가 누구인지를 알려 주는 책이다.

이 책은 재물에 대한 마귀 사탄의 전략을 폭로하는 책이다.

하나님이 복을 쌓을
창고를 준비하라

우리는 하나님이 기뻐하시는 참된 부자가 되기 위해서 하나님이 복을 쌓을 나의 창고를 준비해야 한다. 우리에게 부자가 될 수 있는 참된 원칙을 알려주는 말씀은 신명기 28장 8절이다.

"여호와께서 명령하사 네 창고와 네 손으로 하는 모든 일에 복을 내리시고 네 하나님 여호와께서 네게 주시는 땅에서 네게 복을 주실 것이며"

이 말씀에서 우리 하나님은 우리에게 복을 주시되 그냥 복을 주시는 것이 아니라 여호와께서 명령하사 우리에게 복을 주신다고 말씀한다. 우리 하나님께서 명령하사 우리에게 복을 주신다는 내용은 레위기 25장 21절부터 22절에서도 강조한다.

"내가 명령하여 여섯째 해에 내 복을 너희에게 주어 그 소출이 삼 년 동안 쓰기에 족하게 하리라 너희가 여덟째 해에는 파종하려니와 묵은 소출을 먹을 것이며 아홉째 해에 그 땅에 소출이 들어오기까지 너희는 묵은 것을 먹으리라"

이 말씀은 하나님이 재정하신 안식년에 관한 말씀으로 제 칠년에는 땅이 쉬어야 하기 때문에 우리 하나님께서 이스라엘 백성들에게 제 육년에는 다른 년도보다 수확을 세 배나 더 주시겠다고 약속하셨다. 그러므로 이 말씀은 제 팔년에 씨앗을 뿌려 제 구년에 소출을 거두어 열매를 먹을 때까지 제 육년에 하나님께서 주신 세 배의 곡식을 저장해 두어야 한다는 교훈이다.

신명기 28장 8절은 하나님께서 어디에 명령하시고, 어디에 복을 주신다고 말씀하는가?

"네 창고와 네 손으로 하는 모든 일에"

우리 하나님께서 우리의 창고와 우리의 손으로 하는 모든 일에 명령하사 복을 주신다고 말씀하셨다.

그렇다면 우리는 어디에서 복을 받을 수 있는가?

"네 하나님 여호와께서 네게 주시는 땅에서 네게 복을 주실 것이며"

우리 하나님께서 우리에게 주시는 땅에서 복을 주신다고 말씀하신다. 그러므로 하나님께서는 특별히 하나님의 백성인 이스라엘 백성들에게 가나안땅인 아름다운 땅을 주셨다.

"네 하나님 여호와께서 너를 아름다운 땅에 이르게 하시나니 그 곳은 골짜기든지 산지든지 시내와 분천과 샘이 흐르고 밀과 보리의 소산지요 포도와 무화과와 석류와 감람나무와 꿀의 소산지라 네가 먹을 것에 모자람이 없고 네게 아무 부족함이 없는 땅이며 그 땅의 돌은 철이요 산에서는 동을 캘 것이라 네가 먹어서 배부르고 네 하나님 여호와께서 옥토를 네게 주셨음으로 말미암아 그를 찬송하리라"(신 8:7-10)

그러므로 우리 하나님께서는 하나님의 자녀인 우리 그리스도인에게도 이 땅에서 이렇게 놀라운 축복을 주신다. 그러므로 우리는 이 땅에서 하나님이 복을 쌓아 부어줄 우리의 창고를 준비해야 한다.

사실 우리 하나님께서도 하늘 창고를 가지고 계신다.

"만군의 여호와가 이르노라 너희의 온전한 십일조를 창고에 들여 나의 집에 양식이 있게 하고 그것으로 나를 시험하여 내가 하늘 문을 열고 너희에게 복을 쌓을 곳이 없도록 붓지 아니하나 보라"(말 3:10)

이 말씀을 자세히 살펴보면 하나님의 하늘 창고가 있고, 땅에 나의 창고가 있다. 우리는 하나님의 창고에 온전한 십일조를 쌓아야 하고, 우리 하나님은 우리의 창고에 복을 쌓을 곳이 없도록 부어주신다.

그러므로 하나님께서 복을 부어주고 싶어도 나의 창고가 없다면 복을 우리에게 부어주실 수 없다.

그렇다면 여기서 하나님이 명령하사 복을 쌓을 창고란 무엇일까?

사실 과거에는 어느 부자 집에나 곳간이나 창고가 있어서 그곳에 추수한 것들과 다음 해에 심을 씨앗을 쌓아두었다.

하지만 오늘날에는 우리 모두가 농사를 짓지 않기 때문에 우리의 창고는 은행에 예치된 "은행계좌"라고 할 수 있다. 그러므로 우리가 준비한 나의 창고가 하나님의 복을 받기 위해서 먼저 나의 창고를 마련하고, 그곳에 돈을 저축하고 모아야 한다.

그러므로 이스라엘의 다윗 왕도 성전을 건축하기 위해 어려운 환난 중에서도 많은 물질을 모았다.

"내가 환난 중에 여호와의 성전을 위하여 금 십만 달란트와 은 백만 달란트와 놋과 철을 그 무게를 달 수 없을 만큼 심히 많이 준비하였고 또

재목과 돌을 준비하였으나 너는 더할 것이며"(대상 22:14)

그러므로 우리가 우리의 창고에 돈을 저축하는 방법은 우리의 총수입에서 지출하고 남은 돈을 예금하되 우리의 수입에서 몇 퍼센트를 예금해야한다는 규칙이 없기 때문에 우리의 형편에 따라 돈을 예금하되 일정기간동안 그 돈을 쓰지 않기로 결단하고 돈을 계속 모아야 한다.

그러므로 우리는 우리의 창고에 모으는 방법으로 자녀의 학자금을 모을 수도 있고, 은퇴 후를 대비해서 은퇴자금을 모을 수도 있고, 집을 구입하기 위해 돈을 모을 수도 있고, 교회건축을 위해 돈을 모을 수도 있다. 그러므로 우리가 우리의 창고에 돈을 모으지 않는다면 우리 하나님께서도 우리의 창고에 복이 쌓아지도록 명령하실 수 없다.

그러므로 우리가 나의 창고에 돈을 지혜롭게 모으면 우리 하나님께서 우리의 창고에 명령하사 엄청나게 많은 복을 부어 주시는 것이다.

"이는 나를 사랑하는 자가 재물을 얻어서 그 곳간에 채우게 하려 함이니라"(잠 8:21)

1. 나의 창고가 하나님의 복을 받는 조건은 무엇인가?

† 우리는 하나님의 말씀을 듣고 지켜 행하여야 한다.

신명기 28장 8절의 전후문맥을 읽어보면, 하나님의 말씀에 순종하는 사람이 하나님의 복을 받는다고 말씀한다. 신명기 28장 1절부터 2절에서는 하나님의 말씀을 듣고 지켜 행할 때 하나님이 복을 주시고, 우리가 하나님의 말씀을 청종할 때 하나님이 복을 주신다고 말씀한다.

그리고 9절과 13절에서도 하나님의 명령을 지켜 행할 때 하나님이 복을 주신다고 말씀한다. 그리고 14절에서는 우리가 하나님이 명령하신 말씀을 떠나지 않을 때 하나님이 복을 주신다고 말씀한다.

그러므로 하나님의 말씀을 지켜 행하는 순종이 우리가 하나님의 복을 받는 비결이다. 그러므로 우리는 이제 우리의 창고를 준비하고, 하나님의 말씀을 듣고 지켜 행하면 하나님이 반드시 나의 창고에 복을 명령하신다는 확신을 가져야 한다.

신명기 28장 8절에서 말씀하시는 부자가 되는 원칙이야말로 하나님의 말씀에 기록되어 있는 하나님의 뜻이며, 올바른 부자가 되는 원칙이다.

† 우리는 자신의 돈을 모으려는 욕심을 버려야 한다.

우리 하나님께서 우리의 창고에 명령하셔야 우리의 창고가 복을 받고 하나님이 기뻐하시는 참된 부자가 될 수 있기 때문에 하나님이 우리의 창고에 명령하시려면 우리는 반드시 자신의 돈을 모으려는 욕심을 버려야 한다. 그러므로 나의 창고는 하나님의 영광을 위해서 사용할 목적이 있는 돈을 모으는 것이다.

그러므로 이러한 원리는 돈을 사랑하지 않는 가운데 우리의 욕심과 세상의 방법을 뛰어넘어서는 진정한 부자가 되는 원칙이다. 그러므로 우리는 나의 창고를 만들고 절제하는 삶과 저축하는 삶을 통해 하나님의 물질축복을 받아 누릴 수 있다.

† 우리는 온전한 십일조와 헌금을 드리고 베푸는 삶을 살아야 한다.

우리가 나의 창고에 돈을 저축하는 것은 하나님이 나의 창고에 복을 명령하시도록 돈을 저축하기 때문에 우리는 자신의 돈을 더 모으려는 욕심을 버려야 한다.

그러므로 우리는 우리의 수입에서 온전한 십일조와 하나님이 기뻐하시는 선교헌금과 감사헌금을 드리고, 다른 사람들에게도 사랑을 베풀고 남은 돈을 저축해야 한다. 여기서 중요한 것은 우리가 돈을 얼마나 많이 모으느냐가 아니라 하나님께서 명령하사 우리의 창고에 돈이 얼마나 많이 모아지게 하느냐가 더 중요하기 때문이다.

우리가 아무리 애를 써도 이루어지지 않지만 전능하신 하나님께서 역사하시고, 그분이 우리의 창고에 명령하시면, 우리의 창고에는 복이 쌓일 수밖에 없는 것이다.

† 우리는 우리의 돈을 성실하게 관리해야 한다.

우리가 나의 창고에 돈을 모으려면 우리의 수입에서 지출하고 남은 돈을 모아야 하기 때문에 지출부분을 지혜롭게 줄여야 한다.

그러므로 수입을 더 늘리려고 노력하기보다는 돈이 허비되는 것을 막는 것이 관건이다. 그러므로 가난한 사람은 수입이 부족해서 생기는 것이 아니라 돈을 성실하게 관리하지 못해서 생겨난다.

우리 하나님은 본인의 수입보다 더 많이 지출하여 허비하는 사람에게 복을 내리시지 않기 때문이다. 그러므로 자신이 가진 돈을 성실하게 다스릴 줄 모르면 하나님으로부터 복을 받을 수 없다.

여기서 성실이란 마음이 정성스럽고 참되다는 뜻이다. 성실은 정직하고 마음이 솔직하고 맑고 깨끗하고 거짓이 없다는 뜻이다. 그러므로 성실은 올바르고 정직하고 진실한 성품을 뜻한다. 성실을 뜻하는 영어의 인테고리티(integrity)는 진실성과 도덕성과 고결함과 온전함을 나타낸다. 그러므로 우리 하나님이야 말로 진정으로 성실하신 분이셨다.

"여호와의 말씀은 정직하며 그가 행하시는 일은 다 진실하시도다 그는 공의와 정의를 사랑하심이여 세상에는 여호와의 인자하심이 충만하도다"(시 33:4-5)

그러므로 우리는 하나님의 성품을 본받아 성실하게 돈을 잘 관리해야 한다. 성실하지 않는 방법으로 얻은 재물은 점점 줄어들고 성실하게 모은 재물은 늘어나기 때문이다.

"망령되이 얻은 재물은 줄어가고 손으로 모은 것은 늘어가느니라"

(잠 13:11)

그러므로 우리 하나님께서는 정직하고 성실한 사람의 삶을 지켜보시고 아시기 때문에 그들이 받은 부와 재물이 영원히 마르지 않게 됨으로 그들의 후손들까지도 복을 누린다.

"여호와께서 온전한 자의 날을 아시나니 그들의 기업은 영원하리로다, 온전하게 행하는 자가 의인이라 그의 후손에게 복이 있느니라, 악한 자의 집은 망하겠고 정직한 자의 장막은 흥하리라, 유덕한 여자는 존영을 얻고 근면한 남자는 재물을 얻느니라"(시 37:18, 잠 20:7, 14:11, 11:16)

그러므로 부패하고 거짓말을 자주하며, 정직하지 못하고, 다른 사람을 속이는 사람은 결코 하나님이 기뻐하시는 참된 부자가 될 수 없다. 하지만 다윗은 진정으로 성실하게 살았기 때문에 하나님이 기뻐하시는 참된 부자가 되었다.

"내가 나의 완전함에 행하였사오며 흔들리지 아니하고 여호와를 의지하였사오니 여호와여 나를 판단하소서 여호와여 나를 살피시고 시험하사 내 뜻과 내 양심을 단련하소서 주의 인자하심이 내 목전에 있나이다 내가 주의 진리 중에 행하여 허망한 사람과 같이 앉지 아니하였사오니 간사한 자와 동행하지도 아니하리이다 내가 행악자의 집회를 미워하오니 악한 자와 같이 앉지 아니하리이다 여호와여 내가 무죄하므로 손을 씻고 주의 제단에 두루 다니며, 나는 나의 완전함에 행하오리니 나를 속량하시고 내게 은혜를 베푸소서"(시 26:1-6, 11)

† 우리는 우리의 잘못된 소비 습관을 버려야 한다.

사실 우리나라 사람들은 다른 가난한 나라 사람들보다 수입이 적지 않지만 늘 지출할 부분보다 수입이 부족하다고 느낀다. 가난한 나라 사람들보다 수입이 많지만 수입이 적다고 느끼는 것은 잘못된 소비 습관과 부자들의 생활에 맞추려는 잘못된 생각을 가지고 있기 때문이다. 그러므로 우리는 다른 사람이 가지고 있는 것은 우리도 꼭 가져야 한다는 생각을 버려야 한다. 다른 사람보다 더 소유하려는 탐심도 물리쳐야 한다. 다른 사람이 사면 나도 사야한다는 생각을 버려야 한다.

그런데 오늘날 현대인들은 물건을 사서 자기 집에 모아놓는 '사재기 병'에 걸려 있다. 그들은 자신의 마음의 욕구를 충족하기 위해서 물건을 많이 구입한다. 결국 이런 사람들은 자신에게 들어오는 모든 돈을 물건을 사는데 다 사용해 버린다. 자신에게 얼마의 수입이 생기든지 다 사용해 버리니 돈을 모을 수가 없다.

그러므로 우리는 이 시점에서 우리 자신의 집에 자기 소유의 물건이 얼마나 많은지를 생각해보아야 한다. 과연 자신의 소유인 물건들을 얼마나 많이 가지고 있을까? 우리의 옷이 몇 벌이나 되고, 우리의 신발은 얼마나 되고, 자동차가 몇 대이고, 운동기구가 몇이나 되며, 집이 몇 채이고, 명품 가방이 몇 개이고, 시계는 몇 개이고, 여러 가지 보석이나 악세 사리는 얼마나 될까? 옷의 종류도 얼마나 많은지 봄, 여름, 가을, 겨울의 옷들을 따져보면 굉장히 많을 것이다.

우리가 죽을 때까지 다 입지도 못할 옷들을 얼마나 많이 가지고 있는 가? 그리고 우리가 가지고 있는 것들 중에 유명메이커나 명품들은 얼마나 될까?

사실 이런 것들은 우리가 죽을 때 아무 것도 가지고 갈 수 없지만 그래도 많은 사람들은 가장 좋은 물건이나 명품을 소유하겠다는 욕망을 가지고 있다.

그런데 이 세상은 늘 끊임없이 새로운 것들과 가장 좋은 것들을 개발하고 있기 때문에 우리가 아무리 좋은 것을 구입해도 얼마 지나지 않아 우리가 가진 물건들은 가장 좋은 물건이 될 수 없다.

그래서 자신이 가진 것을 팔아버리고, 디자인이 뛰어나고 멋있게 보이는 또 다른 새로운 물건을 구입한다. 이것이 만족할 줄 모르는 질병이 아니고 무엇이겠는가?

우리는 가끔 TV에서 자기 집에 엄청난 쓰레기를 모으는 사람들을 본다. 본인이 들어갈 공간도 없이 온 집안에 쓰레기가 가득 쌓여있다. 나중에 트럭으로 치우면 엄청난 양의 쓰레기가 그 집에서 나온다. 그런데 그런 사람들이 한 둘이 아니다. 그런 내용이 방송에 소개되었으니 다시는 그런 사람들이 없을 것 같은 데 또 나오고, 또 나온다. 왜냐하면 그것 또한 정신적으로 문제가 있는 사람들이 하는 행동이기 때문이다.

그러므로 우리는 무엇보다도 어떤 물건을 사는 것을 조심해야 한다. 그러므로 가정에 어떤 물건을 구입할 때, 이 물건은 우리의 가정에 당장 필요한 물건인지를 깊이 생각하고 구입해야 한다. 우리가 별 생각 없이 쉽게 물건을 구입하게 되는 이유는 지금 당장 갚지 않아도 되는 신용카드로 물건을 구입하기 때문이다.

그러므로 어떤 경우에도 물건을 구입할 때에 빚으로 구입하지 않겠다고 결단해야 한다. 어떤 물건이 꼭 필요하면 그 물건을 사기 위해 돈을 모아서 현금으로 그 물건을 구입해야 한다. 그런데 돈을 모으기 위해서 기다렸다가 막상 돈이 모아졌을 때에는 그 물건이 꼭 필요한지를 생각해보면 그 물건이 필요 없는 경우도 생겨서 그 물건을 구입하지 않아도 되는 일이 발생한다. 그럴 때는 모아둔 돈을 나의 창고에 예금하면 된다. 그러므로 우리는 나의 창고에 돈이 모아지려면 검소한 생활과 절약하는 생활과 저축하는 생활이 습관화 되어야 한다.

† 우리는 무엇보다도 빚을 해결해야 한다.

우리가 집이나 어떤 재산을 구입하기 위해서 은행에서 대출을 받았을 경우에는 많은 세월동안 이자를 내야 하는 데 그러한 이자를 모두 합하면 엄청난 금액이 되기 때문에 우리는 우리의 수입에서 이자로 지출하는 것을 막아야 한다.

그러므로 이자로 나가는 것을 막으려면 빚지지 않는 방법밖에 없다. 다시 말해서 가능하다면 빚지지 않기 위해서 신용카드를 사용하지 않고 대출을 받지 말아야 한다. 우리가 대출을 받지 않고 우리에게 필요한 물건이나 부동산을 현금으로 구입하려면 나의 통장에 돈을 모으는 방법밖에 없다.

사실 우리는 많은 경우에 돈을 미래를 위해서 투자하기보다는 새로운 물건을 구입하기 위해 사용해 버린다. 다른 사람들이 사니까 나도 사는 것이다. 그러므로 이기심으로 다른 사람들에게 자랑하기 위해서 명품을 구입하는 사람들도 있다.

본인이 자아존중감이 높고 속사람이 건강한 사람이라면 외부의 다른 것으로 자신을 치장할 필요가 없을 것이다. 본인이 존귀한 사람이라고 믿으면 명품을 걸치지 않아도 기가 죽을 이유가 없기 때문이다.

그러므로 자신의 내면에 열등감이 있을수록 그것을 숨기기 위해 많은 명품을 사들여 자신을 꾸미는 것이다.

그러므로 어떤 가정을 살펴보면 늘 많은 물건을 구입하다보니 본인의 창고인 은행 계좌에는 돈이 하나도 없고, 자기 집에는 그 동안 돈을 지불하고 구입했던 물건들이 가득 쌓여 있다.

그러므로 우리는 자신을 돌아볼 필요가 있다. 과연 우리 집에는 미래를 위해 미리 저축한 돈이 나의 창고에 가득 쌓여 있는가? 아니면 필요 없는 물건만 가득 쌓여 있는가? 그러므로 자신의 수입보다 지출이 많으면 빚을 질 수밖에 없다.

그러므로 하나님이 나의 창고에 명령하사 복을 부어주시게 하려면 나의 수입보다 지출을 줄여서 빚을 지지 말아야 한다.

2. 어떻게 나의 창고에 명령하사 복을 부어주시는가?

여기서 가장 중요한 원리는 하나님과 그분의 말씀을 믿고 신뢰하는 것이다. 우리 하나님이 성경을 통해서 우리의 창고와 우리 손으로 하는 모든 일에 복을 부어 주신다고 말씀하셨기 때문에 우리의 창고에 복이 쌓이는 것이다.

"여호와께서 명령하사 네 창고와 네 손으로 하는 모든 일에 복을 내리시고 네 하나님 여호와께서 네게 주시는 땅에서 네게 복을 주실 것이며"(신 28:8)

우리가 어린아이처럼 단순하게 하나님의 말씀의 약속을 믿어버리면 우리 하나님께서 일하신다. 그러므로 성경적 부자 되는 원칙을 믿고, 우리의 창고를 준비하고, 우리의 창고에 열심히 모으면, 우리 하나님께서 역사하사 자꾸 우리의 창고에 돈이 모아지는 기적 같은 일을 경험하게 된다.

왜 이러한 일들이 일어날까?

바로 우리 하나님께서 약속하셨기 때문에 하나님의 말씀대로 이루어지는 것이다. 그러므로 우리의 모든 축복은 하나님께서 말씀하신 대로 이루어진다. 하나님의 말씀은 결코 부도가 나지 않는다.

우리 하나님은 거짓말을 못하시고, 어떤 실수도 하시지 않는 전지전능하신 하나님이시기 때문이다.

"하나님은 사람이 아니시니 거짓말을 하지 않으시고 인생이 아니시니 후회가 없으시도다 어찌 그 말씀하신 바를 행하지 않으시며 하신 말씀을 실행하지 않으시랴"(민 23:19)

그러므로 하나님의 말씀은 능력이 있다. 심지어 온 세상이 하나님의 말씀의 능력으로 창조되었다.

"믿음으로 모든 세계가 하나님의 말씀으로 지어진 줄을 우리가 아나니 보이는 것은 나타난 것으로 말미암아 된 것이 아니니라"(히 11:3)

그러므로 우리가 하나님의 말씀을 믿고 행하면 반드시 복을 받고, 열매를 맺고, 하나님의 일을 성취시킨다. 그러므로 만사형통의 비결은 하나님의 말씀을 믿고 행하는 것에 달려 있다.

"내 입에서 나가는 말도 이와 같이 헛되이 내게로 되돌아오지 아니하

고 나의 기뻐하는 뜻을 이루며 내가 보낸 일에 형통함이니라"(사 55:11)

뿐만 아니라 우리의 창고가 복을 받는 이유는 우리 하나님께서는 온 우주와 온 세상 가운데 최고의 부자로서 우리에게 복을 부어주시기 때문이다.

사실 우리 인간들은 우리 하나님께서 창조하신 것들을 수천 년 동안 계속해서 사용해 왔다. 지금까지 우리 인간들이 사용하여 허비한 것들을 다 모은다면 얼마나 될까? 우리는 하나님이 창조한 공기를 마음껏 마시지만 그 공기는 지금도 이 지구 안에 가득 차 있다. 우리가 사용한 물도 엄청나지만 지금까지도 이 지구상에는 엄청난 물들이 남아 있다.

우리가 석탄이나 석유도 엄청 많이 사용했지만 지금까지도 많이 남아 있다. 그런가하면 그러한 자원을 대체할 많은 에너지들이 개발되고 있고, 태양에너지를 통해 엄청난 양의 전기 에너지를 사용하고 있다.

그러므로 우리 하나님은 진정으로 모든 것이 풍성하신 하나님이시다. 사랑도 풍성하시고, 긍휼도 풍성하시고, 인자하심과 용납하심과 길이 참으심이 풍성하시고, 인자와 진실이 풍성하시다. 지혜와 지식도 풍성하시고, 참되심도 풍성하시다. 무엇보다도 우리 하나님은 풍성한 물질을 가지고 계신다.

"긍휼이 풍성하신 하나님이 우리를 사랑하신 그 큰 사랑을 인하여, 이는 그리스도 예수 안에서 우리에게 자비하심으로써 그 은혜의 지극히 풍성함을 오는 여러 세대에 나타내려 하심이라, 깊도다 하나님의 지혜와 지식의 풍성함이여, 그의 판단은 헤아리지 못할 것이며 그의 길은 찾지 못할 것이로다, 오직 나는 주의 풍성한 사랑을 힘입어 주의 집에 들어가 주를 경외함으로 성전을 향하여 예배하리이다, 우리 주의 은혜가 그리스도 예수 안에 있는 믿음과 사랑과 함께 넘치도록 풍성하였도다, 하나님의 참되심이 더 풍성하여 그의 영광이 되었다면, 하나님은 하늘의 이슬과 땅의 기름짐이며 풍성한 곡식과 포도주를 네게 주시기를 원하노라"(엡 2:4, 7, 롬 11:33, 시 5:7, 딤전 1:14, 롬 3:7, 창 27:28)

그러므로 우리도 풍성하신 하나님을 본받아 우리의 창고가 풍성하게 가득 찰 때까지 인내하며 기다려야 한다. 우리의 미래의 참된 기반을 위해 우리의 창고에 저축해야 한다. 단순히 우리의 재산을 늘리고, 어떤 자동차나 물건들을 구입하기 위해 모으는 것이 아니라 하나님의 뜻에 따라 큰일을 하기 위해 모으는 것이다. 결국 우리가 많이 저축한 돈은 더 많은 돈을 모아서 하나님의 사역과 다른 사람들에게 나눌 수 있다. 그러므로 하나님의 축복에는 반드시 목적이 있다. 우리가 하나님께 엄청난 축복을 받아서 안정된 가운데 하나님의 위대한 사역을 감당할 수 있기 때문이다.

3. 돈에게 지배를 당하지
않으려면 돈을 지배하라.

우리가 우리의 창고를 만들어 돈을 그 곳에 저축하는 것은 우리가 돈을 지배하고 다스리는 것이다. 우리가 돈을 지혜롭게 관리하지 않으면 우리는 결코 우리의 창고에 돈을 모을 수가 없다.

그러므로 우리가 돈을 지배하려면 돈을 잘 관리할 수 있는 어떤 시스템이 있어야 한다. 우리가 돈을 어디에 사용하고, 어떤 것은 절대로 신용카드로 사지 않고 반드시 현금으로 구매하며, 우리의 수입과 지출을 명확하게 파악하여 우리의 수입의 한도 안에서 돈을 지출하고, 남은 것을 우리의 창고에 저축해야 한다.

그러므로 우리가 돈을 통제하려면 먼저 우리의 마음으로 돈을 통제하겠다고 확정해야 한다.

그러므로 밴 크로치는 우리가 돈을 통제할 때 영적인 면에서도 열매를 맺게 되는 이유를 설명한다.

"돈이 우리 삶의 갖가지 일들을 결정하게 놔두지 않고 대신 우리가 우리 돈에게 할 일을 명령하기 시작했다. 그러자 갑자기 깨닫게 된 것이 있다. 이러한 물질적 영역에서 바르게 실천하는 생활이 또한 영적인 면에서도 열매를 맺으며 바르게 성장하도록 돕는다는 사실이었다. 돈을 사용함에 있어서 인내와 지혜와 절제를 연습함에 따라 성령의 열매가 다른 영역에서도 맺어지기 시작한 것이다. 하나님을 우리 재정 주인으로 모시자, 하나님은 우리가 인생의 모든 영역에서 더 나은 종이 될 수 있도록 재물의 영역을 통해 우리를 가르치셨다. 하나님은 우리 재정적 문제들을 다스리시면서 우리도 모르고 지나쳐버린 영적인 문제들을 해결할 수 있도록 도우셨다. 우리가 불의한 재물 앞에서 신실하게 살아가는 법을 배우게 되자 하나님은 우리 삶에 진정한 부유함을 부어 주셨다."

이것은 마치 작은 일에 충성하므로 큰 축복을 받는 것과 같다.

그러므로 작은 일에 충성하는 사람은 큰일에도 충성하지만 작은 일에 충성하지 않는 사람은 대부분 큰일에도 성실하지 못하다. 그러므로 마태복음 25장 14절부터 29절에 등장하는 달란트 비유에서 주인에게 받은 달란트를 지혜롭게 관리해서 남긴 사람이 주인에게 어떤 칭찬을 받았는지 생각해 보아야 한다.

"다섯 달란트 받았던 자는 다섯 달란트를 더 가지고 와서 이르되 주인이여 내게 다섯 달란트를 주셨는데 보소서 내가 또 다섯 달란트를 남겼나이다 그 주인이 이르되 잘하였도다 착하고 충성된 종아 네가 적은 일에 충성하였으매 내가 많은 것을 네게 맡기리니 네 주인의 즐거움에 참여할지어다 하고"(마 25:20-21)

여기서 '적은 일에 충성하는 것'이 우리가 받은 달란트를 잘 관리하는 것이요, 또한 '내가 많은 것을 네게 맡기리니'라는 말씀은 우리 하나님께서 우리에게 큰 축복을 부어주시는 것이다.

그러므로 우리가 우리의 수입과 지출을 잘 관리하여 나의 창고에 저축하는 일은 우리가 돈에게 지배를 당하지 않고 우리가 돈을 지배하는 일과 같다. 우리가 돈을 잘 관리하면 더 이상 돈을 허비하지 않아 차곡차곡 우리의 창고에 쌓여진다.

사실 우리가 돈을 지배하지 않고 돈에게 지배를 당하면 우리는 더욱 죄에 빠져서 우리의 삶을 망가뜨릴 수 있다. 결국 우리가 돈을 통제하지 못하고 돈에 사로잡히면 우리는 탐욕스럽고, 이기적이고, 욕심을 부리고, 무절제하고, 한탕주의에 빠질 수 있다. 그러므로 우리는 돈의 주인이 되어 우리가 돈을 통제해야 한다.

4. 요셉을 통하여
   지혜를 얻으라.

요셉은 바로 왕의 꿈을 해석하고 애굽의 국무총리가 되었는데 단순하게 꿈만 해석하여 총리가 된 것이 아니라 바로 왕의 꿈을 통해 보여준 7년의 풍년에서 얻어진 곡식을 창고에 저축하였다가 다가올 7년의 기근을 대비하여 많은 생명을 살려야 한다는 지혜로운 제안을 했기 때문에 애굽의 국무총리가 되었다.

"이제 바로께서는 명철하고 지혜 있는 사람을 택하여 애굽 땅을 다스리게 하시고 바로께서는 또 이같이 행하사 나라 안에 감독관들을 두어 그 일곱 해 풍년에 애굽 땅의 오분의 일을 거두되 그들로 장차 올 풍년의 모든 곡물을 거두고 그 곡물을 바로의 손에 돌려 양식을 위하여 각 성읍에 쌓아 두게 하소서 이와 같이 그 곡물을 이 땅에 저장하여 애굽 땅에 임할 일곱 해 흉년에 대비하시면 땅이 이 흉년으로 말미암아 망하지 아니하리이다"(창 41:33-36)

그러므로 바로 왕은 요셉이 이 일을 잘할 수 있는 적임자임을 깨닫고, 요셉에게 그 모든 일을 맡기기 위해 요셉을 국무총리로 임명했다.

결국 요셉은 창고를 준비하여 미리 저축해 두었기 때문에 이스라엘 민족과 애굽의 모든 사람들을 살릴 수가 있었다. 그리고 요셉을 통해서 배울 수 있는 경제에 대한 귀중한 원리는 풍부할 때는 저축하고 어려울 때에는 저축한 돈을 풀어 귀한 것들을 사서 모을 수 있다는 지혜다.

그러므로 하나님이 명령하사 축복하실 창고가 있는 사람들은 경제가 어려운 침체의 시기에 오히려 돈을 더 벌게 된다.

결국 요셉은 어려운 기근의 기간에 애굽의 모든 땅을 다 구입했고, 애굽 사람들의 생명까지도 곡식으로 사들여 바로 왕에게 바쳤다.

그러므로 모든 경제에는 풍요의 시기와 침체의 시기가 있다.

그러므로 풍요의 시기에는 물을 사용하듯이 돈을 써버리는 것이 아니라 나의 창고에 저축해 주었다가 침체의 시기에는 저축한 돈의 가치가 상승하기 때문에 그 돈으로 가치 있는 재산을 싸게 구입할 수 있다. 경제가 악화되었을 때에는 돈을 마련하기 위해서 재산을 헐값에 처분하기 때문이다.

그러므로 하나님께서 명령하사 복을 부어주실 창고가 있는 사람들은 기회가 스스로 찾아온다. 아주 값비싼 재산이 아주 싸게 나오는 경우가 얼마든지 있기 때문이다. 그런가하면 그러한 창고를 가지고 있는 회사들은 여러 가지 이유로 다른 회사를 매입한다. 정말 좋은 회사가 아주 값싸게 나와 있어도 돈을 모아둔 창고가 없는 회사들은 좋은 회사를 매입할 수 있는 기회를 다른 회사에 넘겨주는 것이다. 그러므로 나의 창고에 돈을 모아두지 않는 사람들은 미래에 좋은 가격에 어떤 것을 구입할 수 있는 기회를 놓쳐버린다.

5. 개미를 통하여 지혜를 얻으라.

이 세상에는 수많은 동물들이 있지만 우리 하나님께서는 성경을 통해 개미에게 지혜를 얻으라고 충고한다.

"게으른 자여 개미에게 가서 그가 하는 것을 보고 지혜를 얻으라"

(잠 6:6)

그냥 개미에게 지혜를 얻으라고 말씀하지 않고 개미가 하는 것을 보고 지혜를 얻으라고 말씀했다. 우리는 개미가 하는 행동을 관찰해보면 많은 지혜와 교훈을 얻을 수 있다.

그렇다면 개미는 어떻게 행동할까?

무슨 일을 하고 있을까? 잠언 6장 7절부터 8절을 읽어보라.

"개미는 두령도 없고 감독자도 없고 통치자도 없으되 먹을 것을 여름 동안에 예비하며 추수 때에 양식을 모으느니라"

여기에 등장하는 개미는 감독자가 없어도 자원해서 스스로 일을 하고 있다. 개미는 두령이나 감독자나 통치자가 시키지 않아도 스스로 자원해서 일한다. 요즘 교육계에서 뜨고 있는 학습방법이 자기 주도적 학습이다. 그런데 자기 주도적 학습이란 학습자가 혼자서 공부한다고 자기 주도적 학습이 아니라 학습자가 스스로 학습 목표를 설정하고 계획하여 실행하는 것을 말한다. 전체적인 학습 과정을 학습자가 자발적으로 이끌어 나가는 학습으로 학습 경험을 계획하고 시행하고 평가하는 일차적인 책임을 학습자가 맡는 학습이다.

그런데 개미도 스스로 열심히 일하기 때문에 지혜롭다.

하지만 개미에게 배울 수 있는 가장 중요한 교훈은 자신들의 창고를 만들고 미래를 대비해서 열심히 일하여 저축하는 것이다. 그러므로 우리도 개미에게 지혜를 배워서 우리 인생의 겨울을 대비해서 우리의 창고를 만들어 앞날을 위해 미리 저축하고 준비해야 한다.

"땅에 작고도 가장 지혜로운 것 넷이 있나니 곧 힘이 없는 종류로되 먹을 것을 여름에 준비하는 개미와"(잠 30:24-25)

사실 개미는 가장 힘없고 작은 생물 중에 하나다. 하지만 개미는 겨울에 눈밭을 오가면서 먹이를 구하러 다니지 않는다. 개미는 겨울에 체온을 유지하기 위해 땅속에 굴을 만들어 생활한다. 그리고 겨울에는 미리 저장해 놓은 음식을 먹으며 살아간다. 사실 개미는 결코 겨울에 눈밭을 헤집고 먹이를 구하러 다닐 처지가 못 된다. 긴 다리가 있는 것도 아니며, 추위에 강하지도 못하다. 개미는 정말 부족한 것들이 한두 가지가 아니다. 아주 작고, 약하고, 힘도 없고, 스스로 자신을 보호할 신체보호기관도 없다. 개미는 부족한 것들이 너무나 많기 때문에 살아남기 위해서는 민첩성과 근면성을 길렀다.

그래서 개미는 겨울이 다가오기 전에, 추워지기 전에, 자신이 살기 위해 미리 먹을 것을 모아 창고에 저장한다. 개미는 무엇보다도 열심히 활동할 수 있을 여름에 겨울을 대비하여 부지런히 일한다. 개미가 여름동안 준비하지 않으면 그해 겨울은 배고픔과 추위와 죽음뿐이다. 그러므로 개미는 결코 자신의 약점만을 바라보면서 스스로를 탓하지 않는다.

"나는 왜 이렇게 다리가 짧은 거야?"

다른 짐승이 한 번에 점프하면 갈 거리를 몇 시간동안 짧은 다리로 가야한다. 하지만 다리를 길게 하는 클리닉을 찾아다니지 않는다.

"나는 왜 이렇게 작은 거야?"

물방울 속에 빠져 죽을 수 있는 힘없는 존재지만 자신의 작음을 탓하지 않는다. 그러므로 지혜로운 자는 결코 자신의 약점을 탓하지 않는다. 사실 우리의 약점이 많은 것이 결코 문제가 아니라 문제는 약점만 보면서 체념하고 포기하며 사는 것이 문제다. 개미는 약점이 없고 완벽하기 때문에 지혜로운 것이 아니라 가장 지혜롭고 지혜롭다는 것은 많은 약점과 문제가 있지만 자신이 가진 강점을 가지고 소망 중에 미래를 준비하는 것이 가장 지혜로운 것이다.

6. 오늘 이 시간에
부자가 되겠다고 결심하라.

그러므로 우리는 성경적 부자 되는 원칙으로 나도 부자가 될 수 있다는 확신을 가지고 부자가 되기로 결심해야 한다. 우리가 잘 먹고 잘살기 위해서 부자가 되는 것이 아니라 하나님의 영광을 위해 부자가 되겠다고 결심해야 한다. 세계복음화를 위하여 교회를 세우고, 선교사를 파송하고, 교회 사역을 감당하기 위하여, 물질로 헌신하기 위하여 부자가 되기로 결심해야 한다. 어려운 사람들을 돕고 구제하기 위하여 부자가 되겠다고 결심해야 한다.

여기서 우리가 믿음으로 결단하고 결심하는 것이 그만큼 중요하다. 위대한 성취를 이룬 사람들은 대부분 어떤 일을 이루기 전에 이미 믿음으로 결심부터 했다.

"왕의 재정"의 저자 김미진이 믿음으로 결심했던 일들이 있다.

"믿음으로 살기로 결정하다. 믿음으로 살기로 결심한 나는 하나님의 통치를 받기로 결정했다. 믿음으로 사는 사람들에게 이 세 가지를 공급해주신다는 하나님의 약속을 굳게 신뢰하기로 결정했다. 당장 이것들이 하나도 없는 상황에서 말씀을 믿음으로 받기는 쉽지 않았지만 나는 결정해야만 했다. 내 힘과 지혜와 능력으로 살았던 삶의 방식을 주님 앞에 내려놓았다. 그렇게 나는 결정했다. '너희가 무엇을 결정하느냐. 결정한 대로 이루어지리라'라는 욥기 말씀이 생각나서 마음의 불평을 바꾸기로 결정했다. 내가 불평을 결정하면 어두움의 영이 계속 내 생각을 공격한다. 그러나 내가 감사하기로 결정하면 주님께 감사하는 순간 모든 주권을 하나님께 드리게 된다. 감사를 의지적으로 결정해야만 했다. 나는 감사하기로 결정했다. 오늘부터 더 이상 빚을 내지 않기로 결정한다. 오늘부터 작은 금액이라도 매일, 매달 빚을 갚기로 결정한다. 내가 너를 용서하기로 결정한다."

김미진은 자신의 믿음의 결심을 기도로 표현했다.

"오직 하나님이 내 힘과 지혜와 능력이 되시며, 하나님의 방법만이 정의로운 길입니다. 제가 그 길로 가겠습니다. 믿음으로 사는 삶을 살아내겠습니다. 아버지, 이제부터 하나님의 나라와 의를 구하기 위해 일하겠습니다. 세상 사람들과는 다르게 살겠습니다. 부정직의 유혹 앞에서 정직하겠습니다. 세상의 부도덕한 문화에서 구별된 거룩한 삶을 살아내겠습니다."

그러므로 우리의 마음먹기가 중요하다.

나도 부자가 되겠다고 마음을 먹어야 한다.

시편 기자의 고백처럼 부자가 되기로 마음으로 확정해야 한다.

"하나님이여 내 마음이 확정되었고 내 마음이 확정되었사오니 내가 노래하고 내가 찬송하리이다"(시 57:7)

우리도 부자가 되기로 마음을 확정하고 기쁨으로 노래하고 찬송을 불러야 한다. 그러므로 가장 중요한 것은 오늘부터 하나님이 명령하사 복을 부어주실 나의 창고를 만들고 시작해야 한다. 일단 시작하면 우리 하나님께서 명령하사 복을 부어주심으로 복이 쌓이는 경험을 하게 될 것이다. 그리고 저축한 돈은 어디에 쓸 것인가는 우리 하나님께서 가르쳐주실 것을 믿고 오늘 당장 시작하는 것이 중요하다.

하지만 많은 사람들은 하나님의 말씀이 알려주시는 부자 되는 원칙을 믿지 않고 지금까지 살아온 그대로 살겠다고 말한다.

그러므로 물질과 돈에 대한 우리의 태도를 바꾸고 절제와 인내를 꾸준히 실천함으로 부자가 되기로 결정하고 시작하는 일이 그만큼 중요하다. 그렇게 될 때 우리는 하나님이 우리에게 주시는 물질을 합당하게 관리하며, 하나님이 주신 물질을 하나님의 영광을 위해 합당하게 사용할 수 있다. 사실 우리는 돈이 흘러가는 이 세상의 시스템에 따라 살아가지 않고, 하나님이 말씀하시는 성경적인 시스템으로 관리하고 사용해야 한다. 이 세상의 물질의 시스템은 우리가 어릴 때부터 평생 동안 물질의 노예로 살아가도록 길들이고 있기 때문이다.

그러므로 밴 크로치는 이 점에 대해서 이렇게 말한다.

"우리는 어릴 때부터 장난감, 오락기, 옷 등등 무엇인가를 소유하기 원하도록 길들여졌다. 어린 시절부터 텔레비전 만화를 볼 때마다 온갖 광고들이 우리를 소유욕으로 이끌었다. 또 다른 집에 놀러 갈 때면 우리 집에는 없는 장난감과 게임기 등이 가득한 것을 보며 신기해했다. 우리는 무엇인가를 소유하면 즐거워진다는 것에 익숙해졌다. 생일이나 성탄절에 새로운 물건을 갖게 될 때면 더 큰 기쁨을 얻었다. 이미 갖고 있는 것에서 만족하지 않고 늘 지속적으로 새로운 것을 갈망하는 일에 익숙해져 있다. 이런 모습이 어른이 되어서도 마찬가지다. 우리 문화는 앞으로 인생을 어떻게 살며 어떤 사람이 될 것인가에 대한 목표보다는 좋은 차, 새 집, 골프장이나 스파 회원권 등 우리가 갖고 싶어 하는 것을 갖는 데 목표를 세우도록 우리를 종용한다. 그러므로 어떤 금융회사들은 우리가 새 차를 사거나 휴가를 떠나거나 신용 카드 빚을 한 번에 정리하는 데 필요한 자금을 자기네들로부터 융자하라고 권고한다. 이와 같은 조언들은 다 우리를 부채에 계속 묶어 두려는 의도이다. 우리는 모을 것인가 쓸 것인가? 오늘날 세상의 재정 시스템은 당신이 돈을 벌기도 전에 먼저 써서 없애도록 되어 있다. 이런 사실은 성경이 우리에게 세상의 것을 사랑하지 말라고 명한 여러 이유들 중 하나이기도 하다. 그러므로 우리가 빚과 궁핍의 악순환과 싸워 이기는 첫 번째 열쇠는 우리가 가진 것에 자족하는 것이다.”

우리가 부자가 되기로 결정하고 오늘부터 시작하는 것은 오늘 우리가 가지지 못한 것을 불평하고, 우리의 가난에 대해 한이 맺혀서 부자가 되기로 결정하라고 말하는 것이 아니다.

사실 우리가 부자가 되는 첫 번째 조건은 우리가 가진 것을 만족하게 여기는 자족하는 마음에 있다. 바울은 디모데전서 6장에서 우리가 자족하는 마음이 있으면 경건에 큰 이익이 된다고 말씀한다.

“그러나 자족하는 마음이 있으면 경건은 큰 이익이 되느니라 우리가 세상에 아무 것도 가지고 온 것이 없으매 또한 아무 것도 가지고 가지 못하리니 우리가 먹을 것과 입을 것이 있은즉 족한 줄로 알 것이니라”(딤전 6:6-8)

그런데 여기에 나오는 자족이라는 말과 동일한 뜻을 가지고 있는 또 다른 단어는 넉넉함이라는 단어다. 헬라어에서 디모데전서 6장에 사용된 '자족'이라는 말은 고린도후서 9장 8절에서 '넉넉하여'라는 말로 번역되었다.

“하나님이 능히 모든 은혜를 너희에게 넘치게 하시나니 이는 너희로 모든 일에 항상 모든 것이 넉넉하여 모든 착한 일을 넘치게 하게 하려 하심이라”

그러므로 우리가 지금 가지고 있는 것에 대하여 넉넉하여 이 정도만 가지고 있으면 충분하기 때문에 아무 것도 부족하지 않다고 여기는 자족하는 마음만 있다면 더 이상 어떤 물건을 사기 위해서 안달을 하지 않아도 된다. 그러므로 우리의 수입에서 지혜롭게 지출을 조정할 수 있다면 우리는 얼마든지 나의 창고에 돈을 저축할 수 있다. 우리가 돈을 지혜롭게 잘 관리하면 우리 하나님께서 명령하사 우리의 창고에 복을 부어주신다.

그러므로 밴 크로치는 나의 창고를 만들고 지금 시작하라고 이렇게 충고한다.

"수년간 이 원리를 대중에게 가르치면서 이에 대한 사람들의 세 가지 반응을 보게 된다. 첫째 부류는 '지금 당장 공과금조차 내기 힘든데 어떻게 나의 창고를 준비한단 말인가! 이건 불가능해. 미친 짓이야'라고 말한다. 또는 '글쎄, 지금 10달러를 은행에 저축하면 그래 봐야 이자가 1-2% 밖에 안 되는데 그렇게 해서 어느 세월에 목돈이 생기나?' 하고 비웃는다. 그런 후 이들은 그냥 늘 살던 대로 살아갈 것이다. 남은 평생 그때그때 벌어먹기 바쁘거나 심지어는 파산에까지 이르기도 할 것이다. 둘째 부류의 사람들은 즉시 나가서 나의 창고인 계좌를 개설한다. 처음 몇 개월 동안 수중에 들어오는 모든 수입의 일부를 부지런히 저축한다. 그러다가 어느 날 정말 갖고 싶은 마음에 드는 물건을 보거나 또는 친구들과 어디로 여행 갈 기회가 찾아오게 되면 모아 둔 돈을 미련 없이 거기에 날려 버리고 만다. 그리고는 나의 창고를 다시 시작하려 하겠지만 곧 그렇게 해 봐야 별 소용이 없다고 느끼게 된다. 왜냐하면 아무리 부지런히 모아 봐야 그들의 미래에 재정적 안정을 가져올 정도로 큰돈이 모일 가망이 없어 보이니 말이다. 이는 기껏 모은 돈을 늘 뭔가 갖고 싶은 것이나 하고 싶은 일에 써 버리기 때문이다. 셋째 부류의 사람들은 나가서 이 원리를 1년, 2년, 5년, 심지어 10년 동안 꾸준히 적용한다. 그러면 하나님의 복이 넘치고 넘치게 된다. 하나님이 그들의 창고에 복을 명하시기 때문이다. 많은 사람들은 초자연적인 역사를 놓친다. 왜냐 하면 그들은 깜짝 놀랄만한 갑작스런 기적을 기대하기 때문이다. 하지만 우리에게 지금껏 벌어진 역사는 상당히 깜짝 놀랄만한 눈부신 일이다. 우리가 경험한 재정적 복은 확실히 기적이다. 하나님이 당신을 위해서도 동일하게 역사하신다고 우리는 확신한다. 그러나 당신이 그저 복만 생각한다면 그런 일은 절대 일어나지 않을 것이다. 당신이 알아야 할 것은 우리가 하나님의 지혜를 우리 삶속에서 적용했을 때 우리는 하나님이 주시는 복을 받을 뿐만 아니라 그것을 지켜 내는 자리에 서게 된다는 점이다. 당신 역시 이 원리를 삶에 적용한다면 그와 동일한 일이 당신에게도 벌어질 것이다. 이제 당신이 당신의 창고와 함께 모험을 떠날 시간이다. 이 모든 것은 당신이 직접 하나님을 믿고 그 약속대로 순종하여서 하나님이 당신 인생 위에 명하시는 복을 누리게 되도록 충고할 뿐이다."

그러므로 우리의 수입과 지출을 조정하여 나의 창고에 저장하기 위해 우리의 창고를 만드는 것을 지금 시작해야 한다. 그리고 밴 크로치는 나의 창고를 만들고 실천하는 모든 사람들을 위한 기도문을 이렇게 제시했다.

"하나님 아버지, 제게 물질을 주시는 하나님의 선하심에 감사드립니다. 제게 들어오는 작은 동전 하나까지도 모두 다 주님과 주님 나라의 확장을 위해 바칩니다. 주님이 제게 주신 물질에 대해 현명한 청지기가 될 수 있도록 도와주소서. 그래서 구제하고 헌금하며 또 여러 책임을 다하며 창고에 저축하는 삶을 제대로 살게 하소서, 하나님 말씀의 신명기 28장 8절에 적힌 대로 제가 저축한 물질과 제가 바친 물질과 제 손으로 행하는 모든 일에 주님께서 복을 명하실 줄 믿습니다. 예수님은 저의 재정도 다스리시는 주님이심을 선포합니다. 재정에 대한 모든 근심을 아버지 앞에 내려놓습니다. 이웃에게 복의 통로가 될 수 있도록 저에게 재정적 안정을 허락하여 주소서. 주님과 사람 앞에서 은혜를 베푸셔서 저를 둘러싸 보호하시니 감사드립니다. 또한 제 안에 성령님을 보내 주셔서 감사합니다. 성령님이 제게 어떻게 물질을 관리해야 하는지 가르치시며, 이웃에게 복을 나누는 기회로 저를 인도하며, 재정적으로 건강하지 않은 사람들과 상황들을 피하도록 경고해 주실 줄 믿습니다. 제 능력 범위 안에서도 잘살 수 있도록 도우시니 감사합니다. 또한 없어도 되는 물건이나 나중에 구입해도 되는 물건을 위해 돈을 허비하는 이기적인 욕심을 제거하여 주시니 감사합니다. 빚진 자는 빌려 준 자의 종이나 마찬가지임을 성경을 통해 잘 알고 있습니다. 불필요한 빚을 속히 갚을 수 있도록 도와주시고 앞으로는 빚지는 자가 되지 않게 해 주소서. 사람이 소유한 물건이 그 사람의 인생을 말해 줄 수 없음을 잘 압니다. 오직 제가 모든 종류의 탐욕을 경계할 수 있도록 도와주소서. 현재의 상황에 만족할 줄 알게 하시고, 타인의 부유함을 부러워하거나 그들의 물건 또는 생활방식을 탐하지 않도록 도와주소서. 모든 피조물을 돌보시는 주님이 저를 돌봐 주실 줄 믿습니다. 내일 일어날지도 모르는 일에 대해서는 아무 근심도 하지 말게 하시고, 오직 오늘 주님이 제게 가르쳐 주시는 것과 제가 축복의 통로가 될 수 있는 길에만 집중하게 하소서. 무슨 일이 있어도 저의 재정적 삶을 인간의 욕망과는 상관없이 오직 하나님이 명하시고 원하시는 것과 일치하도록 만들겠습니다. 나의 창고를 준비하는 원리가 오직 돈이나 물질에 대한 것이 아니라 하나님의 말씀과 하나님의 영에 순종하는 것임을 잊지 않도록 도우소서. 은행에 저축된 돈도 다 아버지의 것입니다. 저는 단지 임시로 맡은 청지기일 뿐입니다. 저는 재산이나 물건을 의지하지 않고 오직 주님만 의지합니다. 이웃에게 복이 될 수 있도록 주님이 저에게 복을 주셨음을 믿고 감사드립니다. 이 모든 말씀을 예수님의 이름으로 기도합니다. 아멘."

성경적 부자 되는
원칙을 믿어라

모든 그리스도인은 누구나 물질의 축복을 누리며 여유롭게 살고 싶은 소망을 가지고 있다. 어느 누구라도 자신이 가난하게 살고 싶은 사람은 아무도 없다. 그럼에도 불구하고 그리스도인들 중에도 자신들의 수입에서 물질을 잘못 관리해서 빚을 지고, 신용불량자가 되고, 재정문제로 인하여 고통을 당하는 사람들이 있다.

그렇다면 그들이 자신의 재정문제를 해결할 방법이 있을까?

우리가 하나님의 말씀을 믿는 그리스도인이라면 재정문제를 해결할 방법이 있다. 재정문제를 해결할 길이 있다. 여기서 중요한 것은 방법이 있고, 해결책이 있고, 키가 있고, 방안이 있고, 해답이 있고, 해결할 수 있는 원칙이 있다는 것이다.

굳게 닫혀있는 재정문제의 문을 활짝 열 수 있는 키가 있다.

아무리 견고한 문이라도 그 문의 열쇠에 맞는 키가 있다면 그 문을 활짝 열 수 있기 때문이다. 아무리 어려운 수학 문제라도 그 문제를 풀 수 있는 원리만 알면 그 문제를 풀 수 있는 것처럼 우리의 재정문제를 해결하는 원칙이 있다면 그 문제를 해결할 수 있다. 여기서 원칙이나 방법이나 법칙이나 길에 대해서 살펴보면 다음과 같다.

첫째, 원리란 사물이나 현상의 근본이 되는 이치로서 모든 것의 기초가 되는 보편적 원리가 있고, 존재의 근거가 되는 실재적 원리가 있고, 인식의 근거가 되는 인식의 원리가 있고, 행위의 규범이 되는 실천적 원리가 있다.

둘째, 원칙이란 일반적으로 공통된 법칙을 말하며, 이러한 원칙에는 대원칙이 있고, 형편원칙이 있고, 일반 원칙이 있고, 기본 원칙이 있고, 민주주의 원칙이 있고, 도덕성의 원칙이 있고, 비폭력의 원칙이 있다.

셋째, 방법이란 목적을 달성하기 위해 취하는 방식이나 수단으로서 과학적 방법론이 있고, 연구 방법론이 있고, 모방의 방법론이 있고, 문제를 해결하는 방법론이 있고, 질병을 치료하는 방법론이 있다.

넷째, 법칙이란 많은 관측을 종합하는 일반원리로 관성의 법칙, 열역학 제2법칙, 만유인력의 법칙, 머피의 법칙, 파레토 법칙, 중력의 법칙, 성공의 법칙, 연애의 법칙, 인간관계의 법칙이 있다.

다섯째, 길이란 어떤 곳에서 다른 곳으로 이동할 수 있도록 땅 위에 낸 일정한 너비의 공간을 말하지만 우리가 어떤 문제를 해결하는 것을 유일한 길이라고 말한다. 또한 자격이나 신분을 나타내는 명사 뒤에 붙이는 길은 교사의 길, 의사의 길, 법조인의 길이라고 말한다. 그러므로 어떤 문제를 해결하는 수단이나 방법을 찾아냈을 때 길을 뚫었다고 말한다. 그러므로 올바른 길을 알면 상대방보다 앞서 나갈 수 있다.

그러므로 책속에 길이 있다고 말하는 것처럼 하나님의 말씀인 성경에도 재정문제를 해결할 길이 있다. 그러므로 우리는 하나님의 말씀에 나타난 재정을 지혜롭게 관리하는 원칙과 부자 되는 원칙을 알고 행하면 우리의 재정문제를 해결하고 하나님이 기뻐하시는 참된 부자가 될 수 있다.

그러므로 우리가 물질축복을 누리려면 성경에 나타난 재정원칙과 부자 되는 원칙을 반드시 알아야 한다. 하나님의 말씀에는 재정원칙과 부자가 되는 원칙을 분명하게 제시하고 있다.

그러므로 우리는 다른 곳에서 우리의 재정문제들을 해결하려고 하지 말고, 재정문제의 진정한 해결책을 하나님의 말씀인 성경에서 찾아야 한다. 사실 하나님의 말씀은 우리의 재정문제에 대한 완벽한 해결책을 제시하고 있다.

그러므로 우리 예수님께서도 많은 비유를 통해서 우리에게 돈을 관리하는 원칙을 말씀해 주셨다. 그러므로 우리가 지혜의 보물창고인 하나님의 말씀을 통해서 돈을 지혜롭게 관리하고 사용하는 원칙을 배운다면 우리는 참으로 물질의 축복을 누릴 수 있는 부자가 될 수 있다.

그러므로 우리는 물질의 축복에 대한 성경의 모든 가르침을 연구하고 묵상하여 부자 되는 원칙을 배워야 한다.

우리는 성경을 통해서 부자 되는 원칙을 발견하여 알고, 믿고, 말하고, 결심하고, 행하여야 한다. 우리가 부자가 되는 원칙을 배운다면 우리는 가난에서 해방되어 물질축복을 누릴 수 있기 때문이다.

우리는 무엇보다도 돈을 사용하고 관리하는 원칙이 세상의 가르침과 하나님의 말씀의 가르침이 어떻게 다른지 알아야 한다. 그러므로 이 세상에서도 돈을 관리하는 방법과 부자 되는 방법을 가르치고 있다. 하지만 세상의 방법과 하나님의 방법은 분명히 다르다.

세상의 방법은 사람들이 스스로 노력하는 방법이고, 하나님의 방법은 하나님의 말씀을 행함으로 부자 되는 원칙이다. 그러므로 우리는 하나님이 성경을 통해 알려주시는 원칙을 행하면 반드시 부자가 될 수 있다. 그런데 하나님의 방법은 우리가 혼자서 실행하는 방법이 아니라 하나님과 함께 행함으로 부자가 되는 원칙이다.

하나님을 우리의 동업자와 사장님으로 모셔서 그분이 알려 주시는 방법대로 믿고 행함으로 부자가 되는 원칙이다.

그러므로 우리는 성경에서 부자 되는 원칙을 찾아야 한다.

진리의 기둥과 터인 교회는 우리 그리스도인들에게 이 세상에서 성공할 수 있는 방법과 원칙을 가르쳐야 한다. 성경적으로 어떻게 부자가 될 수 있는가를 분명하게 가르쳐야 한다.

† 성경적 부자 되는 원칙

성경적 부자 되는 원칙에서 일곱 가지 말씀을 살펴보면 다음과 같다.

첫째로 고린도후서 8장 9절 말씀이다.

"우리 주 예수 그리스도의 은혜를 너희가 알거니와 부요하신 이로서 너희를 위하여 가난하게 되심은 그의 가난함으로 말미암아 너희를 부요하게 하려 하심이라"

이 말씀은 우리 예수님께서 부자이셨지만 우리를 부자가 되게 하려고 그분이 가난하게 되셨다고 분명하게 말씀한다. 그러므로 우리는 이 말씀을 통해서 부자가 될 수 있다.

둘째로 신명기 28장 8절 말씀이다.

"여호와께서 명령하사 네 창고와 네 손으로 하는 모든 일에 복을 내리시고 네 하나님 여호와께서 네게 주시는 땅에서 네게 복을 주실 것이며"

이 말씀은 우리가 하나님이 복을 부어주실 창고를 준비하면 하나님이 명령하사 우리의 창고와 우리 손으로 하는 모든 일에 복을 부어 주심으로 우리가 부자가 될 수 있다는 말씀이다.

셋째로 신명기 8장 18절 말씀이다.

"네 하나님 여호와를 기억하라 그가 네게 재물 얻을 능력을 주셨음이라 이같이 하심은 네 조상들에게 맹세하신 언약을 오늘과 같이 이루려 하심이니라"

이 말씀은 우리 하나님께서 우리에게 재물 얻을 능력을 주셨기 때문에 우리는 재물 얻을 능력으로 부자가 될 수 있다는 말씀이다.

넷째로 고린도후서 9장 8절 말씀이다.

"하나님이 능히 모든 은혜를 너희에게 넘치게 하시나니 이는 너희로 모든 일에 항상 모든 것이 넉넉하여 모든 착한 일을 넘치게 하게 하려 하심이라"

이 말씀은 하나님께서 우리에게 모든 은혜를 능히 넘치게 주심으로 우리가 부자가 되어서 모든 일에 모든 것이 넉넉하여 모든 착한 일을 넘치게 할 수 있다는 말씀이다. 하지만 이 말씀이 이루어지려면 반드시 고린도후서 9장 6절과 7절을 실행해야 한다.

"이것이 곧 적게 심는 자는 적게 거두고 많이 심는 자는 많이 거둔다 하는 말이로다 각각 그 마음에 정한 대로 할 것이요 인색함으로나 억지로 하지 말지니 하나님은 즐겨 내는 자를 사랑하시느니라"

그러므로 이 말씀에 따라 우리가 하나님의 사역과 하나님의 영광을 위하여 물질로 심으면 고린도후서 9장 8절이 이루어짐으로 우리는 부자가 될 수 있다.

다섯째로 빌립보서 4장 19절 말씀이다.

"나의 하나님이 그리스도 예수 안에서 영광 가운데 그 풍성한 대로 너희 모든 쓸 것을 채우시리라"

이 말씀은 우리 하나님께서 그분의 풍성한 대로 우리의 모든 쓸 것을 채워주심으로 우리가 부자가 될 수 있다는 말씀이다. 하지만 이 말씀이 이루어지려면 반드시 빌립보서 4장 15절부터 18절을 행하여야 한다.

"빌립보 사람들아 너희도 알거니와 복음의 시초에 내가 마게도냐를 떠날 때에 주고 받는 내 일에 참여한 교회가 너희 외에 아무도 없었느니라 데살로니가에 있을 때에도 너희가 한 번뿐 아니라 두 번이나 나의 쓸 것을 보내었도다 내가 선물을 구함이 아니요 오직 너희에게 유익하도록 풍성한 열매를 구함이라 내게는 모든 것이 있고 또 풍부한지라 에바브로디도 편에 너희가 준 것을 받으므로 내가 풍족하니 이는 받으실 만한 향기로운 제물이요 하나님을 기쁘시게 한 것이라"

이 말씀은 빌립보교회 성도들이 선교헌금으로 사도 바울을 도왔기 때문에 하나님께서 그들의 모든 쓸 것을 채워주신다는 내용이다. 그러므로 15절부터 18절이 원인이라면 19절은 결과이다.

여섯째로 말라기 3장 10절부터 12절 말씀이다.

"만군의 여호와가 이르노라 너희의 온전한 십일조를 창고에 들여 나의 집에 양식이 있게 하고 그것으로 나를 시험하여 내가 하늘 문을 열고 너희에게 복을 쌓을 곳이 없도록 붓지 아니하나 보라 만군의 여호와가 이르노라 내가 너희를 위하여 메뚜기를 금하여 너희 토지 소산을 먹어 없애지 못하게 하며 너희 밭의 포도나무 열매가 기한 전에 떨어지지 않게 하리니 너희 땅이 아름다워지므로 모든 이방인들이 너희를 복되다 하리라 만군의 여호와의 말이니라"

이 말씀은 우리가 온전한 십일조를 드릴 때 우리 하나님께서 하늘 문을 열어 우리에게 복을 쌓을 곳이 없도록 복을 부어주심으로 우리가 부자가 될 수 있다는 말씀이다.

일곱째로 시편 112편 1절부터 3절 말씀이다.

"할렐루야, 여호와를 경외하며 그의 계명을 크게 즐거워하는 자는 복이 있도다 그의 후손이 땅에서 강성함이여 정직한 자들의 후손에게 복이 있으리로다 부와 재물이 그의 집에 있음이여 그의 공의가 영구히 서 있으리로다"

이 말씀은 우리가 하나님을 경외하고 그분의 말씀을 크게 즐거워하면 하나님께서 우리에게 부와 재물을 주시므로 우리가 부자가 될 수 있다는 말씀이다.

그러므로 이 일곱 가지 말씀들은 모두 우리 하나님께서 복을 부어 주심으로 우리가 부자가 될 수 있다는 말씀이다. 그러므로 우리가 이 일곱 가지 말씀이라도 제대로 알고, 그 말씀들을 믿고, 그 말씀들을 마음으로 깊이 묵상하고, 그 말씀들을 입으로 말하고, 그 말씀들을 행하겠다고 결심하고, 그 말씀들을 행하면 반드시 부자가 될 수 있다. 그리고 이 일곱 가지 말씀이 이루어지도록 우리가 실천해야할 부분들을 항상 언제나 지속적으로 꾸준히 실천하고 행하면 우리는 반드시 부자가 될 수 있다.

그렇다면 우리 그리스도인들이 부자가 되는 방법은 무엇일까?

1. 우리를 부자가 되게 하려고
예수님께서 죽으셨다고 믿어라.

"우리 주 예수 그리스도의 은혜를 너희가 알거니와 부요하신 이로서 너희를 위하여 가난하게 되심은 그의 가난함으로 말미암아 너희를 부요하게 하려 하심이라"(고후 8:9)

바울은 여기서 예수님께서 부요하신 분이셨지만 우리를 부요하게 하려고 가난하게 되셨다고 말씀한다. 이 말씀에서 부요를 부자로 바꾸고, 너희를 우리로 바꾸어 다시 읽어 보라.

"우리 주 예수 그리스도의 은혜를 우리가 알거니와 예수님께서 부자로서 우리를 위하여 가난하게 되심은 그의 가난함으로 말미암아 우리를 부자가 되게 하려 하심이라"

그러므로 이 말씀은 우리에게 부자가 될 수 있는 방법을 정확하게 알려주기 때문에 우리는 예수님의 십자가의 복음으로 말미암아 부자가 될 수 있다. 그러므로 완전한 복음으로 구원받은 우리가 부자가 되는 것은 어떤 행운이나 재수가 좋아서 부자가 되는 것이 아니라 하나님의 자녀가 되었기 때문에 누리는 특권이다. 하나님의 자녀는 부자가 될 법적인 자격을 가진 것이다. 그러므로 우리는 부자가 될 수 있다는 확신을 가져야 한다. 우리는 부자가 될 수밖에 없는 운명을 가지고 영적으로 새롭게 태어난 것이다. 하나님은 우리에게 부자가 될 수 있는 자격과 재물을 얻을 수 있는 능력과 부자로 살아가야 할 목적과 이유까지 주셨다.

그러므로 하나님의 자녀인 우리는 당연히 부자가 되어야만 한다.

하나님의 계획은 자신을 믿는 백성들 가운데 가난한 사람이 한 사람도 없기를 바라신다. 하나님은 이스라엘 백성 가운데 가난한 사람이 한 사람도 없기를 원하셨다.

"네가 만일 네 하나님 여호와의 말씀만 듣고 내가 오늘 네게 내리는 그 명령을 다 지켜 행하면 네 하나님 여호와께서 네게 기업으로 주신 땅에서 네가 반드시 복을 받으리니 너희 중에 가난한 자가 없으리라"(신 15:4-5)

† 너희 중에 가난한 자가 없으리라

이것이 하나님의 의도요, 하나님의 계획이요, 하나님의 바램이요, 하나님의 뜻이었다.

하지만 어떤 사람들은 고린도후서 8장 9절 말씀을 영적으로 해석해서 부자가 되는 물질축복이 아니라 영적인 축복으로 이해한다. 하지만 이 말씀의 전후 문맥을 살펴보면 바울이 예루살렘의 가난한 성도들을 물질로 돕기 위해서 이 말씀을 하고 있다는 사실을 알 수 있다. 바울은 가난한 성도들을 위한 구제헌금을 위해서 고린도교회 성도들에게 말하는 가운데 이 말씀을 하고 있다.

그러므로 이 말씀은 우리가 부자가 되는 방법과 관계가 있다.

사도 바울은 예수님이 부자이셨지만 우리를 부자가 되게 하려고 가난하게 되셨다고 말씀한다. 다시 말해서 예수님의 십자가의 구속은 우리의 물질축복과 관계가 있다. 우리 예수님은 우리를 부자가 되게 하려고 십자가에서 죽으셨다.

그러므로 예수님의 구속의 진리가 우리를 가난에서 해방시킬 수 있다. 십자가의 구속의 진리는 우리를 죄에서 해방시켜 참된 자유를 누리게 할 뿐만 아니라 우리를 가난에서 해방시켜 참된 부요를 누리게 할 수 있다. 그러므로 우리는 이제 가난에서 해방되어 부자로 살아갈 수 있다.

그러므로 우리는 이제 성경에서 부자가 되는 방법을 배움으로 말미암아 부자가 되어서 부자의식을 가지고 부자답게 살아야 한다. 우리를 부자가 되게 하려고 예수님께서 십자가에서 가난하게 되셨기 때문이다. 우리가 하나님의 말씀으로 부자가 되는 방법을 발견하여 부자가 되어서 부자답게 믿고, 부자답게 말하고, 부자답게 행동해야 한다.

과거에 너무 가난하게 살았던 사람들은 자신이 부자가 되었음에도 불구하고 가난의식에 사로잡혀 거지처럼 살아가는 경우가 있다. 그래서 그들은 하나님께 큰 것을 구하지도 않는다. 하지만 우리는 하나님 말씀에 나타난 부자가 되는 방법으로 부자가 되어서 부자의식을 가지고 당당하게 살아야 한다. 성경을 통해서 부자가 되는 방법을 배우고 실천하여 물질축복을 받고, 물질축복을 누리며 살아야 한다. 우리가 부자가 되어 부자의식을 가지고 살아가도록 우리 예수님께서 십자가에서 죽으셨기 때문이다.

그렇다면 우리 그리스도인들이 부자가 되는 방법은 무엇일까?

2. 우리가 부자가 되는 것은 하나님의 뜻이라고 믿어라.

우리 그리스도인들은 이 세상에서 부자로 살아야 할까?

아니면 가난하게 살아야 할까?

부자가 되는 비전을 가져야할까?

아니면 부자가 되는 비전을 가지지 말아야 할까?

부자가 되는 소망을 품어야 할까?

아니면 부자가 되는 소망을 품지 말아야 할까?

우리 그리스도인들이 부자가 되는 것은 축복일까?

아니면 저주일까?

하나님 아버지께서는 당신의 자녀인 우리가 부자가 되는 것을 바라실까? 아니면 바라지 않으실까?

우리가 이러한 질문을 하는 것은 어떤 사람들은 그리스도인들이 부자가 되는 것은 죄라고 생각하는 사람들이 있기 때문이다.

그들은 부자가 되기 위해서 열심히 일하면서도 마음속으로는 죄의식을 느낀다. 그들도 하루의 대부분을 돈을 벌기 위해 열심히 노력을 하고 있는 것이 사실이다. 그들도 여기 저기 돈을 지출해야할 내용들을 생각하며 잠을 설치는 경우도 있지만 그래도 그들은 부자가 되려는 것은 죄라고 생각한다.

성경에서 부자가 되려는 사람들을 칭찬하기보다 오히려 책망하는 것처럼 보인다. 성경은 부자가 되려는 사람들은 시험과 올무와 해로운 욕심에 떨어지고, 파멸과 멸망에 빠지게 된다고 말한다. 그리고 마태복음 19장에서는 심지어 부자가 천국에 들어가기가 매우 어렵다고 말한다.

그러므로 디모데전서 6장 9-10절을 자세히 읽어보자.

"부하려 하는 자들은 시험과 올무와 여러 가지 어리석고 해로운 욕심에 떨어지나니 곧 사람으로 파멸과 멸망에 빠지게 하는 것이라 돈을 사랑함이 일만 악의 뿌리가 되나니 이것을 탐내는 자들은 미혹을 받아 믿음에서 떠나 많은 근심으로써 자기를 찔렀도다"

사도 바울이 여기서 "부하려 하는 자들"이라고 말하는 대상은 올바른 동기로 부자가 되려는 사람들이 아니라 하나님을 배제하고 돈을 인생의 목표로 삼고, 돈을 첫 자리에 두고, 돈을 사랑하는 사람들을 지칭한다.

누가복음 12장에 등장하는 어리석은 부자처럼 오직 자신만을 위해서 물질을 쌓아두는 것을 정죄하는 것이다. 그러므로 어리석은 부자에게는 하나님도 없고, 가족이나 친구나 이웃을 위한 배려도 없고, 오직 자신이 먹고 마시고 즐기는 일에만 관심을 갖고 있기 때문에 정죄를 당했다.

그리고 마태복음 19장 16-24절의 말씀도 자세히 읽어보자.

"어떤 사람이 주께 와서 이르되 선생님이여 내가 무슨 선한 일을 하여야 영생을 얻으리이까 예수께서 이르시되 어찌하여 선한 일을 내게 묻느냐 선한 이는 오직 한 분이시니라 네가 생명에 들어 가려면 계명들을 지키라 이르되 어느 계명이오니까 예수께서 이르시되 살인하지 말라, 간음하지 말라, 도둑질하지 말라, 거짓 증언 하지 말라, 네 부모를 공경하라, 네 이웃을 네 자신과 같이 사랑하라 하신 것이니라 그 청년이 이르되 이 모든 것을 내가 지키었사온대 아직도 무엇이 부족하니이까 예수께서 이르시되 네가 온전하고자 할진대 가서 네 소유를 팔아 가난한 자들에게 주라 그리하면 하늘에서 보화가 네게 있으리라 그리고 와서 나를 따르라 하시니 그 청년이 재물이 많으므로 이 말씀을 듣고 근심하며 가니라 예수께서 제자들에게 이르시되 내가 진실로 너희에게 이르노니 부자는 천국에 들어가기가 어려우니라 다시 너희에게 말하노니 낙타가 바늘귀로 들어가는 것이 부자가 하나님의 나라에 들어가는 것보다 쉬우니라 하시니"

예수님께서는 여기서 부자 청년이 떠나간 후에 제자들에게 부자는 천국에 들어가기가 매우 어렵다고 말씀하셨다. 하지만 우리 예수님께서 여기서 부자가 천국에 들어가지 못한다고 말씀하시는 것이 아니다. 예수님께서 부자는 천국에 들어가지 못한다고 말씀하셨다면 성경에 나오는 아브라함을 비롯하여 모든 부자들은 다 천국에 들어가지 못하고, 세상의 모든 부자들이 천국에 들어가지 못할 것이다.

그러므로 우리 하나님은 결코 당신의 자녀인 우리가 부자가 되는 것을 싫어하시는 분이 아니다. 우리는 예수님께서 말씀하신 의도를 정확하게 알아야 한다. 우리 예수님께서 부자 청년을 사랑하고 있기 때문에 이렇게 말씀하셨다.

"예수께서 그를 보시고 사랑하사 이르시되 네게 아직도 한 가지 부족한 것이 있으니 가서 네게 있는 것을 다 팔아 가난한 자들에게 주라 그리하면 하늘에서 보화가 네게 있으리라 그리고 와서 나를 따르라 하시니"(막 10:21)

† 예수께서 그를 보시고 사랑하사 이르시되

그러므로 우리 예수님께서는 물질을 통해 역사하는 맘몬의 영이 그 부자 청년을 묶고 있는 것을 보셨다. 부자 청년은 물질에 눈이 어두워 진리를 보지 못하고 있었다. 예수님은 부자 청년이 참된 구원을 받고 가난한 사람들에게 베풀어 주는 삶을 살아가기를 바라셨다.

그러므로 마태복음에서 부자 청년이야기와 포도원의 비유를 자연스럽게 연결하여 설명한다. 예수님은 마태복음 19장에서 부자 청년에게 재산을 팔아 가난한 사람들에게 나누어 주라고 말씀하신 후에 마태복음 20장에서 어려운 사람들에게 물질을 베푸는 포도원의 주인을 소개한다. 포도원의 주인이었던 부자는 오후 늦게까지 일거리를 찾지 못해 방황하는 가난한 사람을 보살펴 주었고, 그에게 자기의 포도원에서 일할 수 있는 기회를 주었고, 비록 짧은 시간의 일을 했을지라도 하루의 품삯을 지불함으로 가난한 사람을 도와주었다.

예수님께서는 이 비유를 통해서 부자들에게 가난한 사람들을 도와주라고 말씀하신 것이다.

그러므로 성경에는 우리가 죄를 범하지 않으면서도 부자가 되는 방법이 있다. 우리 그리스도인들이 부자가 되는 것은 결코 아무런 문제가 없다. 단지 물질을 쌓아두기 위해서 부자가 되는 것이 아니라 올바른 일에 물질을 사용하고, 어려운 사람들에게 나누어주기 위해서 부자가 되는 것은 전혀 문제가 되지 않는다.

그러므로 우리 그리스도인들이 부자가 되는 것은 하나님의 뜻이다. 하나님이 축복해 주심으로 부자가 되는 것은 결코 죄가 아니다.

그리스도인으로서 당연히 누려야할 축복이다.

우리가 부자가 되는 것이 잘못된 것이 아니라 돈에게 지배를 당하는 것이 잘못된 것이다. 돈을 소유하는 것이 잘못이 아니라 돈에 노예가 되는 것이 잘못된 것이다. 우리 그리스도인은 마땅히 부자가 되어서 물질축복을 누리며 살아야 한다. 하나님이 우리에게 가난을 주시려는 것이 아니라 부자가 되게 하시려는 것이다. 하나님 아버지께서 부자로서 당신의 자녀들인 우리에게 필요한 모든 것을 공급해 주시기 때문이다.

사실 이 세상의 모든 물질은 우리 하나님이 창조하셨다.

그러므로 우리 하나님은 당신의 자녀인 우리가 물질적으로 어려움을 당하는 것을 결코 원하시지 않는다. 오히려 하나님 아버지는 당신의 자녀인 우리가 하나님이 창조한 모든 물질의 축복을 누리기를 원하신다. 그러므로 하나님을 경외하고 하나님의 말씀에 순종하는 사람들은 부자가 될 수 있다.

성경에 나와 있는 부자가 되는 방법을 믿고 삶에 적용하는 모든 그리스도인은 부자가 될 수 있다.

"할렐루야, 여호와를 경외하며 그의 계명을 크게 즐거워하는 자는 복이 있도다 그의 후손이 땅에서 강성함이여 정직한 자들의 후손에게 복이 있으리로다 부와 재물이 그의 집에 있음이여 그의 공의가 영구히 서 있으리로다"(시 112:1-3)

시편 기자는 여기서 여호와를 경외하고 그분의 말씀을 크게 즐거워하는 사람은 물질축복을 받는다고 분명하게 말씀한다. 부와 재물이 그의 집에 있다고 분명하게 말씀한다. 그러므로 우리 그리스도인들이 부자가 되는 것은 놀라운 축복이다. 우리가 잘못된 방법으로 부를 축적하는 것이 아니라 올바른 방법으로 부자가 되는 것은 하나님의 놀라운 축복이다. 그러므로 우리 그리스도인들이 부자가 되는 것은 하나님의 뜻이다.

그렇다면 우리 그리스도인들이 부자가 되는 방법은 무엇일까?

3. 부자이신 하나님이 공급해 주심으로 부자가 될 수 있다고 믿어라.

우리 하나님 아버지께서 부자이시니 그분의 자녀인 우리가 부자가 되는 것은 너무나 당연하다. 우리 하나님 아버지는 우리의 상상을 초월할 정도로 엄청난 부자이시다.

시편 50편 10절부터 12절을 읽어보라.

"이는 삼림의 짐승들과 뭇 산의 가축이 다 내 것이며 산의 모든 새들도 내가 아는 것이며 들의 짐승도 내 것임이로다 내가 가령 주려도 네게 이르지 아니할 것은 세계와 거기에 충만한 것이 내 것임이로다"

세상의 모든 것의 주인은 우리 하나님이시다.

이 세상의 모든 산에 있는 짐승과 온 세상에 있는 모든 충만한 것들이 다 하나님의 소유다. 세상의 모든 금은보화가 우리 하나님의 것이다.

우리 하나님에게 가장 어울리지 않는 것은 가난이다. 가난은 우리 하나님과 아무런 관련이 없다.

우리가 누구인가? 우리는 하나님의 자녀요, 하나님의 기업을 물려받을 상속자요, 하나님의 아들과 딸들이다. 하나님은 모든 것을 이미 소유하셨고, 그것을 당신의 자녀인 우리에게 주시되 우리가 하나님의 자녀로서 올바른 태도를 가지고 있으면 그분의 재물을 사용할 수 있기 때문에 우리는 부자가 될 수 있다.

그러므로 왕의 재정의 저자 김미진은 하나님의 재물이 어떻게 움직이는지를 소개했다.

"하나님이 보시기에 재물에 대한 태도가 옳은 사람이 되기 시작하면 그분의 재물을 움직이는 사람이 될 것이다. 하나님의 재물은 보이지 않는 세계 가운데 무한하게 있고, 제한 없이 있다. 하나님의 재물은 '약속'이라는 형태로 있으며, 그분이 파이프라인을 우리에게 심으시고, 재물을 그리로 보내신다. 하나님의 무한하고 제한 없는 자원을 그냥 받기만 하면 된다는 말씀은 내게는 큰 충격이었다. 당시 내게는 하나님의 재물을 받는다는 개념이 없었기 때문이다. 내게 더 주님을 기대하는 마음과 소망이 생겼다. 하나님께서 옳다고 여기시는 재물에 대한 태도를 공부하며, 훈련했고, 또 어떤 사람들에게 하나님의 재물을 주시는지도 배우게 되었다. 날마다 믿음으로 사는 삶을 훈련하고 또 훈련했다. 그러자 어느 날부터 빚을 갚기 시작했으며, 그 많은 빚을 다 갚고 이자까지 갚았다. 정말 하나님께서 재물을 내게로 옮겨주셨다. 우리가 훈련해야 하는 것은 재물에 대한 올바른 태도이다. 지금 주님의 도움이 절실한 분들께 말하고 싶다. 오직 주님께만 소망을 가져라. 재물에 대한 올바른 태도를 가져라."

우리 하나님께서는 당신의 자녀들인 우리가 부요하신 하나님을 닮아서 부자가 되기를 원하신다. 하나님이 부자이시니 우리도 부자가 되어야 한다. 그러므로 하나님 아버지는 성경을 통해서 우리에게 부자가 되는 방법을 가르쳐 주셨다.

그러므로 우리가 하나님의 말씀을 통해서 부자가 되는 방법을 연구하고 묵상할수록 우리도 부자가 될 수 있다는 확신을 가질 수 있다.

그러므로 하나님 아버지께서 우리에게 풍성하게 공급해 주심으로 우리는 부자가 될 수 있다. 하나님이 가지고 계시는 예금 구좌에는 하늘과 땅의 모든 물질축복이 예치되어 있어서 우리의 모든 필요를 충분히 넘치도록 공급해 주실 수 있다. 그러므로 우리는 하늘에 계신 우리 아버지께 우리의 모든 필요를 위해서 기도로 구해야 한다.

"너희 중에 누가 아들이 떡을 달라 하는데 돌을 주며 생선을 달라 하는

데 뱀을 줄 사람이 있겠느냐 너희가 악한 자라도 좋은 것으로 자식에게 줄 줄 알거든 하물며 하늘에 계신 너희 아버지께서 구하는 자에게 좋은 것으로 주시지 않겠느냐, 나의 하나님이 그리스도 예수 안에서 영광 가운데 그 풍성한 대로 너희 모든 쓸 것을 채우시리라"(마 7:9-11, 빌 4:19)

우리 하나님 아버지께서 당신의 자녀인 우리에게 좋은 것을 주시는 것은 너무나 당연하다. 우리 하나님 아버지는 결코 인색하신 분이 아니시고, 무책임한 분이 아니시다.

하나님은 아주 자상하신 아버지시며, 당신의 자녀들을 지극히 사랑하시며 보살펴 주신다. 그분은 지극히 선한 아버지로서 당신의 자녀인 우리에게 유산을 넘치게 물려 주셨다. 이 세상의 아버지도 자기 자녀에게는 좋은 것을 주시는데 어찌 하늘에 계신 하나님 아버지께서 물질축복을 구하는 우리에게 주시지 않겠는가?

하나님 아버지께서 인간의 아버지보다 우리를 더 사랑하시는 것은 말할 필요가 없다. 그러므로 하나님께서 당신의 자녀인 우리에게 모든 좋은 것을 공급해 주시니 우리는 가난하게 살아갈 이유가 없다. 하나님 아버지는 자녀인 우리에게 풍성하게 공급해 주신다.

그러므로 하나님 아버지께서 우리에게 공급해 주시니 우리도 부자가 될 수 있다고 믿어야 한다.

사실 이스라엘 백성들은 애굽을 탈출할 때 엄청난 보물들을 가지고 나왔고, 젖과 꿀이 흐르는 축복의 땅을 할당된 소유로 받았다.

"그는 여호와 우리 하나님이시라 그의 판단이 온 땅에 있도다 그는 그의 언약 곧 천 대에 걸쳐 명령하신 말씀을 영원히 기억하셨으니 이것은 아브라함과 맺은 언약이고 이삭에게 하신 맹세이며 야곱에게 세우신 율례 곧 이스라엘에게 하신 영원한 언약이라 이르시기를 내가 가나안 땅을 네게 주어 너희에게 할당된 소유가 되게 하리라 하셨도다, 마침내 그들을 인도하여 은 금을 가지고 나오게 하시니 그의 지파 중에 비틀거리는 자가 하나도 없었도다, 그의 백성이 즐겁게 나오게 하시며 그의 택한 자는 노래하며 나오게 하시고 여러 나라의 땅을 그들에게 주시며 민족들이 수고한 것을 소유로 가지게 하셨으니"(시 105:7-11, 37, 43-44)

그리고 이스라엘 백성들이 애굽에서 종살이를 한 것은 우리가 그리스도 안에서 구원받기 전의 삶을 상징한다. 죄와 가난과 질병과 패배의 삶을 상징했지만 이스라엘 백성들이 애굽에서 구원을 받아 하나님이 허락한 축복의 땅을 소유로 받은 것처럼 우리 그리스도인들도 하나님의 모든 축복을 누리기 위해서 구원을 받았다.

사실 하나님의 계획 속에는 가난이란 존재하지 않았다.

이 세상에 가난이 찾아온 것은 인간이 죄를 범하고 타락했기 때문이다. 하지만 부자이신 우리 예수님께서 오셔서 십자가를 통해 죄와 가난의 저주의 값을 지불하심으로 우리는 부자가 될 수 있게 되었다.

이것이 바로 우리 그리스도인들의 특권이다.

우리가 부자가 되려면 먼저 물질에 대한 부정적인 생각을 버려야 한다. 우리는 하나님의 말씀에서 부자가 되는 방법을 배워야 한다. 물질을 대하는 우리의 마음가짐이 중요하다.

우리의 마음이 새롭게 변화되어 바른 동기로 하나님께 구해야 한다. 우리가 복음을 전파하고 하나님의 사역에 풍성하게 드리기 위해서 구하면 하나님께서 반드시 풍성하게 주시기 때문이다. 그렇다면 우리 그리스도인들이 부자가 되어야 하는 이유는 무엇일까?

4. 부자가 되어야 복음을 전하는
   사역에 드릴 수 있기 때문이다.

하나님께서 우리를 부자가 되게 하셨다면 거기에는 반드시 이유가 있고, 목적이 있다. 하나님이 우리를 부자가 되게 하셨다면 분명한 목적이 있는 것이다.

"심는 자에게 씨와 먹을 양식을 주시는 이가 너희 심을 것을 주사 풍성하게 하시고 너희 의의 열매를 더하게 하시리니 너희가 모든 일에 넉넉하여 너그럽게 연보를 함은 그들이 우리로 말미암아 하나님께 감사하게 하는 것이라"(고후 9:10-11)

바울은 여기서 하나님께서 우리에게 풍성하게 주셨다면 반드시 이유가 있다고 말씀한다. 우리가 부자가 된 이유는 하나님의 사역에 풍성하게 드려 베푸는 사람이 되게 하시려는 것이다.

그러므로 하나님께서 우리에게 풍성하게 주신 것은 우리가 하나님이 주신 것으로 어떻게 살아가는지를 보시려는 하나님의 시험인 것이다. 하나님이 주신 것으로 우리의 배를 채우라고 주신 것이 아니라 하나님의 사역에 풍성하게 드리고 어려운 사람들에게 베푸는 사람이 되라고 주신 것이다. 그러므로 하나님께서 어떤 사람에게는 필요한 것보다 더 많이 주시고, 어떤 사람에게는 적게 주셨다면 서로서로 도우며 살아가라고 그렇게 하신 것이다. 서로서로 나누는 것이 얼마나 큰 축복인지를 깨닫게 하시려는 것이다.

"이제 너희의 넉넉한 것으로 그들의 부족한 것을 보충함은 후에 그들의 넉넉한 것으로 너희의 부족한 것을 보충하여 균등하게 하려 함이라 기록된 것 같이 많이 거둔 자도 남지 아니하였고 적게 거둔 자도 모자라지 아니하였느니라"(고후 8:14-15)

그러므로 2000년의 기독교 역사 가운데 많은 부자 그리스도인들이 하나님 나라를 위해서 그들의 물질을 사용하였다. 그들은 무엇보다도 교회와 해외 선교를 위해서 엄청나게 많은 물질을 희생적으로 드렸다.

우리가 가지고 있는 돈은 선한 것도 아니고 악한 것도 아니지만 하나님의 사역에 드려지면 놀라운 역사가 일어난다.

사실 하나님의 사역에는 많은 돈이 필요하다.

하나님이 만드신 완전한 복음을 전파하여 영혼을 구원하고, 세계 여러 나라에 선교사를 파송하고, 하나님의 사역을 감당할 일꾼들을 길러내고, 교회건물을 건축하기 위해서 많은 물질이 필요하다.

우리가 하나님을 사랑하고 하나님의 사역을 감당하기 위해서 물질이 있어야 한다. 하지만 우리에게 물질이 없으면 하나님의 사역을 풍성하게 감당할 수 없다.

그러므로 하나님의 사역에 풍성하게 드리기 위해서 우리는 부자가 되어야 한다. 우리가 부자가 되어서 하나님의 사역에 풍성하게 드릴 수 있다면 하나님 나라를 건설하기 위해서 복음이 세계 구석구석까지 전해질 것이다.

† 세상에서 가장 가치 있는 것은 무엇일까?

예수님은 인간의 영혼이 온 천하보다도 소중하고 가치가 있다고 말씀하셨다. 예수님은 "사람이 만일 온 천하를 얻고도 제 목숨을 잃으면 무엇이 유익하리요 사람이 무엇을 주고 제 목숨을 바꾸겠느냐"(막 8:36-37)라고 말씀하셨다. 하지만 이렇게 소중한 영혼이라도 그 영혼이 구원을 받지 못하면 그 영혼은 무서운 지옥에 들어갈 수밖에 없다. 그때 그 영혼은 모든 가치를 상실하고 쓰레기 취급을 당하게 될 것이다.

그러므로 세상에서 가장 가치 있는 일은 이렇게 소중한 영혼을 지옥에서 구원하기 위해 복음을 전하는 일이다. 그러므로 우리는 영혼 구원을 위해서 우리의 시간과 재능과 물질과 삶을 투자해야 한다. 인간의 영혼이 너무나 소중하고 가치가 있기 때문이다.

하지만 그렇게 소중한 영혼임에도 불구하고 그들은 지금 하나님 아버지의 품을 떠나 잃어버린 상태에 있다. 인간의 영혼이 왜 소중하고 가치가 있을까? 예수님의 구속의 사실이 영혼의 가치를 말해준다.

사도 베드로는 "너희가 알거니와 너희 조상의 유전한 망령된 행실에서 구속된 것은 은이나 금같이 없어질 것으로 한 것이 아니요 오직 흠 없고 점 없는 어린 양 같은 그리스도의 보배로운 피로 한 것이니라"(벧전 1:18-19)고 말씀한다. 우리 예수님께서는 인간의 영혼이 가장 가치 있다고 보셨기 때문에 자신의 귀한 생명을 지불하시고 인간의 영혼을 구속하셨다. 인간의 영혼을 구속하기 위해서 예수님의 거룩한 보혈이 흘려졌다. 인간의 영혼은 너무나 소중하기 때문이다.

그러므로 예수님의 지불된 피 값이 인간의 영혼의 가치를 말해준다. 사도 바울은 "너희 몸은 너희가 하나님께로부터 받은바 너희 가운데 계신 성령의 전인 줄을 알지 못하느냐 너희는 너희의 것이 아니라 값으로 산 것이 되었으니 그런즉 너희 몸으로 하나님께 영광을 돌리라"(고전 6:19-20)라고 말씀한다.

사실 세상에서 가장 귀한 물건은 가장 큰 값이 지불된 물건이다.

그런데 인간의 영혼을 구원하기 위해 흠 없고 점 없는 어린 양 같은 그리스도의 보배로운 피가 값으로 지불되었다. 예수님은 우리를 구원하시기 위해서 자신의 하나밖에 없는 생명을 지불하셨다.

그러므로 인간의 영혼이 얼마나 소중한가?

인간의 영혼은 천만 원짜리도 아니고, 백억 짜리도 아니고, 예수님짜리이다. 그러므로 인간의 영혼이 가장 소중하다. 이렇게 소중한 영혼이 구원받지 못하면 지옥에 들어간다.

그러므로 하나님과 예수님이 가장 소중하게 생각하는 영혼을 우리도 가장 소중하게 여겨야 한다. 그러므로 가장 소중한 인간의 영혼을 구원하기 위한 복음전파 사역에 우리의 물질을 투자해야 한다.

우리의 물질이 무엇보다도 복음을 널리 전하기 위해서 쓰여 져야 한다. 그러므로 하나님이 만드신 완전한 복음을 전파하여 하나님 나라를 건설하기 위해서 우리는 부자가 되어야 한다.

우리 그리스도인들이 부자가 되어야 하는 이유는 무엇일까?

5. 부자가 되어야 다른 사람을 도와줄 수 있기 때문이다.

우리 그리스도인들은 부자가 되어서 다른 사람들에게 늘 베푸는 삶을 살아야 한다. 하나님의 나라의 가장 중요한 가치는 하나님의 사랑을 베푸는 것이다. 우리가 추구하는 올바른 부는 놀라운 축복이다.

우리의 삶에 물질축복이 흘러넘칠 때 우리는 다른 사람들에게 물질축복이 흘러가는 통로로 사용될 수 있다.

하나님 나라의 가장 중요한 축복은 나누는 것이다.

하나님은 우리의 삶에 물질축복을 주셔서 우리가 주는 사람이 되기를 원하신다. 그러므로 우리 하나님께서는 우리에게 재물 얻을 능력까지 주셨다.

"네 하나님 여호와를 기억하라 그가 네게 재물 얻을 능력을 주셨음이라 이같이 하심은 네 조상들에게 맹세하신 언약을 오늘과 같이 이루려 하심이니라"(신 8:18)

이처럼 우리 하나님께서 우리에게 재물 얻을 능력을 주셨기 때문에 우리는 부자가 되어 다른 사람에게 베풀어 주어야 한다. 하나님은 이스라엘 백성들에게 젖과 꿀이 흐르는 축복의 땅을 주시고 그들이 부자가 되었다면 가난한 사람들에게 너그러운 마음으로 베풀어야 한다고 말씀하셨다.

"네가 만일 네 하나님 여호와의 말씀만 듣고 내가 오늘 네게 내리는 그 명령을 다 지켜 행하면 네 하나님 여호와께서 네게 기업으로 주신 땅에서 네가 반드시 복을 받으리니 너희 중에 가난한 자가 없으리라 네 하나님 여호와께서 네게 허락하신 대로 네게 복을 주시리니 네가 여러 나라에 꾸어 줄지라도 너는 꾸지 아니하겠고 네가 여러 나라를 통치할지라도 너는 통치를 당하지 아니하리라 네 하나님 여호와께서 네게 주신 땅 어느 성읍에서든지 가난한 형제가 너와 함께 거주하거든 그 가난한 형제에게 네 마음을 완악하게 하지 말며 네 손을 움켜쥐지 말고 반드시 네 손을 그에게 펴서 그에게 필요한 대로 쓸 것을 넉넉히 꾸어주라"(신 15:4-8)

그러므로 우리는 부자가 되어 다른 사람들에게 나누어 줄 수 있는 물질이 있어야 한다. 우리가 물질을 소유하는 것은 결코 죄가 아니다. 물질이 있어야 좋은 일에 기부할 수도 있기 때문이다.

우리가 좋은 일에 물질을 기부하면 물질의 영향력은 엄청난 결과를 가져올 수 있기 때문이다.

어떤 사람이 분당의 수억대가 되는 32평 아파트를 외국인 노동자들을 위해서 기부했다. 그 사람도 자신이 어려울 때 누군가로부터 도움을 받았기 때문이다. 과거에 본인이 배우지 못해서 서울의 구로동 공단에서 밤이 늦도록 어렵게 일했는데, 어떤 기회를 통해서 외국계 회사에 들어가 하루 8시간 일하면서 넉넉한 임금을 받아 야간고등학교를 다니게 되었고, 다시 야간대학에 들어가 공부를 해서 전문분야의 교사가 되어 어렵지 않게 살아가게 되어서 감사한 마음으로 아파트를 외국인 노동자를 위한 공간으로 기부했다. 그러므로 우리도 물질축복을 받아 다른 사람들에게 줄 수 있어야 한다.

우리 그리스도인들이 부자가 되어야 하는 이유는 무엇일까?

6. 부자가 되어야 가난을
물리칠 수 있기 때문이다.

우리는 가난을 물리치고 하나님이 기뻐하시는 참된 부자가 되어야 한다. 우리가 가난을 물리치지 않으면 하나님이 베풀어 주시는 축복을 스스로 밀어내는 것과 같다. 인간은 가난으로 인해 필요가 채워지지 않으면 죄의 유혹에 넘어가기가 쉽다.

가난이 우리를 불편하게 만들고, 자존심을 상하게 만들고, 죄를 범하게 만드는 경우가 얼마나 많은가? 가난하기 때문에 비행과 범죄를 저지르는 경우가 얼마나 많은가? 결코 꿈도 꾸지 않았던 범죄를 가난 때문에 저지르는 사람들이 얼마나 많은가? 아프리카 지역에 살고 있는 가난한 사람들은 가난하기 때문에 먹지 못하고, 가난하기 때문에 질병을 치유하지 못해서 죽어가는 어린이가 얼마나 많은가?

그러므로 우리는 가난이 결코 미덕이 아니라는 사실을 바로 알아야 한다.

그러므로 우리는 우리의 삶에서 가난을 물리치고, 가난의 뿌리를 뽑아야 한다. 우리가 부자가 되어 가난한 사람들을 보살펴 주어야 가난의 뿌리를 뽑을 수 있다. 우리가 부자가 되어 너그러운 마음으로 풍성하게 베풀 때 가난한 사람들이 이 땅에서 사라지게 될 것이다.

십자가의 구속의 진리가 우리를 가난에서 해방시키는 이유가 무엇일까? 예수님께서 십자가에서 죄의 값을 지불하시므로 가난의 값도 지불하셨기 때문이다.

사실 가난은 죄의 대가로 인간에게 찾아왔다. 아담과 하와가 죄를 범하지 않았다면 인간에게 가난은 없었다. 하지만 예수님께서 십자가에서 우리의 죄의 값을 지불하심으로 그분이 가난하게 되셨고, 우리 대신 저주를 받으셨기 때문에 우리는 가난의 저주에서 해방될 수 있다.

"그리스도께서 우리를 위하여 저주를 받은 바 되사 율법의 저주에서 우리를 속량하셨으니 기록된 바 나무에 달린 자마다 저주 아래에 있는 자라 하였음이라 이는 그리스도 예수 안에서 아브라함의 복이 이방인에게 미치게 하고 또 우리로 하여금 믿음으로 말미암아 성령의 약속을 받게 하려 함이라"(갈 3:13-14)

사도 바울은 여기서 예수님이 우리를 위해서 저주를 받으셨기 때문에 우리는 율법의 저주에서 해방되었다고 말씀한다. 모세는 율법의 저주에는 질병과 가난에 이르기까지 다양하다고 말씀한다. 특히 신명기 28장 45절부터 48절은 가난을 저주로 소개한다.

"네가 네 하나님 여호와의 말씀을 청종하지 아니하고 네게 명령하신 그의 명령과 규례를 지키지 아니하므로 이 모든 저주가 네게 와서 너를 따르고 네게 이르러 마침내 너를 멸하리니 이 모든 저주가 너와 네 자손에게 영원히 있어서 표징과 훈계가 되리라 네가 모든 것이 풍족하여도 기쁨과 즐거운 마음으로 네 하나님 여호와를 섬기지 아니함으로 말미암아 네가 주리고 목마르고 헐벗고 모든 것이 부족한 중에서 여호와께서 보내사 너를 치게 하실 적군을 섬기게 될 것이니 그가 철 멍에를 네 목에 메워 마침내 너를 멸할 것이라"

우리 예수님께서 우리를 대신해서 십자가에서 가난의 저주를 받으셨기 때문에 우리는 부자가 되어 물질축복을 누릴 수 있다. 우리가 마음껏 누릴 수 있도록 모든 것을 풍족하게 주셨는데 하나님의 자녀인 우리가 가난하게 사는 것은 말이 되지 않는다. 우리가 가난으로 시달린다면 우리 하나님 아버지의 마음이 얼마나 슬프겠는가?

그러므로 우리는 성경적 부자 되는 방법을 확고하게 믿어야 한다.

어떤 어려움이 있어도 포기하지 말고 끝까지 믿어야 한다.

성경에서 하나님이 기뻐하시는 참된 부자가 된 사람은 아브라함이다. 그는 열악한 상황에서도 끝까지 포기하지 않고 믿음으로 하나님의 축복을 받았다.

"기록된 바 내가 너를 많은 민족의 조상으로 세웠다 하심과 같으니 그가 믿은 바 하나님은 죽은 자를 살리시며 없는 것을 있는 것으로 부르시는 이시니라 아브라함이 바랄 수 없는 중에 바라고 믿었으니 이는 네 후손이 이같으리라 하신 말씀대로 많은 민족의 조상이 되게 하려 하심이라 그가 백 세나 되어 자기 몸이 죽은 것 같고 사라의 태가 죽은 것 같음을 알고도 믿음이 약하여지지 아니하고 믿음이 없어 하나님의 약속을 의심하지 않고 믿음으로 견고하여져서 하나님께 영광을 돌리며 약속하신 그것을 또한 능히 이루실 줄을 확신하였으니"(롬 4:17-21)

그러므로 우리가 성경에 나와 있는 부자 되는 원칙을 믿으면 하나님의 말씀대로 이루어진다. 우리가 부자가 되는 것은 하나님이 성경을 통해서 우리에게 약속하신 우리의 권리이기 때문에 우리가 끝까지 포기하지 않고 믿으면 하나님이 약속하신 대로 이루어져 우리는 참된 부자가 될 수 있다.

하나님께서 부자 되는 약속을 끝내시지 않으면 절대로 끝나지 않는다. 그러므로 우리는 하나님의 약속대로 마침내 부자가 될 때까지 전진해야 한다. 그러므로 우리는 성경에 부자가 되는 방법이 있다고 믿고, 그것을 지켜 행함으로 부자가 되어서 물질축복을 누려야 한다.

성경적 부자 되는
원칙을 말하라

우리는 성경에서 부자가 되는 원칙을 말씀해 주시는 하나님의 약속의 말씀을 찾아 그 약속의 말씀을 나의 약속으로 주장하고 말해야 한다. 성경의 약속의 말씀을 주장하는 것은 하나님의 자녀인 우리에게 주어진 하나님의 말씀 속에 있는 하나님의 약속들로서 이것을 우리가 믿고 주장하며 말할 때 하나님의 역사를 이루게 하는 말씀이다. 하나님의 물질축복이 우리와 함께할 것을 믿고 과감하게 말함으로써, 물질축복의 문이 우리에게 활짝 열리는 것이다.

1. 부자 되는 원칙과
　　관계된 말씀을 알라.

성경 속에는 우리에게 물질축복을 약속하는 많은 말씀들이 있다. 물질축복의 약속들은 대부분 어떤 조건을 이행할 때 이루어진다. 그러므로 하나님의 말씀에서 "만약과 만일(If)"이라는 말은 우리가 이행해야 할 조건들을 나타낸다. 또한 "그리하면(Them)"이라는 말은 하나님께서 자신의 약속을 이행해 주시겠다는 약속들이다.

누구나 하나님으로부터 말씀을 통해서 부자가 되는 물질축복을 약속 받았다면 그것을 이루기 위해서 노력할 것이다.

당신은 하나님께서 오늘날에도 우리에게 말씀하신다고 믿는가?

그렇다면 우리 하나님께서 우리에게 말씀하시는 보편적인 방법은 무엇인가? 사실 어떤 것이 올바른 방법이 되려면 세 가지 조건이 맞아야 된다. 그것은 보편성과 경험성과 진리성이다.

보편성이란 누구에게나 적용될 수 있는 일반적이고 보편적인 방법이 되어야 한다. 경험성이란 누구나 그 방법을 실행하면 경험되어질 수 있는 방법이 되어야 한다.

진리성이란 그 방법이 거짓이 아니고 참된 방법이어야 한다.

그러므로 하나님께서 우리에게 말씀하시는 보편적인 방법은 바로 하나님의 말씀인 성경을 통해서 우리에게 말씀하시는 것이다.

그러므로 어떤 사람은 성경을 읽다가 자신에게 감동이 되는 말씀을 발견하면 하나님께서 그 말씀을 통해서 자신에게 말씀하셨다고 믿는다. 그러므로 우리 하나님께서는 하나님의 말씀인 성경을 통해서 부자 되는 방법을 말씀하신다. 그러므로 하나님의 말씀 속에는 우리를 향한 물질축복의 약속들이 들어 있다.

그러므로 성경에서 그 약속의 말씀을 찾아서 나에게 말씀하시는 약속이라고 주장해야 한다.

만약 우리가 하나님의 말씀에서 물질축복의 약속을 찾아 나에게 말씀하시는 약속이라고 주장하고 말하면 우리는 부자가 되어 물질축복을 경험할 수 있다. 그럴 때 우리는 하나님의 말씀을 체험하면서 우리의 믿음이 성장한다. 그러므로 하나님의 약속의 말씀을 믿고 주장하며 말하는 사람은 자기를 신뢰하지 않고 하나님의 말씀을 신뢰한다. 뿐만 아니라 하나님의 말씀을 통해서 물질축복의 약속을 받은 사람은 비록 지금은 어렵더라도 실망하지 않고, 낙심하지 않고, 하나님을 바라본다.

이제 물질축복에 관한 약속들과 부자 되는 원칙을 소개하는 말씀들을 살펴보자.

"그런즉 너희는 먼저 그의 나라와 그의 의를 구하라 그리하면 이 모든 것을 너희에게 더하시리라"(마 6:33)

"여호와께서 명령하사 네 창고와 네 손으로 하는 모든 일에 복을 내리시고 네 하나님 여호와께서 네게 주시는 땅에서 네게 복을 주실 것이며"(신 28:8)

"우리 주 예수 그리스도의 은혜를 너희가 알거니와 부요하신 이로서 너희를 위하여 가난하게 되심은 그의 가난함으로 말미암아 너희를 부요하게 하려 하심이라"(고후 8:9)

"이것이 곧 적게 심는 자는 적게 거두고 많이 심는 자는 많이 거둔다 하는 말이로다 각각 그 마음에 정한 대로 할 것이요 인색함으로나 억지로 하지 말지니 하나님은 즐겨 내는 자를 사랑하시느니라 하나님이 능히 모든 은혜를 너희에게 넘치게 하시나니 이는 너희로 모든 일에 항상 모든 것이 넉넉하여 모든 착한 일을 넘치게 하게 하려 하심이라"(고후9:6-8)

"심는 자에게 씨와 먹을 양식을 주시는 이가 너희 심을 것을 주사 풍성하게 하시고 너희 의의 열매를 더하게 하시리니"(고후 9:10)

"만군의 여호와가 이르노라 너희의 온전한 십일조를 창고에 들여 나의 집에 양식이 있게 하고 그것으로 나를 시험하여 내가 하늘 문을 열고 너희에게 복을 쌓을 곳이 없도록 붓지 아니하나 보라 만군의 여호와가 이르노라 내가 너희를 위하여 메뚜기를 금하여 너희 토지 소산을 먹어 없애지 못하게 하며 너희 밭의 포도나무 열매가 기한 전에 떨어지지 않게 하리니"(말 3:10-11)

"네 재물과 네 소산물의 처음 익은 열매로 여호와를 공경하라 그리하면 네 창고가 가득히 차고 네 포도즙 틀에 새 포도즙이 넘치리라"(잠 3:9-10)

"주라 그리하면 너희에게 줄 것이니 곧 후히 되어 누르고 흔들어 넘치도록 하여 너희에게 안겨 주리라 너희가 헤아리는 그 헤아림으로 너희도 헤아림을 도로 받을 것이니라"(눅 6:38)

"범사에 여러분에게 모본을 보여준 바와 같이 수고하여 약한 사람들을 돕고 또 주 예수께서 친히 말씀하신 바 주는 것이 받는 것보다 복이 있다 하심을 기억하여야 할지니라"(행 20:35)

"각각 그 마음에 정한 대로 할 것이요 인색함으로나 억지로 하지 말지니 하나님은 즐겨 내는 자를 사랑하시느니라"(고후 9:7)

"가난한 자를 불쌍히 여기는 것은 여호와께 꾸어 드리는 것이니 그의 선행을 그에게 갚아 주시리라"(잠 19:17)

"네가 이 세대에서 부한 자들을 명하여 마음을 높이지 말고 정함이 없는 재물에 소망을 두지 말고 오직 우리에게 모든 것을 후히 주사 누리게 하시는 하나님께 두며 선을 행하고 선한 사업을 많이 하고 나누어 주기를 좋아하며 너그러운 자가 되게 하라"(딤전 6:17-18)

"너희를 위하여 보물을 땅에 쌓아 두지 말라 거기는 좀과 동록이 해하며 도둑이 구멍을 뚫고 도둑질하느니라 오직 너희를 위하여 보물을 하늘에 쌓아 두라 거기는 좀이나 동록이 해하지 못하며 도둑이 구멍을 뚫지도 못하고 도둑질도 못하느니라 네 보물 있는 그 곳에는 네 마음도 있느니라"(마 6:19-21)

"젊은 사자는 궁핍하여 주릴지라도 여호와를 찾는 자는 모든 좋은 것에 부족함이 없으리로다"(시 34:10)

"나를 사랑하는 자들이 나의 사랑을 입으며 나를 간절히 찾는 자가 나를 만날 것이니라 부귀가 내게 있고 장구한 재물과 공의도 그러하니라"(잠 8:17-18)

"여호와께서 주시는 복은 사람을 부하게 하고 근심을 겸하여 주지 아니하시느니라"(잠 10:22)

"사랑하는 자여 네 영혼이 잘됨 같이 네가 범사에 잘되고 강건하기를 내가 간구하노라"(요삼 1:2)

"여호와는 나의 목자시니 내게 부족함이 없으리로다 그가 나를 푸른 풀밭에 누이시며 쉴 만한 물 가로 인도하시는도다 내 영혼을 소생시키시고 자기 이름을 위하여 의의 길로 인도하시는도다"(시 23:1-3)

"부지런한 자의 경영은 풍부함에 이를 것이나 조급한 자는 궁핍함에 이를 따름이니라"(잠 21:5)

"복 있는 사람은 악인들의 꾀를 따르지 아니하며 죄인들의 길에 서지 아니하며 오만한 자들의 자리에 앉지 아니하고 오직 여호와의 율법을 즐거워하여 그의 율법을 주야로 묵상하는도다 그는 시냇가에 심은 나무가 철을 따라 열매를 맺으며 그 잎사귀가 마르지 아니함 같으니 그가 하는 모든 일이 다 형통하리로다"(시 1:1-3)

"자기 아들을 아끼지 아니하시고 우리 모든 사람을 위하여 내주신 이가 어찌 그 아들과 함께 모든 것을 우리에게 주시지 아니하겠느냐"(롬 8:32)

"이는 그리스도 예수 안에서 아브라함의 복이 이방인에게 미치게 하고 또 우리로 하여금 믿음으로 말미암아 성령의 약속을 받게 하려 함이라, 너희가 그리스도의 것이면 곧 아브라함의 자손이요 약속대로 유업을 이을 자니라"(갈 3:14, 29)

"네 하나님 여호와를 기억하라 그가 네게 재물 얻을 능력을 주셨음이라 이같이 하심은 네 조상들에게 맹세하신 언약을 오늘과 같이 이루려 하심이니라"(신 8:18)

"할렐루야, 여호와를 경외하며 그의 계명을 크게 즐거워하는 자는 복이 있도다 그의 후손이 땅에서 강성함이여 정직한 자들의 후손에게 복이 있으리로다 부와 재물이 그의 집에 있음이여 그의 공의가 영구히 서 있으리로다"(시 112:1-3)

"네가 네 하나님 여호와의 말씀을 삼가 듣고 내가 오늘 네게 명령하는 그의 모든 명령을 지켜 행하면 네 하나님 여호와께서 너를 세계 모든 민족 위에 뛰어나게 하실 것이라 네가 네 하나님 여호와의 말씀을 청종하

면 이 모든 복이 네게 임하며 네게 이르리니"(신 28:1-2)

"너희 조상의 하나님 여호와께서 너희를 현재보다 천 배나 많게 하시며 너희에게 허락하신 것과 같이 너희에게 복 주시기를 원하노라"(신 1:11)

이 모든 말씀들은 우리가 이행해야할 조건들이 들어 있지만 우리가 그 조건들을 이행하면 하나님께서 우리에게 물질축복을 부어주시므로 부자가 되게 하신다는 약속들이다. 성경적 부자 되는 원칙과 관계된 말씀들을 차례대로 살펴보면, 이 모든 것을 더해 주시겠다는 약속이다.

나의 창고에 복을 부어 주시겠다는 약속이다.

우리를 부요하게 해 주시겠다는 약속이다.

모든 은혜를 넘치게 해 주시겠다는 약속이다.

심을 것을 주사 풍성하게 해 주시겠다는 약속이다.

하늘 문을 열고 복을 쌓을 곳이 없도록 부어 주시겠다는 약속이다.

우리의 창고가 가득히 차고 넘치게 해 주시겠다는 약속이다.

후히 되어 누르고 흔들어 넘치도록

우리에게 안겨 주시겠다는 약속이다.

하나님은 즐겨내는 자를 사랑해 주시겠다는 약속이다.

우리의 선행에 축복으로 갚아 주시겠다는 약속이다.

모든 것을 후히 주사 누리게 해 주시겠다는 약속이다.

모든 좋은 것에 부족함이 없게 해 주시겠다는 약속이다.

부귀가 우리에게 있고 장구한 재물도 주시겠다는 약속이다.

여호와께서 주시는 복은 우리를 부하게 해 주시겠다는 약속이다.

우리를 범사에 잘되고 강건하게 해 주시겠다는 약속이다.

부지런한 자의 경영은 풍부함에 이르게 해 주시겠다는 약속이다.

복 있는 사람은 하는 모든 일이 다 형통하게 해 주시겠다는 약속이다.

아들을 아끼지 아니하고 주신 하나님께서

아들과 함께 모든 것을 주시겠다는 약속이다.

아브라함의 복을 우리에게 주시겠다는 약속이다.

재물 얻을 능력을 주시겠다는 약속이다.

부와 재물을 여호와를 경외하는 우리에게 주시겠다는 약속이다.

하나님의 말씀을 청종하면 모든 복이 임한다는 약속이다.

현재보다 복을 천 배나 많게 해 주시겠다는 약속이다.

2. 약속을 주장하고 부자 되는 원칙을 입으로 말하라.

성경에서 발견한 성경적 부자 되는 원칙을 묵상하고 기도하면서 그 약속의 말씀을 주장하며 말해야 한다. 우리는 성경적 부자 되는 원칙과 관계된 말씀을 암송 카드에 적어서 수시로 묵상하고 복습하면서 주장하고 말해야 한다. 우리는 그 약속의 말씀들을 자주 인용하고 간증할 때도 사용해야 한다. 다른 성도들과 교제할 때나 그들에게 편지를 쓸 때나 그들에게 전화를 할 때도 사용해야 한다. 우리의 책상이나 방안이나 수첩이나 벽에 써 붙여 놓고 바라보면서 약속의 말씀을 주장하고 말해야 한다. 그러므로 성경적 부자 되는 원칙을 알려주는 하나님의 말씀을 잘 보이는 곳에 붙여 놓고 묵상하면서 하나님의 약속을 주장하고 말해야 한다.

성경적 부자 되는 원칙을 작동시키는 것은 그 말씀을 우리의 마음에 심고, 그 말씀을 주야로 묵상하고, 그 말씀을 입술로 말하고, 그 말씀을 삶에 적용하는 것으로 작동된다. 우리의 마음에 하나님의 말씀이 살아 있을 때 우리는 넘어지지 않고 부자 되는 원칙에 따라 살아갈 수 있다.

우리는 하나님의 약속의 말씀을 주장하며, 우리의 마음을 그 약속에 집중해야 한다. 우리의 상황과 여건이 아무리 좋지 않더라도 우리가 하나님의 말씀에 집중하면 우리의 마음은 흔들리지 않는다.

"그의 마음에는 하나님의 법이 있으니 그의 걸음은 실족함이 없으리로다"(시 37:31)

그러므로 우리의 입술로 성경적 부자 되는 원칙을 말해야 한다.

우리의 마음속에 하나님의 말씀이 충만할 때 그 말씀은 이제 우리의 입술로 말할 수 있다. 하나님의 말씀은 우리가 물질축복을 어떻게 받을 수 있는지를 정확하게 알려준다.

물질축복은 우리가 사용하는 말을 통해서 온다.

하나님은 우리가 사용하는 말이 우리 인생의 키가 되게 하셨다.

따라서 우리가 사용하는 말이 우리의 운명을 결정한다.

하나님은 입술의 열매로 인하여 축복을 누리게 되며, 입에서 나오는 열매로 말미암아 배가 부르게 되며, 입술에서 나오는 것으로 만족하게 되며, 혀를 쓰기 좋아하는 자는 입술의 열매를 먹게 된다고 말씀하셨다.

그러므로 우리는 입술의 열매로 살아간다.

우리가 사용하는 말은 우리의 필요와 소원을 채워줄 수 있다.

우리는 지금 말하는 것을 나중에 거둔다.

우리는 과거에 축복을 말했기 때문에 오늘 물질축복을 누리며 살아간다. 우리가 한 말은 씨앗이기 때문에 나중에 그 열매를 거둔다.

그러므로 우리는 항상 물질축복을 입술로 말해야 한다.

우리가 물질축복을 말하면 물질축복을 거두게 되고, 저주를 말하면 저주를 거둔다. 우리가 자신의 말을 통제하지 못하고 잘못된 말을 사용하면 성경적 부자 되는 원칙은 작동하지 않는다. 그 순간 성경적 부자 되는 원칙은 아무런 효력을 나타내지 못한다.

우리가 성경적 부자 되는 원칙에서 벗어나는 말을 계속하면 하나님은 우리에게 물질축복을 주실 수 없다. 많은 사람들이 물질적으로 어려움에 처하여 입술로 두려움과 의심을 말하기 때문에 더 큰 어려움에 빠진다. 그러므로 솔로몬은 우리의 입술을 잘못 사용하여 어려움에 처하는 경우를 다양하게 소개한다.

"네 입의 말로 네가 얽혔으며 네 입의 말로 인하여 잡히게 되었느니라, 악인은 입술의 허물로 말미암아 그물에 걸려도 의인은 환난에서 벗어나느니라 사람은 입의 열매로 말미암아 복록에 족하며 그 손이 행하는 대로 자기가 받느니라, 사람은 입의 열매로 인하여 복록을 누리거니와 마음이 궤사한 자는 강포를 당하느니라 입을 지키는 자는 자기의 생명을 보전하나 입술을 크게 벌리는 자에게는 멸망이 오느니라, 사람은 입에서 나오는 열매로 말미암아 배부르게 되나니 곧 그의 입술에서 나는 것으로 말미암아 만족하게 되느니라 죽고 사는 것이 혀의 힘에 달렸나니 혀를 쓰기 좋아하는 자는 혀의 열매를 먹으리라"(잠 6:2, 12:13-14, 13:2-3, 18:20-21)

결국 부정적이고 불신의 말을 하는 사람은 덫에 걸리고, 그물에 걸려 잡혀서 궁핍의 감옥에 갇힌다. 우리가 부정적인 생각에 사로 잡혀 습관적으로 잘못된 말을 사용하므로 궁핍의 감옥에 갇힌다.

그러므로 우리는 축복과 긍정적인 것이 아니면 생각하지도 말고, 말하지도 말고, 행동하지도 말아야 한다. 그러므로 물질축복과 긍정적인 것이 아니라면 그 어떤 것도 말하지 않겠다고 결단해야 한다. 하지만 우리가 우리의 입술로 성경적 부자 되는 원칙을 말하면 환난에서 벗어나 안전할 수 있다.

"입과 혀를 지키는 자는 자기의 영혼을 환난에서 보전하느니라"(잠 21:23)

우리의 마음속에 하나님의 말씀이 살아있지 않으면 우리는 능히 우리의 혀를 길들일 수 없다(약 3:8). 우리가 마음속에 하나님의 말씀을 가득 채우면 그것이 우리의 입술을 통해서 밖으로 나온다. 우리가 마음속으로 믿고 있는 바를 우리가 입술로 말하기 때문이다.

"독사의 자식들아 너희는 악하니 어떻게 선한 말을 할 수 있느냐 이는 마음에 가득한 것을 입으로 말함이라 선한 사람은 그 쌓은 선에서 선한 것을 내고 악한 사람은 그 쌓은 악에서 악한 것을 내느니라"(마 12:34-35)

그러므로 우리의 입에서 하나님의 말씀이 떠나지 않게 해야 한다(수

1:8). 늘 언제나 우리의 입술로 하나님의 말씀을 말해야 한다. 그럴 때 우리의 입술에서 나간 말은 하나님의 뜻을 이루며, 우리를 형통하게 만든다. 우리가 마음속 깊이 하나님의 약속을 믿고, 하나님의 약속의 말씀을 주장하고 말할 때 하나님께서 우리에게 물질축복을 주신다.

그러므로 우리는 절대로 물질에 대한 부정적인 이야기를 하지 말아야 한다. 우리의 입에서 물질에 대한 부정적인 말이 나오는 순간 하나님의 약속을 부정하는 것이다. 우리가 입술로 하나님의 약속을 부정한다면 성경적 부자 되는 원칙에 따라 살아갈 수 없고, 물질축복을 받을 수도 없다. 그러므로 우리는 부정적인 것을 말하는 것이 아니라 긍정적인 것을 말하는 사람이 되어야 한다. 우리가 부정적으로 말할 때 우리에게 잘못된 것을 끌어들이기 때문이다. 우리가 하는 부정적인 말은 몇 배로 불어나 결국 우리에게 되돌아온다.

우리는 이제부터 성경적 부자 되는 원칙이 기록된 암송카드를 매일 가지고 다니며, 계속해서 그 말씀을 묵상하고, 그 말씀을 마음 판에 새기고, 그 말씀을 자신의 삶에 적용하고, 성경적 부자 되는 원칙과 관계된 말씀을 입술로 반복해서 담대하게 말해야 한다. 물질적으로 어려움에 처할 때마다 계속해서 약속의 말씀을 말해야 한다.

우리는 무엇보다도 우리 입으로 하나님의 말씀을 계속해서 말하는 것을 우리 자신이 들어야 한다. 그럴 때 우리의 믿음은 크게 성장하고 우리의 말로써 그 믿음을 표현할 수 있다.

3. 물질축복의 말씀을 말할 때
역사가 나타남을 믿으라.

우리가 하나님의 말씀을 말하면 우리가 말한 대로 이루어진다. 우리가 말씀을 말하는 순간 그 말씀에 생명이 실려 물질축복의 역사가 나타난다. 우리가 하나님의 말씀을 말하면 창조적인 역사가 나타나 생명을 살린다. 우리가 입술로 생명의 말씀을 전하면 영적인 능력이 나타난다. 우리 몸은 우리가 말하는 하나님의 말씀을 듣고 있다.

그래서 하나님의 말씀을 우리 자신에게 말해야 한다.

우리가 하나님의 말씀을 과감하게 말할 때 온 우주를 창조했던 기적이 우리에게 일어난다.

우리는 하나님의 말씀을 통해 놀라운 결실을 거둔다.

우리가 말하는 말씀은 생명의 씨앗이 될 수 있다. 우리가 씨앗을 뿌리는 것은 말씀을 뿌리는 것이다. 하나님의 말씀은 살아있는 씨앗이다.

우리가 말씀의 씨앗을 어떻게 심을 수 있을까?

어디에 심을 수 있을까?

우리는 믿음으로 하나님의 말씀을 말함으로 하나님의 말씀을 우리의 마음에 심는다. 우리의 입 밖으로 나온 말은 우리의 마음속에 심어져 뿌리를 내리고 자라서 열매를 맺는다. 그러므로 우리 하나님께서는 하나님의 말씀을 우리의 마음과 뜻에 두라고 명령하신다.

"이러므로 너희는 나의 이 말을 너희의 마음과 뜻에 두고 또 그것을 너희의 손목에 매어 기호를 삼고 너희 미간에 붙여 표를 삼으며"(신 11:18)

우리가 하나님의 말씀을 씨앗으로 심기 전에 먼저 하나님의 말씀을 들어야 한다. 우리가 하나님의 말씀을 들을 때에 믿음이 생기기 때문이다(롬 10:17). 우리가 하나님의 말씀을 들을 때, 다른 사람이 하나님의 말씀을 전하는 것을 듣는 것도 중요하지만 자신이 직접 입술로 하나님의 말씀을 말함으로 자신이 하는 하나님의 말씀을 자신의 귀로 직접 듣는 것이 더 중요하다.

그러므로 우리가 하나님의 말씀을 말할 때마다 우리의 마음에 씨앗을 심는다. 우리가 불신의 말을 심었든지 믿음의 말을 심었든지 그 씨앗에 따라 거둔다. 문제의 말을 하는 사람은 문제의 씨앗을 심어 문제를 거둔다. 우리가 가난과 질병의 씨앗을 뿌리면 물질축복과 건강을 거둘 수 없다.

그러므로 우리가 성경에서 발견하는 부자 되는 원칙을 통하여 부자가 되려면 우리가 사용하는 말을 조심하여 부정적인 말을 하지 말아야 한다. 우리는 "없다, 죽겠다, 안 된다"라고 말하지 말아야 한다. 우리는 우리의 마음에 가득한 것을 입으로 말하기 때문에 우리의 마음에서 모든 부정적인 생각을 물리쳐야 한다. 그러므로 야고보 사도는 우리가 혀를 다스리지 못함으로 잘못된 말을 사용하면 자기 마음을 속이는 것이요 이런 사람의 경건은 헛것이라고 했다.

"누구든지 스스로 경건하다 생각하며 자기 혀를 재갈 물리지 아니하고 자기 마음을 속이면 이 사람의 경건은 헛것이라"(약 1:26)

여기서 "헛것"이란 아무런 결과가 없는 아주 무익하고 쓸모없는 것이다. 그러므로 우리가 부정적으로 말하면 우리는 결코 하나님이 기뻐하시는 참된 부자가 될 수 없다.

그러므로 우리는 믿음으로 말씀의 씨앗을 마음에 뿌려야 한다.

우리가 믿음으로 말씀을 우리의 마음에 심었다면 그것은 이미 확정되었다고 믿어야 한다. 이제 하나님께서 말씀의 약속대로 이루어 주실 것을 믿고 하나님께 감사해야 한다. 그리고 우리는 말씀의 씨앗을 심었으면 다시 그 씨앗을 파내지 말아야 한다. 우리가 씨앗을 파내는 것은 의심하고 불신의 말을 하는 것이다. 그럴 때 우리는 하나님의 물질축복을 누리지 못하고 궁핍의 감옥에 갇힌다.

그러므로 솔로몬은 잠언에서 이렇게 말씀한다.

"네 입의 말로 네가 얽혔으며 네 입의 말로 인하여 잡히게 되었느니라"(잠 6:2)

여기서 "얽혔다"는 말은 함정에 빠져 잡혔다는 말이다. 우리의 입술에서 물질축복을 의심하는 말과 하나님의 약속을 부정하는 말을 하면 하나님이 예비하신 물질축복을 결코 누릴 수 없다. 하지만 우리가 입술과 혀를 다스려서 불신을 말하지 아니하면 우리는 어려움을 당하지 않는다.

"입과 혀를 지키는 자는 자기의 영혼을 환난에서 보전하느니라"(잠 21:23)

그러므로 우리는 안전하고 하나님이 예비하신 물질축복을 누릴 수 있다. 그렇다면 누가 물질축복의 열매를 먹을 수 있을까?

물질축복을 위하여 우리의 입술과 혀를 사용하여 물질축복을 말하는 사람이다. 그 사람은 말로써 아름다운 씨앗을 심는다. 성경적 부자 되는 원칙과 관계된 말씀을 좋아하고 인정하고 가치 있게 여긴다. 그러므로 자신이 말한 물질축복을 열매로 거둔다. 우리는 입술의 열매로 좋은 것과 만족을 누릴 수 있다.

"사람은 입의 열매로 인하여 복록을 누리거니와 마음이 궤사한 자는 강포를 당하느니라, 사람은 입에서 나오는 열매로 말미암아 배부르게 되나니 곧 그의 입술에서 나는 것으로 말미암아 만족하게 되느니라"(잠 13:2, 18:20).

그러므로 하나님의 말씀은 반드시 열매를 맺는다. 하나님의 말씀은 씨앗이기 때문에 말씀의 좋은 씨앗을 심었다면 그 결과 좋은 것을 거두고 누린다. 씨앗은 지금 심고 후에 열매로 거둔다. 말씀이 씨앗이라면 씨앗은 반드시 심어야 거둔다. 그러므로 성경적 부자 되는 원칙과 관계된 말씀을 믿음으로 말하지 않는 것은 씨앗을 심지 않는 것이다. 씨앗을 심지도 않으면서 거두려는 욕심은 버려야 한다.

우리는 하나님의 말씀의 원칙에 따라 물질축복의 씨앗을 심겠다고 결단해야 한다. 우리가 믿음으로 물질축복을 말할 때 거둘 수 있기 때문이다. 우리는 씨앗을 심지도 않으면서 하나님이 모든 것을 다 해 주신다고 믿지 말아야 한다. 그러한 태도는 잘못된 태도다.

우리가 성경적 부자 되는 원칙과 관계된 말씀을 말하지 않으면 하나님께서도 역사하시지 않는다. 우리는 우리의 인생의 축복을 위해서 반드시 물질축복과 관련된 하나님의 말씀을 믿고, 그 말씀을 말해야 물질축복을 거둔다.

이제부터 우리의 입술로 성경적 부자 되는 원칙을 씨앗으로 심어서 놀라운 결실을 거두어야 한다.

4. 물질축복의 말씀을
레마의 말씀으로 말하라.

우리가 하나님의 기적을 경험하는 비결은 하나님의 말씀이 진리임을 믿고, 레마로 깨닫고, 믿음으로 말하는 것이다. 그 결과 우리는 놀라운 기적을 경험할 수 있다.

하나님의 말씀은 두 종류의 말씀이 있다.

하나님의 말씀은 원어로 보면 로고스와 레마다.

로고스의 말씀은 신앙과 삶의 지침서로 기록되어서 모든 사람에게 일반적으로 주어진 하나님의 말씀이다. 하지만 레마의 말씀은 하나님의 역사를 이루기 위해서 필요할 때에 하나님께서 우리에게 특별히 깨닫게 하시는 말씀이다. 신약성경에는 로고스로 331번이나 기록되었지만 레마는 70번 기록되었다.

레마의 말씀은 하나님께서 우리에게 특정한 때에 특별하고 생생하게 깨닫게 해주시는 말씀이다. 그러므로 우리가 하나님의 말씀을 레마로 깨달았다면 그 말씀에 순종하고 말해야 한다.

하나님의 말씀은 우리에게 하나님의 축복을 누리도록 삶의 동기를 부여한다. 하나님의 말씀은 우리의 모든 필요를 채워준다.

그러므로 우리는 하나님의 말씀 안에서 형통한 삶을 살아간다.

하나님의 말씀은 우리에게 기적을 경험하게 하는 참된 원칙을 제시한다. 하나님의 말씀은 우리의 삶을 변화시키는 도구다. 그러므로 우리에게 하나님의 말씀이 없다면 우리는 망할 수밖에 없다. 다음 구절은 이

점을 명확하게 뒷받침해준다.

"내 백성이 지식이 없으므로 망하는도다 네가 지식을 버렸으니 나도 너를 버려 내 제사장이 되지 못하게 할 것이요 네가 네 하나님의 율법을 잊었으니 나도 네 자녀들을 잊어버리리라"(호 4:6)

그러므로 하나님의 말씀이 없는 사람은 망한다. 하나님의 말씀을 버린 사람도 하나님께 버림을 당한다. 하나님의 말씀을 잊은 사람은 하나님께서도 그 사람을 기억하시지 않는다. 그러므로 하나님의 말씀을 대하는 태도가 그만큼 중요하다.

5. 물질축복의 말씀을 믿고 말하라.

우리가 하나님의 물질축복을 받는 비결은 하나님의 말씀을 믿고 그것을 입술로 말하는 것이다. 예수님의 선언을 들어보라.

"내가 진실로 너희에게 이르노니 누구든지 이 산더러 들리어 바다에 던져지라 하며 그 말하는 것이 이루어질 줄 믿고 마음에 의심하지 아니하면 그대로 되리라"(막 11:23)

하나님의 놀라운 기적은 하나님의 말씀을 믿고 말하는 사람에게만 역사한다. 우리가 하나님의 말씀을 말하지 아니하면 결코 아무것도 이루어지지 않는다.

그러므로 참된 믿음이란 세 가지가 함께 움직인다.

그것은 믿는 것과 말하는 것과 행하는 것이다.

그러므로 믿는 것과 말하는 것과 행하는 것은 함께 움직인다.

우리가 하나님으로부터 무엇을 받을 수 있을까?

우리가 믿음으로 말하고 행한 것이다. 우리가 믿음으로 말하고 행하면 반드시 이루어지기 때문이다. 우리가 긍정적인 것을 말하면 긍정적인 것을 받는다. 우리가 부정적인 것을 말하면 부정적인 것을 받는다. 그러므로 고린도후서 4장 13절은 이렇게 말씀한다.

"기록된 바 내가 믿었으므로 말하였다 한 것 같이 우리가 같은 믿음의 마음을 가졌으니 우리도 믿었으므로 또한 말하노라"

사도 바울도 하나님의 말씀을 믿었기 때문에 하나님의 말씀을 믿고 말했다. 우리는 우리가 말하는 대로 그 결과를 거둔다.

"사람은 입에서 나오는 열매로 말미암아 배부르게 되나니 곧 그의 입술에서 나는 것으로 말미암아 만족하게 되느니라"(잠 18:20)

우리가 성경적 부자 되는 원칙과 관계된 말씀을 마음으로 믿고 그것을 입술로 말하면 반드시 이루어진다. 우리가 말하는 것은 말의 씨앗을 심는 것이다.

그러므로 우리 자신이 말한 것의 열매를 우리 자신이 거둔다. 우리는 무엇이든지 우리가 말하는 대로 그것을 받아 누린다. 우리가 입으로 말하면 우리의 귀가 그것을 듣고 그 때 우리는 더 큰 믿음을 소유하여 물질 축복을 말한다. 마가복음 11장 23절은 이런 뜻이 있다.

"당신이 누구든지 믿음으로 말하며 그 말하는 것이 이룰 줄 믿고 마음에 의심하지 아니하면 당신이 말하는 것이 그대로 이루어집니다."

그래서 우리는 믿고 의심하지 말아야 한다.

"말하는 것이 이룰 줄 믿고 마음에 의심치 아니하면 그대로 되리라"

이것이 진리다. 우리가 잘못된 것을 말하면 우리는 잘못된 씨앗을 심는 것이다. 그 결과 잘못된 결실을 거둔다. 우리는 하나님의 축복을 믿고 믿음으로 말해야 한다. 우리의 입술을 축복을 위해서 사용해야 한다. 우리는 가난이나 질병이나 실패에 동의하는 말을 하지 말아야 한다. 우리는 반드시 우리가 말하는 것을 받아 누린다. 히브리서 기자는 하나님께서 다윗에게 약속하신 것을 묵상하다가 그것을 자신에게 적용하여 믿음으로 말했다.

"돈을 사랑하지 말고 있는 바를 족한 줄로 알라 그가 친히 말씀하시기를 내가 결코 너희를 버리지 아니하고 너희를 떠나지 아니하리라 하셨느니라 그러므로 우리가 담대히 말하되 주는 나를 돕는 이시니 내가 무서워하지 아니하겠노라 사람이 내게 어찌하리요 하노라"(히 13:5-6)

히브리서 기자는 하나님이 자신을 버리지 않으시며, 절대로 자신을 떠나지 않으신다는 진리를 시편 118편 6절에 근거해서 믿음으로 말했다.

"나를 버리지 아니하시고 나를 떠나지 않겠다고 하나님께서 친히 말씀하셨습니다. 그러므로 나는 담대하게 선포합니다. 주님께서 나를 돕고 계시니 나는 절대로 무서워하지 않습니다. 어떤 사람도 나를 건드리지 못합니다."

그러므로 시편 기자는 하나님의 말씀에 근거해서 축복을 말했다. 따라서 우리도 하나님이 우리에게 말씀하신 것을 우리가 말해야 한다. 우리는 우리의 필요를 정확하게 알고, 그 필요를 약속하는 하나님의 말씀을 찾아내고, 그 약속의 말씀을 믿고, 그 약속의 말씀을 우리에게 적용하여 믿음으로 말해야 한다.

6. 물질축복의
말씀을 묵상하라.

우리가 하나님의 말씀을 말하려면 하나님의 말씀을 깨달아야 한다. 우리가 하나님의 말씀을 깨달았으면 이제 그 말씀을 충분히 묵상해야 한다. 여기서 묵상이란 하나님의 말씀을 통하여 하나님의 인격과 속성과 섭리와 역사와 우리에게 약속하신 축복들을 기억하고 또한 사색하고 곰곰이 생각하는 것이다.

우리가 하나님의 말씀의 사건 속으로 들어가는 것이다. 하나님의 말씀이 우리의 현실 속으로 들어와 우리를 돕는 것이다. 하나님의 말씀의 가르침을 거듭 거듭 곰곰이 생각하는 것이다. 우리가 하나님의 말씀에 의도적으로 초점을 맞추어 거듭 생각함으로써 하나님의 말씀을 꼭 붙잡는 것이다.

그러므로 하나님의 말씀이 우리의 마음속에 심겨지면 우리의 마음에 하나님의 말씀으로 충만해져서 어떤 위기의 상황에서도 우리는 두려워하지 않고 담대하게 대처할 수 있다.

그러므로 하나님의 말씀이 우리의 마음에 풍성히 거하면 어떤 물질의 어려움이 닥쳐오더라도 당당하게 대처할 수 있다. 사실 묵상이란 우리가 머리로 알고 있는 하나님의 말씀을 우리의 마음에 새기고, 마음에 저장하여 꼭 붙잡는 과정이다. 하나님의 말씀으로 우리의 마음을 무장하는 것이다.

그러므로 마귀 사탄의 어떠한 공격에도 넘어지지 않고 견고하게 서서 승리할 수 있다. 그러므로 우리가 하나님의 말씀으로 우리의 마음을 무장시키면 우리 인생의 어떠한 문제라도 다 극복할 수 있다. 그러므로 시편 기자는 이렇게 말한다. "그의 마음에는 하나님의 법이 있으니 그의 걸음은 실족함이 없으리로다"(시 37:31)

그러므로 하나님의 말씀을 묵상하는 것은 명상과는 다르다. 사실 명상이란 동방의 신비 종교에서 나왔다. 그러므로 명상이란 우주와 하나 되기 위해서 자기 자신과 자신의 모든 의식을 비워내는 비이성적인 과정이다. 그들은 자기 마음을 비우려고 특정한 단어나 어구를 반복적으로 되풀이한다. 그들은 참선을 통하여 마음을 비우라고 가르친다.

하지만 말씀을 묵상하는 것은 명상과 비교하면 근본적으로 다르다. 하나님은 우리가 마음에서 모든 것을 비워내기를 원치 않으시고, 오히려 하나님이 계시해 주시는 진리의 말씀으로 우리의 마음을 가득 채우라고 말씀하신다.

"그리스도의 말씀이 너희 속에 풍성히 거하여 모든 지혜로 피차 가르치며 권면하고 시와 찬송과 신령한 노래를 부르며 감사하는 마음으로 하나님을 찬양하고"(골 3:16)

하나님은 무의미한 소리를 되풀이하는 것 대신에 하나님의 말씀을 이해하여 삶의 모든 영역에 적용하여 믿음으로 말하라고 말씀하신다.

"오직 강하고 극히 담대하여 나의 종 모세가 네게 명령한 그 율법을 다 지켜 행하고 우로나 좌로나 치우치지 말라 그리하면 어디로 가든지 형통하리니 이 율법책을 네 입에서 떠나지 말게 하며 주야로 그것을 묵상하여 그 안에 기록된 대로 다 지켜 행하라 그리하면 네 길이 평탄하게 될 것이며 네가 형통하리라"(수 1:7-8)

그러므로 우리는 말씀을 주야로 묵상해야 한다. 우리가 하나님의 말씀을 주야로 묵상할 때 하나님의 말씀대로 살아가는 데 많은 도움을 주기 때문이다. 하나님의 말씀을 깊이 묵상하면 우리의 사고가 변화되고 우리의 인격이 변화된다. 사람은 생각을 하는 대로 인격이 형성되어지기 때문이다. 그러므로 우리는 말씀을 사랑하여 종일 묵상해야 한다.

"내가 주의 법을 어찌 그리 사랑하는지요 내가 그것을 종일 작은 소리로 읊조리나이다"(시 119:97)

우리가 올바로 묵상할 때 우리 하나님께서 받아주신다.

"나의 반석이시요 나의 구속자이신 여호와여 내 입의 말과 마음의 묵상이 주님 앞에 열납되기를 원하나이다"(시 19:14)

우리는 성경적 부자 되는 원칙과 관계된 말씀을 묵상하기 위해서 성경적 부자 되는 원칙을 기록하여 방안에 잘 보이는 곳과 책상 앞에 붙어 두고 묵상한다. 그 결과 우리의 마음은 뜨거워지므로 우리는 하나님께서 약속하신 놀라운 물질축복을 말할 수 있다. 그러므로 하나님의 말씀에서 발견하는 성경적 부자 되는 원칙을 믿음으로 말해야 한다.

성경적 부자 되는
원칙을 행하라

하나님이 창조한 모든 것은 하나님이 정하신 하나님의 원칙에 따라 움직인다. 그러므로 우리가 하나님이 정하신 원칙에 따라 살아갈 때 우리는 건강과 물질의 축복과 승리와 성공을 경험할 수 있고 누릴 수 있다.

그러므로 우리가 하나님이 정하신 원칙을 지켜 행하지 아니하면 우리는 부자가 될 수 없다. 그러므로 우리는 부자가 되기 위해 하나님이 정하신 성경적 부자 되는 원칙을 행하여야 한다.

많은 그리스도인들이 자신에게 주어진 축복을 누리지 못하는 것은 성경적 부자 되는 원칙을 알지 못하고, 믿지 못하고, 행하지 않기 때문이다. 하지만 우리가 성경적 부자 되는 원칙을 알고, 믿고, 지켜 행하면 우리는 이 땅에서 부자가 되어 하나님의 축복을 누리며 살아갈 수 있다.

그러므로 모세는 여호수아에게 하나님이 약속하신 축복의 땅에 들어가서 승리하고 정복하고 물질의 축복을 누리기 위해서 하나님의 말씀을 입으로 말하고, 주야로 묵상하고, 다 지켜 행하라고 말씀한다.

"이 율법책을 네 입에서 떠나지 말게 하며 주야로 그것을 묵상하여 그

안에 기록된 대로 다 지켜 행하라 그리하면 네 길이 평탄하게 될 것이며 네가 형통하리라"(수 1:8)

여기서 '율법책을 네 입에서 떠나지 말게 하며'라는 말씀은 하나님의 말씀을 입으로 계속해서 말하라는 뜻이다.

그러므로 우리는 늘 언제나 지속적으로 꾸준하게 항상 신실하게 변함없이 끝까지 계속해서 하나님의 말씀에서 약속하는 성경적 부자 되는 원칙을 믿고, 말하고, 묵상하고, 결심하고, 행하여야 한다.

우리는 계속해서 성경적 부자 되는 원칙을 믿고, 말하고, 묵상하고, 결심하고, 행하고, 우리는 지속적으로 성경적 부자 되는 원칙을 믿고, 말하고, 묵상하고, 결심하고, 행하고, 우리는 신실하게 성경적 부자 되는 원칙을 믿고, 말하고, 묵상하고, 결심하고, 행하고, 우리는 언제나 성경적 부자 되는 원칙을 믿고, 말하고, 묵상하고, 결심하고, 행하고, 우리는 항상 성경적 부자 되는 원칙을 믿고, 말하고, 묵상하고, 결심하고, 행하고, 또 다시 우리는 성경적 부자 되는 원칙을 믿고, 말하고, 묵상하고, 결심하고, 행하여야 한다.

그럴 때 우리는 하나님이 약속하신 물질축복을 받아 누릴 수 있다.

1. 누가 가장 지혜롭고 행복한 사람인가?

우리 예수님께서는 우리가 하나님의 말씀을 들었으면 반드시 행하여야 한다고 말씀하셨다. 그러므로 이 세상에서 가장 지혜로운 사람은 하나님의 말씀을 듣고 순종하고, 실천하고, 행하는 사람이다. 이 세상에서 가장 어리석은 사람은 하나님의 말씀을 듣고도 순종하지 않고, 실천하지 않고, 행하지 않는다.

"그러므로 누구든지 나의 이 말을 듣고 행하는 자는 그 집을 반석 위에 지은 지혜로운 사람 같으리니 비가 내리고 창수가 나고 바람이 불어 그 집에 부딪치되 무너지지 아니하나니 이는 주추를 반석 위에 놓은 까닭이요 나의 이 말을 듣고 행하지 아니하는 자는 그 집을 모래 위에 지은 어리석은 사람 같으리니 비가 내리고 창수가 나고 바람이 불어 그 집에 부딪치매 무너져 그 무너짐이 심하니라"(마 7:24-27)

우리의 인생여정에서 상황과 여건이 아무리 불리하고 낙담할 수밖에 없는 문제가 있더라도 포기하지 말고 하나님의 말씀이 약속하는 부자 되는 원칙을 믿고, 말하고, 행하면 우리의 모든 문제를 다 해결하고 축복의 자리에 서서 승리를 외칠 수 있다.

오직 하나님의 말씀에 순종하는 것만이 물질축복을 받는 비결이다. 누가 진정으로 행복한 사람일까? 예수님께서는 하나님의 말씀을 듣고 행하는 사람이 진정으로 행복한 사람이라고 말씀한다.

"예수께서 이르시되 오히려 하나님의 말씀을 듣고 지키는 자가 복이 있느니라"(눅 11:28)

그러므로 어떤 경우에도 하나님의 말씀을 듣고 행하지 아니하는 사람은 물질축복을 누릴 수 없다. 바로 하나님께서 물질축복을 누릴 수 있는 원칙을 그렇게 정하셨다.

2. 하나님의 말씀을 듣고
   행하여야할 이유가 무엇인가?

사도 바울은 빌립보교회 성도들에게 자신에게 배운 하나님의 말씀을 듣고 행하라고 명령한다. "너희는 내게 배우고 받고 듣고 본 바를 행하라 그리하면 평강의 하나님이 너희와 함께 계시리라"(빌 4:9)

우리가 하나님의 말씀을 행할 때 평강의 하나님이 함께 하신다고 말씀한다. 그리고 예수님께서 지상명령에서 하나님의 말씀을 가르쳐 지키게 하라고 명령하신다.

"그러므로 너희는 가서 모든 족속으로 제자를 삼아 아버지와 아들과 성령의 이름으로 침례를 주고 내가 너희에게 분부한 모든 것을 가르쳐 지키게 하라 볼지어다 내가 세상 끝날까지 너희와 항상 함께 있으리라 하시니라."(마 28:19-20)

예수님은 '내가 너희에게 분부한 모든 것을 가르쳐 지키게 하라'고 명령하셨다. 그러므로 우리가 예수님의 제자라면 하나님의 말씀을 지켜 행하여야 한다.

야고보 사도는 하나님의 말씀을 지켜 행하라고 명령한다.

"너희는 말씀을 행하는 자가 되고 듣기만 하여 자신을 속이는 자가 되지 말라"(약 1:22)

그러므로 우리가 하나님의 말씀을 실천하지 아니하면 자기를 속이는 사람이다. 하나님의 말씀이 거울인데 말씀을 통해 자신의 잘못을 발견했으면 그것을 행함으로 고쳐야 하는데 하나님의 말씀을 듣고도 행하지 아니하면 자신의 잘못을 쉽게 잊어버리는 사람이다. 하지만 말씀을 듣고 행하는 사람은 하나님의 복을 받는다.

"누구든지 말씀을 듣고 행하지 아니하면 그는 거울로 자기의 생긴 얼굴을 보는 사람과 같아서 제 자신을 보고 가서 그 모습이 어떠했는지를 곧 잊어버리거니와 자유롭게 하는 온전한 율법을 들여다보고 있는 자는 듣고 잊어버리는 자가 아니요 실천하는 자니 이 사람은 그 행하는 일에 복을 받으리라"(약 1:23-25)

그러므로 물질축복을 누리기 원하는 사람은 누구나 하나님의 말씀을 지켜 행한다. 그러므로 행함이 없는 믿음은 죽은 믿음이요, 구원받지 못한 가짜 믿음이다. 우리에게 행함이 없다면 우리의 구원은 거짓된 구원이요, 그런 사람은 허탄한 사람이다.

"이와 같이 행함이 없는 믿음은 그 자체가 죽은 것이라, 아아 허탄한 사람아 행함이 없는 믿음이 헛것인 줄을 알고자 하느냐, 영혼 없는 몸이 죽은 것같이 행함이 없는 믿음은 죽은 것이니라."(약 2:17, 20, 26)

여기서 말하는 '허탄한 사람'이란 실체가 없는 공허한 사람이다. 그러므로 허탄한 사람의 믿음은 죽었다. 허탄한 사람이 믿음이 있다고 주장하는 것은 거짓된 믿음이다. 허탄한 사람의 믿음은 가짜다. 허탄한 사람의 믿음은 아주 메마르고 살아있지 않기 때문에 죽은 믿음이다.

그러므로 우리가 하나님의 말씀을 행하는 것은 하나님의 말씀을 행하는 우리에게 물질축복이 임하기 때문이다.

그러므로 우리가 하나님의 말씀을 실천하고 행할 때 엄청난 축복을 받는다.

신명기 28장 1-14절을 읽어보라.

"네가 네 하나님 여호와의 말씀을 삼가 듣고 내가 오늘 네게 명령하는 그의 모든 명령을 지켜 행하면 네 하나님 여호와께서 너를 세계 모든 민족 위에 뛰어나게 하실 것이라 네가 네 하나님 여호와의 말씀을 청종하면 이 모든 복이 네게 임하며 네게 이르리니 성읍에서도 복을 받고 들에서도 복을 받을 것이며 네 몸의 자녀와 네 토지의 소산과 네 짐승의 새끼와 소와 양의 새끼가 복을 받을 것이며 네 광주리와 떡 반죽 그릇이 복을 받을 것이며 네가 들어와도 복을 받고 나가도 복을 받을 것이니라 여호와께서 너를 대적하기 위해 일어난 적군들을 네 앞에서 패하게 하시리라 그들이 한 길로 너를 치러 들어왔으나 네 앞에서 일곱 길로 도망하리라 여호와께서 명령하사 네 창고와 네 손으로 하는 모든 일에 복을 내리시고 네 하나님 여호와께서 네게 주시는 땅에서 네게 복을 주실 것이며 여호와께서 네게 맹세하신 대로 너를 세워 자기의 성민이 되게 하시리니 이는 네가 네 하나님 여호와의 명령을 지켜 그 길로 행할 것임이니라 땅의 모든 백성이 여호와의 이름이 너를 위하여 불리는 것을 보고 너를 두려워하리라 여호와께서 네게 주리라고 네 조상들에게 맹세하신 땅에서 네게 복을 주사 네 몸의 소생과 가축의 새끼와 토지의 소산을 많게 하시며 여호와께서 너를 위하여 하늘의 아름다운 보고를 여시사 네 땅에 때를 따라 비를 내리시고 네 손으로 하는 모든 일에 복을 주시리니 네가 많은 민족에게 꾸어줄지라도 너는 꾸지 아니할 것이요 여호와께서 너를 머리가 되고 꼬리가 되지 않게 하시며 위에만 있고 아래에 있지 않게 하시리니 오직 너는 내가 오늘 네게 명령하는 네 하나님 여호와의 명령을 듣고 지켜 행하며 내가 오늘 너희에게 명령하는 그 말씀을 떠나 좌로나 우로나 치우치지 아니하고 다른 신을 따라 섬기지 아니하면 이와 같으리라"

여기 이 말씀들은 우리가 하나님의 말씀을 행할 때 받는 축복을 다양하게 소개한다. 하나님의 말씀을 행하는 사람은 세계 모든 민족 중에 뛰어난 민족이 되는 축복을 받는다. 그들은 성읍에서도 축복을 받고, 들에서도 축복을 받고, 자녀가 잘되는 축복을 받고, 토지의 소산이 잘되는 축복을 받고, 집에서 키우는 가축이 잘되는 축복을 받고, 좋은 음식을 먹을 수 있는 축복을 받고, 들어와도 축복을 받고, 나가도 축복을 받는다. 그들이 하는 모든 일이 잘되는 축복을 받는다. 그들은 모든 사람들 위에 뛰어난 지도자가 되는 축복을 받는다. 이 모든 것은 하나님의 말씀을 행할 때 받는 축복들이다. 이러한 축복이 있는데도 하나님의 말씀을 행하지 않는 사람은 정말 어리석은 사람이다.

3. 하나님의 말씀을
행할 수 있다고 믿어라.

우리가 완전한 복음으로 구원을 받았다면 우리에게 하나님의 말씀은 결코 어려운 것이 아니다. 구원받은 사람이 누구인가?

하나님의 말씀을 깨닫고 행할 수 있는 사람이다.

"내가 오늘 네게 명령한 이 명령은 네게 어려운 것도 아니요"(신 30:11)

하나님의 말씀은 인간이 감히 접근할 수 없는 그런 말씀이 아니다. 하나님의 말씀은 우리를 위해서 기록되었다. 그러므로 마치 고도의 훈련을 받은 사람만 풀 수 있는 암호문이 아니라 하나님의 말씀은 누구나 쉽게 접근할 수 있고 깨달을 수 있다. 그리고 하나님의 말씀은 우리가 행할 수 있다. 그래서 모세는 신명기 30장 14절에서 이렇게 말씀한다.

"네가 이를 행할 수 있느니라"

그러므로 우리 하나님은 우리가 도저히 접근할 수 없고, 깨달을 수 없고, 행할 수 없는 그런 말씀을 우리에게 주신 것이 아니다. 하나님의 말씀은 몇몇 사람들을 위한 전유물이 아니고, 아무나 풀 수 없는 비밀문서가 아니다. 이 세상의 모든 사람들이 읽고 듣고 믿고 행하여야 할 아주 적합하고 심플하고 필요하고 절실한 말씀이다.

그렇다면 우리가 하나님의 말씀을 행할 수 있는 이유가 무엇일까?

하나님의 말씀이 우리에게 매우 가까이 있기 때문이다.

우리가 완전한 복음으로 구원받은 그리스도인이라면 하나님의 말씀은 절대로 우리에게 멀리 있지 않다. 저 높은 하늘에 있어서 누가 우리에게 가져다주어야 행할 수 있는 그런 말씀이 아니다.

그래서 신명기 30장 12절은 우리에게 이렇게 말씀한다.

"하늘에 있는 것이 아니니 네가 이르기를 누가 우리를 위하여 하늘에 올라가 그의 명령을 우리에게로 가지고 와서 우리에게 들려 행하게 하랴 할 것이 아니요"

그리고 저 넓은 바다밖에 있어서 누가 우리에게 가져다주어야 행할 수 있는 그런 말씀이 아니다.

그래서 신명기 30장 13절은 이렇게 말씀한다.

"이것이 바다 밖에 있는 것이 아니니 네가 이르기를 누가 우리를 위하여 바다를 건너가서 그의 명령을 우리에게로 가지고 와서 우리에게 들려 행하게 하랴 할 것도 아니라"

그렇다면 우리에게 하나님의 말씀이 가장 가까운 곳에 있다면 어디에 있을까? 우리가 완전한 복음으로 구원받은 그리스도인이라면 우리가 하나님의 말씀을 깨달았기 때문에 하나님의 말씀은 우리의 입에 있고 우리의 마음에 있다.

그러므로 우리는 하나님의 말씀을 행할 수 있다.

그래서 신명기 30장 14절은 이렇게 말씀한다.

"오직 그 말씀이 네게 매우 가까워서 네 입에 있으며 네 마음에 있은즉 네가 이를 행할 수 있느니라"

그러므로 우리는 하나님의 말씀을 바로 알아야 한다.

그리고 우리는 하나님의 말씀을 가까이 해야 한다.

그리고 우리는 하나님의 말씀은 누구나 접근할 수 있고, 쉽게 이해할 수 있고, 행할 수 있다고 믿어야 한다.

그러므로 하나님의 말씀에 수많은 이야기들이 기록되어 있는 것은 우리가 하나님의 말씀을 행하는데 도움을 주기 위해서 기록되었다. 그러므로 우리가 하나님의 말씀을 가까이하여 하나님의 말씀이 우리의 마음속에 있어야 우리가 그 말씀을 지켜 행함으로 우리는 삶이 아름답게 변화될 수 있다. 그래서 사도 바울은 이렇게 말씀한다.

"그리스도의 말씀이 너희 속에 풍성히 거하여 모든 지혜로 피차 가르치며 권면하고 시와 찬송과 신령한 노래를 부르며 감사하는 마음으로 하나님을 찬양하고 또 무엇을 하든지 말에나 일에나 다 주 예수의 이름으로 하고 그를 힘입어 하나님 아버지께 감사하라"(골 3:16-17)

그러므로 우리 속에 하나님의 말씀이 있다면 우리는 그 말씀을 행할 수 있다. 그리고 우리가 하나님의 말씀을 행함으로 하나님이 주시는 물질축복을 받아 누릴 수 있고, 감사하는 마음으로 하나님을 찬양할 수 있다. 우리가 무엇을 하든지 다 예수님의 이름으로 하고 하나님 아버지께 감사할 수 있다. 그러므로 우리 예수님께서도 이렇게 말씀하셨다.

"내 말이 너희 안에 있으면 무엇이든지 원하는 대로 구하라 그리하면 이루리라"(요 15:7)

그러므로 우리의 마음속에 하나님의 말씀이 있다면 우리는 하나님의 뜻을 바로 알게 되고, 우리가 기도함으로 우리가 원하는 것을 다 이룰 수가 있다.

그럼에도 불구하고 많은 그리스도인들이 하나님의 말씀을 멀리한다. 하지만 우리가 하나님의 말씀을 멀리하면 멀리 할수록 하나님의 말씀을 이해할 수도 없고, 하나님의 말씀을 깨달을 수 없고 행할 수도 없다. 그 결과 우리는 하나님의 말씀에서 약속하는 물질축복을 받아 누릴 수도 없다.

그렇다면 우리는 어떻게 하나님의 말씀을 가까이할 수 있을까?

우리는 말씀의 손을 통해서 하나님의 말씀을 가까이할 수 있다. 여기서 말씀의 손이란 우리가 다섯 가지 방법으로 하나님의 말씀을 섭취하되 듣기와 읽기와 공부하기와 암송하기와 묵상하는 방법으로 하나님의 말씀을 섭취하고 가까이 한다.

　첫째, 우리는 듣는 것을 통해서 하나님의 말씀을 가까이 한다.

　교회에서 정기적으로 예배시간에 하나님의 말씀을 듣는 것을 통하여 하나님의 말씀을 섭취한다. 요즘은 스마트폰에 성경 앱을 깔아서 속독으로 들을 수도 있다. 그런데 우리가 듣는 것의 87-89%는 곧 잊어버린다. 그러므로 우리는 다음 단계로 나아가야 한다.

　둘째, 우리는 성경을 읽는 것으로 말씀을 가까이 한다.

　우리는 조직적으로 성경 읽기 프로그램을 가지고 정기적으로 하나님의 말씀을 읽어야 한다. 우리는 읽는 것을 통해서 성경 전체에 대한 윤곽을 바로 파악할 수 있다. 그러므로 우리는 성경을 읽는 것을 통해서 말씀을 가까이 한다.

　셋째, 우리는 성경을 공부함으로 말씀을 가까이 한다.

　우리는 개인적으로 혹은 소그룹 중심으로 성경을 공부함으로 하나님의 진리를 발견하고 적용하는데 많은 도움을 얻을 수 있다. 성경에 등장하는 베뢰아 사람들이 데살로니가에 있는 사람들보다 더 신사적인 이유는 간절한 마음으로 하나님의 말씀을 받고, 이것이 그러한가 하여 날마다 성경을 연구하였기 때문이다(행 17:11).

　구약성경에 등장하는 에스라는 하나님의 말씀을 연구하여 준행하며, 그 말씀을 이스라엘 백성에게 가르치기로 결심하였다(스 7:10). 이 말씀에서 가장 중요한 단어는 말씀을 연구하는 것과 말씀을 준행하는 것과 말씀을 가르치는 것이다. 에스라는 먼저 말씀을 부지런히 연구한 다음에 자신이 먼저 삶에 적용하였다. 그리고 다른 사람들에게 가르치기로 결심하였다. 그런가하면 구약의 선지자들은 구원에 대해서 부지런히 살피고 연구하여 그것을 전했다.

"이 구원에 대하여는 너희에게 임할 은혜를 예언하던 선지자들이 연구하고 부지런히 살펴서"(벧전 1:10) 그러므로 하나님의 말씀을 공부하는 것은 말씀 읽기보다 더 효과적이다.

넷째, 우리는 하나님의 말씀을 암송하는 것으로 말씀을 가까이 한다.

하나님의 말씀을 암송해 두면 사탄의 공격과 죄의 유혹을 이겨낼 수 있다. 우리가 전도할 때에도 때에 맞는 말씀을 전할 수 있다. 그러므로 하나님의 말씀을 암송하는 것은 말씀을 섭취하는 데 있어서 가장 효과적인 방법이다. 우리 속에 하나님의 말씀을 많이 간직하면 할수록 그 말씀은 더욱 우리의 생각에 영향을 미친다. 예를 들어 청년이 무엇으로 죄를 물리치고 자신의 삶을 정결하게 할 수 있을까? 청년이 하나님의 말씀을 마음에 둠으로 죄를 물리칠 수 있다.

"청년이 무엇으로 그의 행실을 깨끗하게 하리이까 주의 말씀만 지킬 따름이니이다 내가 주께 범죄하지 아니하려하여 주의 말씀을 내 마음에 두었나이다"(시 119:9, 11)

다섯째, 우리는 성경을 묵상함으로 말씀을 가까이 한다.

묵상은 말씀의 손 가운데서 엄지손가락에 해당된다. 이것은 다른 네 가지의 방법과 결합해서 사용하면 더 효과적이다. 하나님의 말씀을 충분히 묵상할 때 그 말씀을 생활 속에 적용하는데 많은 도움을 준다. 우리가 말씀을 묵상하지 않으면 하나님의 말씀은 우리의 삶에 아무런 영향을 주지 못한다(시 1:2-3, 수 1:8). 에베소서 6장 17절은 하나님의 말씀을 예리한 검으로 소개한다.

"성령의 검 곧 하나님의 말씀을 가지라"

그러므로 말씀의 손이 나타내는 다섯 손가락으로 검을 쥘 때 능숙하게 검을 잘 사용할 수 있다. 이 다섯 가지 방법은 단지 이론적인 것이 아니다. 그러므로 우리는 이 다섯 가지 방법으로 하나님의 말씀을 가까이 할 때 하나님의 말씀을 행할 수 있다.

4. 하나님의 말씀을 선택하고 행하라.

신명기 30장 9-10절과 15-20절을 읽어보자.

"네가 네 하나님 여호와의 말씀을 청종하여 이 율법책에 기록된 그의 명령과 규례를 지키고 네 마음을 다하며 뜻을 다하여 여호와 네 하나님께 돌아오면 네 하나님 여호와께서 네 손으로 하는 모든 일과 네 몸의 소생과 네 가축의 새끼와 네 토지 소산을 많게 하시고 네게 복을 주시되 곧 여호와께서 네 조상들을 기뻐하신 것과 같이 너를 다시 기뻐하사 네게 복을 주시리라, 보라 내가 오늘 생명과 복과 사망과 화를 네 앞에 두었나니 곧 내가 오늘 네게 명령하여 네 하나님 여호와를 사랑하고 그 모든 길로 행하며 그의 명령과 규례와 법도를 지키라 하는 것이라 그리하면 네가 생존하며 번성할 것이요 또 네 하나님 여호와께서 네가 가서 차지할 땅에서 네게 복을 주실 것임이니라 그러나 네가 만일 마음을 돌이켜 듣지 아니하고 유혹을 받아 다른 신들에게 절하고 그를 섬기면 내가 오늘 너희에게 선언하노니 너희가 반드시 망할 것이라 너희가 요단을 건너가서 차지할 땅에서 너희의 날이 길지 못할 것이니라 내가 오늘 하늘과 땅을 불러 너희에게 증거를 삼노라 내가 생명과 사망과 복과 저주를 네 앞에 두었은즉 너와 네 자손이 살기 위하여 생명을 택하고 네 하나님 여호와를 사랑하고 그의 말씀을 청종하며 또 그를 의지하라 그는 네 생명이시요 네 장수이시니 여호와께서 네 조상 아브라함과 이삭과 야곱에게 주리라고 맹세하신 땅에 네가 거주하리라"

우리 하나님은 여기서 생사화복을 우리 앞에 두셨다고 말씀하신다.

"보라 내가 오늘 생명과 복과 사망과 화를 네 앞에 두었나니"(신 30:15)

그러므로 우리는 하나님의 말씀의 충고를 받아들여 이 네 가지 가운데 저주와 죽음을 선택하지 말고, 오직 하나님이 주시는 축복과 생명을 선택해야 한다.

그렇다면 우리가 축복과 생명을 선택할 수 있는 비결은 무엇일까?

우리가 믿음으로 하나님의 말씀을 행함으로 축복과 생명을 선택할 수 있다. 우리가 하나님의 말씀을 행하면 축복과 생명은 우리의 것이 될 수 있다. 그러므로 모세는 하나님의 말씀을 행하는 것을 다양하게 표현한다. 그리고 그 말씀을 듣고 행할 때 받는 축복도 다양하게 표현한다.

"곧 내가 오늘 네게 명령하여 네 하나님 여호와를 사랑하고 그 모든 길로 행하며 그의 명령과 규례와 법도를 지키라 하는 것이라 그리하면 네가 생존하며 번성할 것이요 또 네 하나님 여호와께서 네가 가서 차지할 땅에서 네게 복을 주실 것임이니라"(신 30:16)

무엇이 하나님의 말씀을 행하는 것인가? 하나님을 사랑하고 그 모든 길로 행하는 것이다. 하나님의 명령과 규례와 법도를 지키는 것이다. 그러므로 우리가 하나님 말씀을 행할 때 우리는 생존하고, 번성하고, 땅을 차지하고, 축복을 받는다.

그러므로 우리가 하나님의 말씀을 행하면 하나님은 반드시 우리를 축복해 주신다. 그러므로 우리가 물질축복을 받아 잘 사는 비결은 하나님의 말씀을 듣고 행하는 것이다. 우리가 풍족하며 번성하는 비결은 하나님의 말씀을 듣고 행하는 것이다. 우리가 땅을 차지하는 비결은 하나님의 말씀을 듣고 행하는 것이다. 우리가 축복을 받는 비결은 하나님의 말씀을 듣고 행하는 것이다.

5. 하나님의 말씀을 행하지 아니하면 어떻게 되는가?

하지만 우리가 하나님의 말씀을 듣고 행하지 아니하면 우리는 망할 수밖에 없다.

신명기 30장 17-18절을 읽어보라.

"그러나 네가 만일 마음을 돌이켜 듣지 아니하고 유혹을 받아 다른 신들에게 절하고 그를 섬기면 내가 오늘 너희에게 선언하노니 너희가 반드시 망할 것이라 너희가 요단을 건너가서 차지할 땅에서 너희의 날이 길지 못할 것이니라"

우리가 하나님의 말씀을 행하지 아니하면 우리의 삶은 점점 더 어려워질 수밖에 없다. 우리가 하나님의 말씀을 행하지 아니하면 우리에게 하나님의 저주가 따라온다. 우리가 하나님의 말씀을 행하지 아니하면 하나님이 우리를 미워하신다. 우리가 하나님의 말씀을 행하지 아니하면 우리에게 하나님의 진노가 임한다.

그렇다면 사람들이 하나님의 말씀을 행하지 아니하고 죄악을 범하는 이유가 무엇일까?

그것은 마귀 사탄의 유혹이다.

그래서 신명기 30장 17절은 "유혹을 받아"라는 말씀이 강조된다.

그러므로 우리가 사탄의 유혹에 넘어가면 하나님의 말씀을 행하지 못하고, 죄를 범하게 되어 우리는 망할 수밖에 없다. 그러므로 우리는 사탄에게 빌미와 틈을 주지 말아야 한다. 그리고 사탄에게 문을 열어주지 말아야 한다. 마귀 사탄은 우리가 빌미를 제공하지 아니하면 역사하지 않기 때문이다. 그러므로 우리는 하나님이 예비하신 물질축복을 받아 누리기 위해서 하나님의 말씀을 행해야 한다.

신명기 30장 19-20절을 읽어보자.

"내가 오늘 하늘과 땅을 불러 너희에게 증거를 삼노라 내가 생명과 사망과 복과 저주를 네 앞에 두었은즉 너와 네 자손이 살기 위하여 생명을 택하고 네 하나님 여호와를 사랑하고 그의 말씀을 청종하며 또 그를 의지하라 그는 네 생명이시요 네 장수이시니 여호와께서 네 조상 아브라함과 이삭과 야곱에게 주리라고 맹세하신 땅에 네가 거주하리라"

하나님의 말씀은 엄숙하게 불순종으로 말미암는 저주와 사망의 길을 선택하지 말라고 당부한다. 하나님의 말씀은 엄숙하게 하나님의 말씀을 행함으로 누리는 축복과 생명의 길을 선택하라고 명령한다.

"너희 앞에 축복과 저주가 있을 때 너희는 어리석게 저주를 선택하지 말고 지혜롭게 축복을 선택하여라."

이것이 하나님께서 우리에게 당부하시는 명령이다.

그러므로 우리는 이제 하나님의 말씀을 행하여야 한다.

우리도 생사화복이 우리 눈앞에 있다고 믿어야 한다.

우리가 어떤 것을 선택하느냐에 따라 축복과 저주가 결정된다.

그러므로 모든 책임은 우리에게 달려 있다.

결코 누구를 탓하고 원망할 필요가 없다.

참으로 우리 하나님은 인격자가 되시기 때문에 우리에게 선택권을 주셨다. 우리 앞에 생사화복 이 네 가지를 두고 선택하라고 하는데 왜 어리석게 죽음과 저주를 선택하겠는가? 우리는 결코 그렇게 할 수 없다.

6. 신명기 30장에서
어떤 하나님을 만나게 되는가?

신명기 30장에 등장하시는 하나님은 말씀을 행하는 우리를 기뻐하시고, 우리를 축복해주시는 하나님이다. 우리가 하나님의 말씀을 행할 때 우리에게 잘한다고 환영해 주시며, 격려해주시며, 칭찬해 주시는 하나님이다. 우리 하나님은 우리에게 이렇게 말씀하신다.

"그래 너 참 잘하는 구나"

"너는 참 지혜롭구나."

"너는 물질축복을 많이 받아라."

우리가 하나님의 말씀을 행하면 하나님은 반드시 약속을 지키신다.

신명기 30장 9-10절을 읽어보자.

"네가 네 하나님 여호와의 말씀을 청종하여 이 율법책에 기록된 그의 명령과 규례를 지키고 네 마음을 다하며 뜻을 다하여 여호와 네 하나님께 돌아오면 네 하나님 여호와께서 네 손으로 하는 모든 일과 네 몸의 소생과 네 가축의 새끼와 네 토지 소산을 많게 하시고 네게 복을 주시되 곧 여호와께서 네 조상들을 기뻐하신 것과 같이 너를 다시 기뻐하사 네게 복을 주시리라"

이 세상에 부도가 얼마나 많이 나는가? 하지만 우리 하나님께서는 절대로 부도를 내시는 분이 아니다. 우리 하나님은 하나님의 말씀대로 믿고 행하는 우리를 반드시 축복하신다. 그러므로 우리 하나님은 믿을 수 있고, 의지할 수 있고, 신뢰할 수 있다.

그러므로 우리는 이제 하나님을 믿고 하나님의 말씀을 신속하게 행하여야 한다. 성경에 나오는 위대한 인물들은 하나님의 말씀을 들었을 때 그 즉시 순종했다. 그들은 결코 지체하지 않았다. 그러므로 우리도 신속하게 순종하고 하나님의 말씀을 행하여야 한다. 그래서 시편 기자는 이렇게 고백했다.

"주의 계명을 지키기에 신속히 하고 지체치 아니하였나이다"(시 119:60)

우리 하나님은 우리가 물질축복을 받고 잘 되라고 가장 좋은 것을 요구하신다. 우리 하나님은 우리를 사랑하시기 때문에 그분이 말씀을 통해서 우리에게 명령하실 때 우리는 신속하게 순종하고 행하여야 한다. 이제 우리는 하나님의 말씀에서 발견하는 부자가 되는 원칙을 가까이하고 행하여야 한다.

이것이 바로 하나님이 정하신 부자가 되는 원칙이다.

결코 다른 길은 없다.

우리가 물질축복을 받으려면 하나님이 말씀하는 부자가 되는 원칙을 믿고 행하여야 한다.

역대상 22장 12-13절을 읽어보자.

"네 하나님 여호와의 율법을 지키게 하시기를 더욱 원하노라 그 때에 네가 만일 여호와께서 모세를 통하여 이스라엘에게 명령하신 모든 규례와 법도를 삼가 행하면 형통하리니"

우리가 하나님이 말씀하신 대로 행하면 어떤 상황 속에서도 물질축복을 누리며 살아갈 수 있다고 말씀하신다. 우리가 하나님의 말씀을 행하는 것과 우리의 형통은 반드시 관련되어 있다.

"모든 규례와 법도를 삼가 행하면 형통하리니"

말씀을 행하면 형통하리니, 말씀을 행하면 성공하리니, 말씀을 행하면 축복을 받으리니, 이것이 원리요, 법칙이요, 해답이다. 이러한 원칙은 어떤 상황에서도 발휘가 되는 진정한 원칙이다. 우리가 하나님의 말씀을 행하면 우리가 무엇을 하든지 어디로 가든지 반드시 그대로 이루어진다. 열왕기상 2장 3절을 읽어보자.

"네 하나님 여호와의 명령을 지켜 그 길로 행하여 그 법률과 계명과 율례와 증거를 모세의 율법에 기록된 대로 지키라 그리하면 네가 무엇을 하든지 어디로 가든지 형통할지라"

그러므로 우리가 부자 되는 하나님의 말씀의 원칙을 행하고 실천하면 반드시 우리의 삶에 기적이 일어나고, 물질축복이 임하고, 하나님의 영광이 우리를 따라 다닌다. 그러므로 우리가 하나님의 말씀을 행하는 것은 우리가 구원받은 그리스도인이기 때문에 행한다. 우리가 진실한 믿음을 소유했기 때문에 행한다. 우리가 살아 역사하는 믿음을 가지고 있기 때문에 행한다. 이 얼마나 엄청난 축복인가! 그러므로 우리는 물질축복을 누리기 위해서 하나님의 말씀을 지켜 행하여야 한다.

그러므로 우리는 다음에 나오는 10가지를 실천하고 행하여야 한다.

1. 나의 복의 창고 준비하고 모으라 (신 28:8)
2. 주는 삶을 살아가라 (눅 6:38)
3. 십일조 드리라 (말 3:10)
4. 하늘은행에 저축하라 (마 6:20)
5. 헌금으로 심으라 (고후 9:6-8)
6. 작은 것, 재물, 남의 것에 충성하라 (눅 16:10-12)
7. 기도를 멈추지 말라 (마 7:11)
8. 향기로운 제물로 하나님을 기쁘게 해 드리라 (빌 4:15-19)
9. 빚지지 말라 (롬 13:8, 잠 22:7)
10. 하나님께 꾸어드리라 (잠 19:17)

하나님을 모든 필요의
공급자로 믿어라

　우리가 이 세상을 살아갈 때 돈이나 물질이 없이 살아갈 수 있을까? 어느 누구라도 돈이나 물질이 없이 살아갈 수 있는 사람은 아무도 없다. 모든 사람은 반드시 돈이나 물질이 있어야 이 세상을 살아갈 수가 있다. 우리 각자는 매달 지불해야할 필요가 참으로 많다는 것을 알고 있다.

　그렇다면 우리의 모든 필요는 누가 공급해 주는가?

　우리에게 어떤 필요가 있을 때 지출할 돈이 없다면 우리는 누구를 의지하고 누구를 찾아가는가? 재정적인 부분에서 우리를 진정으로 도울 수 있는 분은 과연 누구인가?

　어떤 필요가 있을 때 우리는 과연 어떤 방법으로 그것을 해결하는가?

　세상 사람들은 자기 자신과 다른 사람이 자신의 필요를 채운다고 믿는다. 어떤 사람들은 직장에서 열심히 일을 해서 월급을 받으면 그 회사의 고용주가 자신의 필요를 공급해 준다고 믿는다. 그래서 자신이 다니는 직장에서 해고를 당하여 자신의 필요를 주는 공급자를 잃을까봐 두려워한다. 자녀들은 부모가 자신에게 필요한 용돈이나 물건을 사주기 때문에 부모가 자신의 필요를 공급해 준다고 믿는다. 그러므로 자신이 성공해야 자신의 모든 필요가 채워지기 때문에 자신의 성공이 인생의 목적이 된다. 그런가하면 세상의 성공의 법칙도 대부분 자기 자신이 성공할 수 있다는 강한 열망을 갖게 만든다. 자신 안에 있는 성공에 대한 잠재력을 일깨워 도전하게 하는 것이다.

"시크릿"이라는 책이 한 때 베스트셀러가 된 적이 있는데, 그 책은 성공의 비밀을 매우 강조한다. 그 책의 저자는 성공에 대한 강한 열망을 가지고 성공할 수 있다고 믿고 도전하면 우주의 어떠한 힘이 성공을 이루어준다고 강조한다. 자신을 도울 실체를 정확하게 알지도 못하면서 성공할 수 있다는 강한 마음가짐이 성공으로 인도한다고 강조한다.

그러므로 그 책의 저자는 막대한 부를 갖고 싶다면 우선 간절히 원해야 하고, 그러한 갈망이 자신의 의지가 되어 마음을 조절할 수도 있고, 목표를 향하여 나아갈 수 있게 만든다고 말한다. 그러므로 이러한 모든 생각은 자기 자신이 자신의 필요를 공급한다고 믿는 것이다.

하지만 우리 그리스도인들의 모든 필요는 누가 공급해 주시는가?

1. 하나님이 모든 필요를
   공급하시고 복을 주신다.

우리가 믿는 하나님의 말씀 성경은 우리의 모든 필요를 공급해 주시는 분이 누구인지 정확하게 알려주고 있다.

우리의 모든 필요를 공급해 주시는 분이 누구인가?

성경은 우리의 모든 필요를 공급해 주시는 분은 우리 하나님이라고 말씀한다. 야고보 사도는 야고보서 1장 17절에서 "온갖 좋은 은사와 온전한 선물이 다 위로부터 빛들의 아버지께로부터 내려오나니 그는 변함도 없으시고 회전하는 그림자도 없으시니라"라고 말씀한다.

그러므로 성경은 여러 곳에서 하나님이 우리의 필요를 공급해 주시며 우리에게 복을 주시는 분으로 소개한다.

"하나님이 능히 모든 은혜를 너희에게 넘치게 하시나니 이는 너희로 모든 일에 항상 모든 것이 넉넉하여 모든 착한 일을 넘치게 하게 하려 하심이라, 나의 하나님이 그리스도 예수 안에서 영광 가운데 그 풍성한 대로 너희 모든 쓸 것을 채우시리라, 하나님이 그들에게 복을 주시며 하나님이 그들에게 이르시되 생육하고 번성하여 땅에 충만하라, 땅을 정복하라, 바다의 물고기와 하늘의 새와 땅에 움직이는 모든 생물을 다스리라 하시니라, 남자와 여자를 창조하셨고 그들이 창조되던 날에 하나님이 그들에게 복을 주시고 그들의 이름을 사람이라 일컬으셨더라, 내가 너로 큰 민족을 이루고 네게 복을 주어 네 이름을 창대하게 하리니 너는 복이 될지라, 내가 네게 큰 복을 주고 네 씨가 크게 번성하여 하늘의 별과 같고 바닷가의 모래와 같게 하리니 네 씨가 그 대적의 성문을 차지하리라, 아브라함이 나이가 많아 늙었고 여호와께서 그에게 범사에 복을 주셨더라, 이삭이 그 땅에서 농사하여 그 해에 백 배나 얻었고 여호와께서 복을 주시므로 그 사람이 창대하고 왕성하여 마침내 거부가 되어, 여호와께서 욥의 말년에 욥에게 처음보다 더 복을 주시니 그가 양 만 사천과 낙타 육천과 소 천 겨리와 암나귀 천을 두었고, 하나님은 우리에게 은혜를 베푸사 복을 주시고 그의 얼굴 빛을 우리에게 비추사, 하나님 곧 우리 하나님이 우리에게 복을 주시리로다 하나님이 우리에게 복을 주시리니 땅의 모든 끝이 하나님을 경외하리로다, 여호와께서 우리를 생각하사 복을 주시되 이스라엘 집에도 복을 주시고 아론의 집에도 복을 주시며 높은 사람이나 낮은 사람을 막론하고 여호와를 경외하는 자들에게 복을 주시리로다, 이르시되 내가 반드시 너에게 복 주고 복 주며 너를 번성하게 하고 번성하게 하리라 하셨더니, 그런즉 너희는 먼저 그의 나라와 그의 의를 구하라 그리하면 이 모든 것을 너희에게 더하시리라, 자기 아들을 아끼지 아니하시고 우리 모든 사람을 위하여 내주신 이가 어찌 그 아들과 함께 모든 것을 우리에게 주시지 아니하겠느냐, 여호와는 나의 목자시니 내게 부족함이 없으리로다 그가 나를 푸른 풀밭에 누이시며 쉴 만한 물 가로 인도하시는도다 내 영혼을 소생시키시고 자기 이름을 위하여 의의 길로 인도하시는도다 내가 사망의 음침한 골짜기로 다닐지라도 해를 두려워하지 않을 것은 주께서 나와 함께 하심이라 주의 지팡이와 막대기가 나를 안위하시나이다 주께서 내 원수의 목전에서 내게 상을 차려 주시고 기름을 내 머리에 부으셨으니 내 잔이 넘치나이다 내 평생에 선하심과 인자하심이 반드시 나를 따르리니 내가 여호와의 집에 영원히 살리로다"(고후 9:8, 빌 4:19, 창 1:28, 5:2, 12:2, 22:17, 24:1, 26:12-13, 욥 42:12, 시 67:1, 6-7, 115:12-13, 히 6:14, 마 6:33, 롬 8:32, 시 23:1-6)

그러므로 우리는 하나님이 우리의 필요를 공급해 주신다고 믿어야 한다. 하나님이 이 세상에서 우리의 모든 필요를 신실하게 공급해 주실 것을 철저하게 믿어야 한다. 하나님을 우리의 참된 공급자로 믿으면 고용주나 돈을 벌게 해주는 사업 시스템이나 배우자나 부모는 우리의 필요한 물질이 하나님으로부터 우리에게 오는 통로가 되는 것이다.

우리에게 참된 복을 주시는 분은 우리 하나님 아버지이시다.

그러므로 하나님이 우리에게 모든 것을 은혜로 넘치게 주신다.

하나님이 풍성한 대로 우리의 모든 쓸 것을 채워주신다.

하나님이 우리의 부요와 의식주 문제를 다 해결해 주시고, 우리에게 모든 것을 더하여 주신다. 필요한 양식으로 우리를 먹이시는 분은 우리의 하나님 아버지이시다. 하나님이 자기 아들을 아끼지 아니하시고 우리에게 주셨기 때문에 다른 모든 것도 아낌없이 우리에게 다 주신다.

하나님은 아브라함에게 복을 주셨고, 이삭에게도 복을 주셨고, 욥에게도 복을 주셨다. 높은 사람이나 낮은 사람을 막론하고 우리 모두에게 복을 주시는 분은 우리 하나님 아버지이시다.

그러므로 하나님만이 나의 인생의 주인이시고, 나의 목자가 되시기 때문에 그분이 나의 모든 필요를 채워주신다. 그러므로 우리 하나님은 다양한 통로를 사용해서 우리의 모든 필요를 공급해 주신다.

하나님은 우리를 고용하고 있는 회사의 고용주와 나와 함께 살고 있는 배우자와 나의 부모님을 통로로 사용하셔서 우리의 필요를 공급해 주신다. 또한 우리 하나님은 돈을 벌게 하는 사업 시스템이나 사업적인 아이템이나 투자방식을 통로로 사용해서 우리의 모든 필요를 공급해 주신다. 하지만 마귀 사탄은 하나님이 우리의 필요를 공급해 주시는 분이 아니라 물질과 돈이 들어오는 통로가 우리의 필요를 채워주는 공급자라고 믿게 만든다. 그것은 마치 수돗물이 나오는 파이프라인이 우리에게 물을 준다고 믿게 만드는 것과 같은 이치다.

그러므로 우리는 무엇보다도 우리의 필요를 채워주는 참된 공급자와 통로를 구분해야 한다.

우리가 다른 사람을 도울 때도 은밀하게 도와야 하는 이유가 바로 여기에 있다. 우리가 다른 사람의 필요를 채워주는 것이 아니라 하나님의 통로로 사용되어 그 사람에게 주어야 하기 때문이다. 우리를 통하여 공급을 받는 사람이 "하나님이 나의 필요를 채워주시고 있구나!"라고 깨달을 수 있도록 우리는 다른 사람들에게 은밀하게 주어야 한다. 비록 공개적으로 다른 사람을 도울 때도 우리는 "내가 당신에게 주는 것이 아니라 하나님이 나를 통로로 사용하셔서 당신에게 주시는 것입니다. 그러니 나에게 감사하지 말고 하나님께 감사하십시오."라고 말해야 한다.

그러므로 우리는 하나님의 축복의 통로가 되기를 사모해야 한다.

내가 축복을 주는 것이 아니라 나는 단지 통로일 뿐이고 하나님께서 친히 나를 통로로 사용하셔서 상대방에게 축복을 주시는 것이다.

2. 물질적인 필요를 위해서
오직 하나님만 신뢰하라.

하나님이 우리에게 물질적인 필요를 공급해 주시기 때문에 우리는 오직 하나님만 신뢰해야 한다. 모든 상황이 불리하여 우리에게 필요한 물질이 어떻게 공급될지 알지 못하는 상황에서도 우리는 하나님만 전적으로 신뢰해야 한다. 상황이 아무리 불리하고 모든 것이 다 변해도 우리의 필요를 공급하시는 하나님은 동일하시고 변하지 않는 분이시기 때문에 우리는 두려워할 이유가 없다.

우리는 물질적인 필요에 대해 하나님을 신뢰하는 법을 배워야 한다. 하나님에게는 우리의 물질적인 필요에 대해 우리를 이끄시는 방법이 있다는 것을 우리는 알아야 한다. 우리가 하나님을 신뢰하는 것은 우리가 어떠한 상황에 처하든지 하나님이 우리를 인도하시는 대로 순종하고 나아가는 것이다. 그럴 때 하나님은 이 세상에서 우리의 물질적인 필요를 기적적으로 공급해 주신다.

하나님은 특별히 이 세상에서 우리의 물질적인 필요를 공급해 주신다. 어떤 사람들은 자신이 구원을 받았기 때문에 천국에는 들어가지만, 현 세상에서는 하나님의 구원을 경험하지 못한다. 그들은 많은 문제 가운데 빠져 있고, 물질적인 어려움에 처하여 있지만 자신이 받은 구원이 오늘을 살아가는 데는 아무런 도움을 주지 못한다.

그래서 내세를 위해서는 구원을 받았지만 현세를 위해서는 구원을 받지 못한 것처럼 행동한다.

하지만 우리가 진정으로 구원받은 그리스도인이라면 하나님께서 우리의 아버지로서 하늘나라에서만 아니라 이 세상에서도 우리를 도와주신다는 것을 믿어야 한다. 그분은 우리의 아버지로서 이 세상에서 우리의 물질적인 필요를 채워주신다. 물질적인 필요는 이 세상에서만 필요하기 때문이다. 하늘나라에서는 물질이 전혀 필요하지 않기 때문이다. 하늘나라에는 모든 것이 다 풍족하여 길까지도 황금으로 되어 있다. 하늘나라의 성은 각색 보석으로 꾸며져 있기 때문에 물질적인 필요는 바로 이 세상에서만 필요하기 때문이다. 하늘나라에 들어가면 사야할 물건도 없고, 치료할 질병도 없기 때문이다.

하나님은 우리가 하나님을 우리의 물질적인 필요를 채워주시는 분으로 믿고 살아갈 때 오늘 여기에서 우리에게 물질적인 필요를 풍성하게 채워주신다. 우리가 복음을 전하고 교회를 세우기 위해서 물질은 오늘 여기에서 필요하기 때문이다.

그러므로 우리 하나님은 오늘 여기에서 우리에게 축복으로 갚아 주신다. 그러므로 우리는 하나님이 우리의 모든 필요를 신실하게 채워주실 것을 믿어야 한다.

3. 하나님이 모든 필요를 공급해 주신다.

하나님께서 우리의 물질적인 필요를 다 아시고 풍성하게 채워주신다. 하나님께서는 우리의 물질적인 필요를 채워주실 수 있는 능력을 가지고 계시기 때문이다. 하나님께서 우리를 탐욕스럽게 하거나 사치스럽게 하거나 물질주의자가 되게 하려는 것이 아니다.

하나님은 우리의 영적인 필요와 육체적인 필요와 물질적인 필요를 포함해서 우리의 모든 필요를 채워주신다. 그러므로 하나님을 찾는 사람은 모든 것에 부족함이 없다.

"젊은 사자는 궁핍하여 주릴지라도 여호와를 찾는 자는 모든 좋은 것에 부족함이 없으리로다"(시 34:10)

우리에게 하나님의 이름이 다양한 이유가 무엇일까? 하나님의 이름이 하늘나라에서 사용되는 이름이 아니라 이 세상에서 사용되는 이유가 무엇일까? 하나님의 이름은 바로 우리의 모든 필요와 관련이 있다. 하나님은 사랑의 하나님이 되시며, 목자가 되시며, 생명의 떡이 되시며, 생명의 물이 되시며, 요새와 반석이 되시며, 빛이 되시며, 길이 되시며, 진리가 되신다.

그러므로 하나님의 모든 이름들은 이 세상에서 우리가 살아갈 때 우리의 실제적인 필요를 채워주는 현실적인 이름들이다. 그러므로 하나님이 자신의 이름에 따라 우리의 모든 필요를 공급해 주신다. 그러므로 우리는 하나님을 우리의 완전한 공급자로 믿어야 한다.

사무엘의 어머니 한나는 하나님을 자신의 문제를 해결해 주시는 분으로 믿었다. 자신에게 자식이 없어 브닌나에게 괄시를 당할 때도 그녀는 이 문제를 해결하기 위해 남편 엘가나를 찾아가지 않고 하나님을 찾아 갔다. 그녀는 하나님이 자녀를 선물로 주신다는 진리를 깨달았기 때문이다. 그러므로 그녀는 그 누구에게도 찾아가지 않고 오직 하나님께 찾아가 자식을 달라고 기도했다.

"서원하여 이르되 만군의 여호와여 만일 주의 여종의 고통을 돌보시고 나를 기억하사 주의 여종을 잊지 아니하시고 주의 여종에게 아들을

주시면 내가 그의 평생에 그를 여호와께 드리고 삭도를 그의 머리에 대지 아니하겠나이다"(삼상 1:11)

한나는 결국 기도를 마치고 하나님이 자식을 주실 줄을 믿고 응답의 확신을 가지고 집으로 돌아왔다. 한나의 모든 갈등은 이제 끝났기 때문이다. 한나는 참된 공급자 되시는 하나님께 자신의 모든 염려를 다 내려 놓았다. 하나님이 자신의 문제를 해결해 주실 것을 믿고 확신했다. 하나님께서 응답하신다는 확신은 그녀의 얼굴에 나타났다.

"가서 먹고 얼굴에 다시는 근심 빛이 없더라"(삼상 1:18)

단순하게 믿어버리는 한나를 보고 하나님께서는 그녀를 생각해 주셨다. "여호와께서 그를 생각하신지라"(삼상 1:19)

결국 그녀는 아들을 낳고 이름을 사무엘이라고 지었다. 그 이름의 뜻은 "내가 여호와께 구하였다"(삼상 1:20)는 뜻이다. 사무엘 이름의 뜻은 자신의 남편이 사무엘을 준 것이 아니라 자신이 하나님께 구했더니 하나님께서 자식을 주셨다는 고백으로 사무엘이라고 지었다.

그러므로 우리도 어떤 문제라도 자신이 스스로 해결하지 말고 하나님을 신뢰하고 하나님께 구해야 한다. 하나님이 우리보다 더 능력이 많으신 분이시기 때문이다. 하지만 오늘의 현실은 모든 것을 자신이 스스로 해결하도록 요구한다. 무엇이든지 자신이 스스로 해결하는 세상에 살고 있기 때문이다. 하지만 우리 그리스도인들이 어떤 것을 자신이 스스로 해결하는 것은 하나님을 신뢰하지 않고 자신을 신뢰하는 것이다. 오늘의 현실은 다른 것들을 신뢰하고 의지하게 만들기 때문에 수많은 사람들이 잘못된 대상을 신뢰하고 하나님께 구하지 않는다. 하지만 성경은 사람을 의지하면 화를 당한다고 말씀한다.

"도움을 구하러 애굽으로 내려가는 자들은 화 있을진저 그들은 말을 의지하며 병거의 많음과 마병의 심히 강함을 의지하고 이스라엘의 거룩하신 이를 앙모하지 아니하며 여호와를 구하지 아니하나니"(사 31:1)

그러므로 우리는 하나님께서 우리의 모든 필요를 채워주신다고 믿어야 한다.

4. 하나님이 은혜로
모든 필요를 공급해 주신다.

우리에게는 참새가 가졌던 믿음이 필요하다. 하나님이 창조한 참새는 심지도 않고 거두지도 않고 창고에 모아들이지도 않지만 하나님께서 그들을 사랑하시기 때문에 그들의 모든 필요를 은혜로 공급해주시는 것을 믿기 때문이다.

"공중의 새를 보라 심지도 않고 거두지도 않고 창고에 모아들이지도 아니하되 너희 하늘 아버지께서 기르시나니 너희는 이것들보다 귀하지 아니하냐 들의 백합화가 어떻게 자라는가 생각하여 보라 수고도 아니하고 길쌈도 아니하느니라"(마 6:26, 28)

하나님은 우리의 필요를 우리의 노력에 따라 채워주시는 것이 아니라 하나님의 은혜에 따라 우리의 필요를 채워주신다. 하나님이 우리를 사랑하시기 때문에 우리의 필요를 채워주신다. 우리가 하나님께 존귀한 존재이기 때문에 우리의 필요를 채워주신다. 하나님의 성품 자체가 우리에게 주시기를 기뻐하시기 때문에 우리의 필요를 채워주신다.

"너희는 이것들보다 귀하지 아니하냐!"

이 얼마나 감격스러운 말씀인가? 우리는 하나님께 참새보다도 귀한 존재들이다. 우리 하나님 아버지는 우리를 그만큼 가치 있게 여기신다. 우리 하나님은 우리의 일과 노력에 따라 우리의 필요를 채워주시는 것이 아니라 우리가 소중한 존재이기 때문에 우리의 모든 필요를 은혜로 채워주신다.

그러므로 참새 믿음은 하나님이 나를 사랑하시기 때문에 나의 모든 필요를 은혜로 채워주신다는 사실을 믿는 것이다. 참새 믿음은 하나님이 나의 모든 필요를 채워주실 것을 철저하게 믿는 인격적인 신뢰이다.

우리는 모든 경우에 하나님께서 모든 것을 채워주실 것을 철저하게 믿고 신뢰하고 있을까? 우리는 하나님을 신뢰하지 않기 때문에 문제를 해결하지 못하고 어렵게 살아갈 때가 얼마나 많은가?

하지만 참새 믿음은 하나님이 우리를 사랑하시기 때문에 우리의 모든 필요를 선물로 주실 것을 철저하게 믿는 것이다. 참새 믿음은 우리가 여러 곳에서 받는 돈은 우리가 일한 대가로 받는 것이 아니라 하나님께서 우리를 사랑하시는 은혜로 공급해 주신다는 사실을 인정하는 것이다. 그러므로 우리의 필요를 채워주시는 분은 하나님이시고, 우리의 고용주는 하나님의 통로로 사용되는 것이다. 고용주가 우리에게 주는 것이 아니라 하나님이 고용주를 통해서 우리에게 주시는 것이다.

그러므로 우리가 다니는 회사가 망해서 월급을 줄 수 없더라도 하나님은 망하실 수 없는 분이시기 때문에 우리는 두려워할 이유가 없다. 하나님은 우리의 필요를 채워주시기 위해서 다양한 통로를 가지고 계시기 때문이다.

성경에는 우리 하나님께서 다양한 방법들을 통해서 우리의 필요를 채워주신 내용들이 나온다. 베드로가 세금을 낼 돈이 필요했을 때 예수님은 물고기 입에서 동전을 꺼내어 세금을 내게 하셨다. 하나님의 일을 하던 사역자가 죽고 난 다음에 과부가 된 사역자의 부인은 빚 때문에 자신의 아들을 종으로 잃게 되었을 때에 이웃에게 그릇을 빌려서 가지고 있던 기름을 그릇에 부어서 그 기름을 팔아 빚을 갚고 아들과 함께 살게 하셨다. 엘리야가 기근으로 인하여 먹을 것이 없었을 때에는 까마귀를 보내어 먹이시기도 하셨고, 너무도 가난한 여인에게 도움을 청하라고 말씀하시기도 하셨다. 그런가하면 레위인들은 이스라엘 백성들이 성막으로 가지고 온 헌물을 먹으며 살게 하셨다.

사도 바울은 낮과 밤으로 열심히 일을 하기도 하였고, 다른 교회의 선교헌금으로 살아가기도 하였고, 자주 옷감 장사 루디아의 집에서 도움을 받기도 하였다.

그러므로 우리 하나님은 다양한 통로를 통해서 우리의 필요를 채워주신다. 우리 하나님께서는 우리의 선배가 아니면 우리의 후배를 통해서 우리의 필요를 채워주신다. 하나님은 우리의 후배가 아니면 고용주를 통해서 우리의 필요를 채워주신다. 하나님은 우리의 고용주가 아니면 우리의 친구를 통해서 우리의 필요를 채워주신다. 하나님은 우리의 친구가 아니면 우리의 이웃을 통해서 우리의 필요를 채워주신다. 하나님은 우리의 이웃이 아니면 우리의 교회를 통해서 우리의 필요를 채워주신다. 하나님은 우리의 교회가 아니면 우리의 정부를 통해서 우리의 필요를 채워주신다.

하나님은 우리의 정부가 아니면 우리의 투자방식을 통해서 우리의 필요를 채워주신다. 하나님은 우리의 투자방식이 아니면 우리의 사업 시스템을 통해서 우리의 필요를 채워주신다. 우리 하나님 아버지는 심지어 까마귀나 가난한 과부를 통해서라도 우리의 필요를 채워주신다. 그러므로 우리 하나님은 다양한 통로를 통해서 우리의 모든 좋은 것을 다 공급해 주신다.

그러므로 우리에게 중요한 태도는 하나님의 뜻에 순종하는 것이다. 하나님의 음성을 듣고 하나님의 이끄심에 순종하고 따르는 것이다. 그러면 우리 하나님은 우리에게 후히 주시고, 풍성하게 주시고, 아낌없이 주시고, 즐거이 주신다. 우리 하나님은 우리에게 주시기를 매우 좋아하시는 분이시기 때문이다. 주는 것은 우리 하나님의 본래 성품이기 때문이다. 그러므로 우리가 오늘 가지고 있는 모든 것은 모두 하나님께서 주신 것들이다. 그러므로 우리가 가지고 있는 모든 것은 하나님께서 우리에게 주셨다고 믿어야 한다. 우리 하나님은 다양한 것들을 주시되 우리에게 용기와 힘과 도움과 승리까지도 주신다.

그러므로 우리 하나님은 성경을 통해서 우리에게 이렇게 말씀하신다. "두려워하지 말라 내가 너와 함께 함이라 놀라지 말라 나는 네 하나님이 됨이라 내가 너를 굳세게 하리라 참으로 너를 도와 주리라 참으로 나의 의로운 오른손으로 너를 붙들리라 보라 네게 노하던 자들이 수치와 욕을 당할 것이요 너와 다투는 자들이 아무것도 아닌 것 같이 될 것이며 멸망할 것이라 네가 찾아도 너와 싸우던 자들을 만나지 못할 것이요 너를 치는 자들은 아무것도 아닌 것 같고 허무한 것 같이 되리니 이는 나 여호와 너의 하나님이 네 오른손을 붙들고 네게 이르기를 두려워하지 말라 내가 너를 도우리라 할 것임이니라"(사 41:10-13)

5. 하나님은 우리에게
모든 것을 다 주신다.

하나님은 우리에게 나아갈 방향과 참된 비전도 주신다. 하나님은 지혜와 명철도 우리에게 주신다. 하나님은 우리에게 모든 것을 후히 주시고 누리게 하신다(딤전 6:17). 하나님은 하나밖에 없는 독생자까지 아낌없이 우리에게 주셨다. 하나님은 자기 아들을 아끼지 아니하시고 우리 모든 사람을 위하여 내어주셨는데 어찌 그 아들과 함께 다른 모든 것을 우리에게 선물로 주시지 않겠는가(롬 8:32).

우리 하나님은 모든 것을 거저 주시고, 후히 주신다.

하나님은 지혜도 후히 주시고(약 1:5), 하나님은 풍성한 삶도 주시고(요 10:10), 하나님은 은혜도 풍성하게 주신다. 우리 하나님은 하늘 문을 여시고 우리에게 복을 쌓을 곳이 없도록 부어 주신다(말 3:10). 우리 하나님이 우리에게 풍성하게 주고 싶어서 우리에게 기도로 간구하라고 명령하신다. 그리고 명령 뒤에는 반드시 응답이 약속되어 있다.

"지금까지는 너희가 내 이름으로 아무 것도 구하지 아니하였으나 구하라 그리하면 받으리니 너희 기쁨이 충만하리라"(요 16:24)

그분은 우리에게 "구하라 내가 고려해보마"라고 말씀하시지 않으시고, 오히려 "너는 내게 부르짖으라 내가 네게 응답하겠고 네가 알지 못하는 크고 은밀한 일을 네게 보이리라"(렘 33:3)고 말씀하셨다. 하나님은 우리를 사랑하시기 때문에 우리에게 모든 좋은 것을 다 주신다. 하나님의 사랑이란 무엇일까? 사랑이란 주는 것이다. 하나님은 우리에게 주시되 가장 귀한 것을 주신다. 하나밖에 없지만 그래도 주신다.

그래서 예수님은 이렇게 말씀하셨다.

"너희 중에 누가 아들이 떡을 달라 하는데 돌을 주며 생선을 달라 하는데 뱀을 줄 사람이 있겠느냐 너희가 악한 자라도 좋은 것으로 자식에게 줄 줄 알거든 하물며 하늘에 계신 너희 아버지께서 구하는 자에게 좋은 것으로 주시지 않겠느냐"(마 7:9-11)

사도 바울은 에베소서 3장 20절에서 하나님이 우리의 온갖 구하는 것이나 생각하는 것에 더 넘치도록 능히 주신다고 말씀한다. 하나님은 우리의 소원도 들어주시고, 하나님은 모든 좋은 것을 아낌없이 주신다.

"또 여호와를 기뻐하라 그가 네 마음의 소원을 네게 이루어 주시리로다, 여호와 하나님은 해요 방패이시라 여호와께서 은혜와 영화를 주시며 정직하게 행하는 자에게 좋은 것을 아끼지 아니하실 것임이니이다"(시 37:4, 84:11) 그러므로 우리 하나님께서 우리에게 모든 것을 다 주시기 때문에 우리는 부자가 될 수 있다.

물질에서 역사하는
마귀 사탄을 대적하라

우리가 물질에서 역사하는 마귀 사탄을 대적하려면 사람들에 의해 섬김을 받는 재물이 무엇인지 알아야 한다.

"한 사람이 두 주인을 섬기지 못할 것이니 혹 이를 미워하고 저를 사랑하거나 혹 이를 중히 여기고 저를 경히 여김이라 너희가 하나님과 재물을 겸하여 섬기지 못하느니라"(마 6:24)

여기에서 말하는 재물은 단순히 돈을 의미하는 것이 아니라 재물 뒤에서 역사하는 어두움의 세력인 맘몬과 관련이 있다. 맘몬은 부(富)와 돈과 재물과 소유라는 뜻으로 하나님과 대립되는 우상 가운데 하나다. 맘몬은 구약에 등장하는 바알, 아세라, 그모스, 몰렉, 다곤과 같은 신으로 사람들이 섬기는 악한 영이다. 맘몬은 재물을 지배함으로 세상과 사람들에게 영향을 미친다. 맘몬은 오늘날에도 사람들로 하여금 재물을 사랑하고 섬기게 만든다. 맘몬은 사람들이 섬기는 악한 영이다. 그러므로 재물과 사탄은 반드시 관계가 있다.

그렇다면 마귀 사탄은 물질과 연관해서 어떤 일을 할까?

1. 마귀 사탄은 인간에게
부자가 되고 싶은 욕망을 갖게 만든다.

오늘날 과학문명이 고도로 발달했기 때문에 사람들은 귀신이나 마귀 사탄의 존재를 믿지 않으려 하지만 성경은 마귀 사탄과 귀신의 존재를 분명하게 언급한다. 그런데 마귀 사탄은 영악하기 때문에 시대에 따라서 또는 각 나라의 특성에 따라서 다르게 역사한다.

그러므로 문명이 발달되지 못한 아프리카나 동남아시아 지역에서는 그 지역의 특성에 따라 미신이나 잡신을 통해 역사하지만 문명이 발달한 선진국에서는 사람들이 좋아하는 돈이나 물질을 통해서 사람들에게 역사한다. 그러므로 마귀 사탄은 인간에게 부자가 되고 싶은 욕망을 갖게 만들고, 돈을 추구하고, 돈을 마치 신처럼 섬기게 만든다.

그러므로 로렌 커닝햄은 돈과 관련해서 마귀 사탄이 어떤 일을 하는지 소개했다.

"오늘날에는 어떻게 마귀 사탄의 역할을 설명할 수 있을까? 마귀 사탄은 전 세계의 무역을 지배하려고 애를 쓰고 있다. 마귀 사탄은 돈에 대한 욕망을 이용해 사람을 지배하고 불의한 무역을 함으로써 상업계 뿐만 아니라 과학, 기술, 건강, 정부, 정치, 대중매체, 예술, 오락, 스포츠, 교육, 심지어 교회와 가정생활까지도 지배하려 한다. 마귀 사탄은 사람들을 돈의 노예로 만들기 위해 탐욕, 권력욕, 자부심 등을 이용하며, 두려움과 특히 경제적인 불안감이라는 술수를 쓴다."

그러므로 마귀 사탄의 꼬임에 넘어간 사람들은 돈을 벌기 위해 공부를 하고, 돈을 벌기 위해 직업을 선택하고, 돈을 벌기 위해 돈 많은 배우자를 만나 결혼을 하고, 돈을 벌기 위해 사업을 하고, 돈을 벌기 위해 주식에 투자하고, 돈을 벌기 위해 부동산에 투자하고, 돈을 벌기 위해 온갖 노력을 다 하다가 결국 인생을 마감하게 만든다.

그러므로 우리가 구원을 받고 하나님 나라의 백성이 되어 참된 공급자 되시는 하나님을 통해 물질축복을 누려야함에도 불구하고, 마귀 사탄의 역사로 빚에 시달리고, 하나님의 공급이 막혀 물질축복을 누리지 못하게 만든다. 하지만 우리에게 물질축복이 단절되어 있다면 우리는 속히 이 문제를 해결하고 마귀 사탄의 역사를 차단하고 물질축복을 누리는 사람이 되어야 한다.

2. 마귀 사탄은 인간에게 물질을 섬기게 만든다.

마귀 사탄의 목적은 물질로 인간을 유혹하여 인간을 자기 수중에 두고 지배하여 하나님으로부터 멀어지게 한다. 사람들로 하여금 물질을 섬기게 함으로 마음이 하나님에게서 떠나게 하는 것이 마귀 사탄의 목적이다. 그러므로 마귀 사탄의 목적에 따라 우리가 물질을 주인으로 섬기게 되면 맘몬은 더 크게 역사하여 우리를 물질에 매이게 만든다. 마귀 사탄은 무엇보다도 돈에 권세가 있다고 믿게 만든다.

그러므로 마귀 사탄의 유혹에 넘어간 사람들은 돈을 인생의 목적으로 삼고, 돈을 추구하다가 인생을 망친다. 그들은 돈의 위력을 알고, 돈을 신으로 섬기고, 돈 앞에 자신의 운명을 맡기고, 스스로 돈의 노예가 되어 돈이 주는 거짓 평안과 안전을 추구하지만 그들에게 있는 돈이야말로 그들을 넘어뜨리는 함정이다.

그러므로 우리가 직면하는 가장 큰 유혹 중에 하나는 우리 문화 속에 깊이 뿌리내려 있는 엄청난 물질만능주의다. 돈이면 무엇이든지 다 할 수 있다는 생각이다. 그래서 많은 사람들이 인간의 성공은 물질적인 부에 있다고 착각한다. 그리하여 하나님에게서 점점 멀어져 하나님을 섬기지 않고 물질을 섬긴다. 마귀 사탄의 목적은 물질을 섬기게 함으로 불의를 행하게 만들고 죄악으로 그 사람을 묶어버린다.

사도행전 8장 9절부터 23절에 등장하는 마술사 시몬은 빌립이 전하는 하나님의 나라와 복음을 듣고 예수를 믿었지만 예루살렘에서 온 베드로와 요한이 사람들에게 안수함으로 성령을 받는 것을 보고 돈을 이용하여 자신도 그러한 권능을 사려했다.

그러므로 베드로는 "네가 하나님의 선물을 돈을 주고 사는 것으로 생각하였으니 돈과 함께 망할지어다"라고 책망했다. 그리고 베드로는 하나님 앞에서 시몬의 마음이 바르지 못한 것을 지적하며, 시몬이 악독이 가득하여 불의에 매인바 되었다고 지적한다.

"시몬이 사도들의 안수로 성령 받는 것을 보고 돈을 드려 이르되 이 권능을 내게도 주어 누구든지 내가 안수하는 사람은 성령을 받게 하여 주소서 하니 베드로가 이르되 네가 하나님의 선물을 돈 주고 살 줄로 생각하였으니 네 은과 네가 함께 망할지어다 하나님 앞에서 네 마음이 바르지 못하니 이 도에는 네가 관계도 없고 분깃 될 것도 없느니라 그러므로 너의 이 악함을 회개하고 주께 기도하라 혹 마음에 품은 것을 사하여 주시리라 내가 보니 너는 악독이 가득하며 불의에 매인 바 되었도다"(행 8:18-23)

그런데 여기서 "불의에 매인 바 되었다"는 것은 죄에 포로가 되었으며, 죄에 묶였으며, 죄에 갇혔다는 뜻이다. 그러므로 마귀 사탄은 사람들이 돈을 사랑함으로 죄악을 범하여 죄에 묶이게 만든다. 이 세상에는 돈을 사랑함으로 죄에 매여 엄청난 죄악을 범하는 사람들이 많이 있다. 많은 범죄 뒤에는 돈이 관련되어 있다.

여기 로렌 커닝햄이 소개하는 돈과 관련된 엄청난 범죄를 살펴보자.

"1851년은 캘리포니아 주 정부가 출범한 지 꼭 1년이 되는 해였다. 그 무렵, 무언가 반짝이고 빛나는 노란 것이 북 프린스턴 강에서 발견되었다. 그것은 사람들의 마음을 사로잡아 사람들을 바꾸어 놓았다. 바로 금이었다. 맥키 대령은 탐험대를 이끌고 금광이 있는 곳을 찾게 되었다. 그런데 그곳에는 샤스타 인디언들이 살고 있었다. 그 인디언들은 그들을 환대해 주었고 친절하게 대해 주었다. 맥키 대령은 조약을 세우기 위해 인디언들과 회의를 열었는데 백인들이 더 많이 몰려오기 전에 자신들의 권리를 더 인정해 달라는 일종의 협약이었다. 마침내 협상이 이루어지고 인디언 우두머리 13명이 서명을 했다. 서명 후 맥키 대령은 통역을 통해 감사의 보답으로 성대한 파티를 열어 주겠다고 제안했다. 그래서 수천 명의 인디언들이 초대되어 성대한 바비큐 파티를 열었는데 이상하게도 백인들은 구경만 하고 한 사람도 먹지 않았다. 결국 다음 날 수천 명의 인디언들이 다 죽고 말았다. 그 음식에는 신경흥분제가 들어 있었다. 이 사실이 1851년 11월 5일자 안타 뉴스지에 보도되었지만 이러한 비극과 학살에 대해 조사하라는 공식적인 정부의 지시가 없었다. 결국 돈을 사랑함이 일만 악의 뿌리가 된다는 사실을 보여주었다."

그러므로 사람들이 마귀 사탄의 유혹에 넘어가서 돈을 섬긴다면 그 사람은 맘몬을 주인으로 섬기는 것이다. 그들이 돈을 섬기는 것은 돈이면 모든 것을 다 할 수 있다는 사탄의 유혹에 넘어간 증거다. 돈만 있으면 사랑을 얻을 수도 있고, 돈만 있으면 행복을 얻을 수도 있고, 돈만 있으면 사람들로부터 존경을 받을 수도 있고, 돈만 있으면 무엇이든지 다 살 수도 있고, 돈만 있으면 무엇이든지 다 될 수도 있고, 돈만 있으면 인생에서 성공할 수 있다고 생각하기 때문에 오직 돈을 벌기 위해서 모든 것을 다 하는 것이다.

결국 그들은 돈을 하나님 자리에 두고 오직 돈을 위해서 인생을 살아가지만 사실 우리 인간이 돈으로 할 수 없는 일들이 너무도 많다는 사실을 알아야 한다. 어떤 사람은 자신의 돈으로 자식을 키우지만 그 돈 때문에 자식이 부모를 죽이는 경우도 있다. 또 어떤 사람은 돈으로 사랑을 할 수도 있다고 말하지만 그 사람에게서 돈이 떠나면 사랑도 떠나버린다. 뿐만 아니라 돈으로 인간의 가장 심각한 문제인 죽음을 피할 수도 없다. 그러므로 돈이면 무엇이든지 다 할 수 있다는 생각은 엄청난 착각이다.

그러므로 돈을 신뢰하는 사람은 망할 수밖에 없다.

3. 마귀 사탄은 인간에게
   물질 때문에 염려하고 두려워하게 만든다.

마귀 사탄의 유혹에 넘어가면 부자는 자신이 가진 부를 잃어버릴까 봐 두려워하고, 가난한 사람은 자신이 사용할 돈이 부족할까봐 두려워하여 인색한 사람이 되어 버린다. 미래에 대한 두려움 때문에 돈을 사용하지도 못하고, 다른 사람을 도울 수도 없고, 그저 쌓아두기만 할 뿐이다. 결국 돈 때문에 두려워하는 사람은 아주 인색한 사람이 된다.

"혹 내가 배불러서 하나님을 모른다 여호와가 누구냐 할까 하오며 혹 내가 가난하여 도둑질하고 내 하나님의 이름을 욕되게 할까 두려워함이니이다"(잠 30:9)

로렌 커닝햄은 탐욕과 권력욕과 자부심과 두려움으로 역사하는 마귀 사탄을 대적하는 원칙을 소개했다.

"마귀 사탄이 사용하는 탐욕은 가난한 사람들과 중산층 사이에서 더 크게 작용한다. 소유욕에 빠진 사람들은 대게 가장 적게 가진 사람들이다. 탐욕 때문에 인도 사람들은 자기 자녀의 다리를 부러뜨려 구걸을 하게 만든다. 사람들에게 동정심을 사려고 아이들을 장애인으로 만든다. 미국은 또 어떠한가? 큰 도시 안에 자리 잡은 슬럼가에 사는 아이들은 단지 비싼 스포츠화를 갖고 싶어 사람을 죽인다. 그런가 하면 부자들은 다른 이들을 지배하려는 권력욕에 빠지기 쉽다. 그래서 돈으로 가난한 사람들의 탐욕을 건드려 그들을 조종한다. 사탄이 사용하는 자부심은 사탄이 사람과 돈을 다스리는 또 하나의 수단이다. TV광고를 통해 그토록 요란하게 만족감에 호소하는 것을 보면, 부귀영화로 교만해지고 타락한 사탄이 떠오른다. 사탄은 경제적 불안이라는 두려움으로 사람들을 다스린다. 돈을 넉넉히 가지고 있지 않은 두려움, 돈을 조절할 수 없는 두려움, 지출 능력을 잃는다는 두려움, 이러한 두려움 때문에 하나님이 말씀하신 것을 못하게 된다면 사탄의 속임수에 쉽게 걸려든 것이다. 이처럼 사탄은 탐욕과 권력욕과 만족감과 두려움을 이용해 물질을 통하여 사람들을 다스린다. 세상의 돈의 흐름은 사고파는 것에 따라 움직인다. 하지만 하나님의 나라는 베풀고 받는 것에 따라 움직인다. 성령의 음성을 듣고 하나님의 뜻을 따르며, 너그럽게 베푸는 사람들이 사탄의 힘을 점점 쇠약하게 만드는 것이다. 이렇게 베푸는 것은 사탄의 지배를 흔들어 버린다. 하나님의 영에 이끌려 너그럽게 베풀면 탐욕으로 인해 막힌 것들이 허물어진다. 빛이 어두움을 몰아내듯 하나님의 완전하신 사랑이 두려움을 물리친다. 이처럼 이기심 없이 베풀면 사탄의 권세를 흔들어 헌금을 받는 나라에서 사탄이 힘을 잃게 되며, 헌금을 주는 나라에서는 더더욱 그러하다. 우리가 개발도상국에 사는 이 사람들에게 베풂의 능력을 가르치지 않으면 가난한 나라들은 계속 가난하게 될 것이다. 또한 희생적으로 준다는 것은 두려움을 주는 사탄을 몰아내는 것이다. 하나님께 들은 대로 순종하고 나서 하나님의 공급하심을 단순하게 믿으며 기다리는 것은 두려움을 통해 당신을 조종하려던 사탄과 맞서 싸우는 것이다. 재정적인 불안으로 인한 두려움에 정면으로 맞서라. 바로 지금 하나님을 신뢰하라. 하나님이 참으로 신실하신 분임을 경험하게 될 것이다. 마귀 사탄이 가장 두려워하는 것은 사람들이 권리를 포기하고 하나님을 믿는 것이다. 우리가 탐욕스러운 마음을 회개하고 계속해서 사심 없이 주고 너그러이 베푼다면 사탄은 어떠한 방법으로도 우리를 위협할 수 없다."

그러므로 우리의 모든 필요는 우리의 참된 공급자가 되시는 우리 하나님께서 채워주신다는 사실을 믿고, 물질에 대한 모든 염려와 근심과 두려움을 물리쳐야 한다.

4. 마귀 사탄은 인간에게
물질을 관리하지 못하게 만든다.

마귀 사탄은 사람들이 돈을 어떻게 사용해야 하는지 제대로 알지 못해서 물질이 자신도 알지 못하는 사이에 새어나가 계속적인 물질의 결핍 속에서 살아가게 만든다. 그러다보니 삶의 여유가 없고 불행한 삶을 살아간다. 마귀 사탄은 사람들로 하여금 충동적인 구매에 빠지게 만든다. 그들이 돈을 사랑하여 인색함으로 살아가다보니 하나님께 헌금을 드리지 않으며, 이웃을 섬기지도 않는다. 이 모든 것은 물질이 주인이 됨으로 마귀 사탄이 역사하기 때문에 일어나는 일들이다. 그러므로 우리는 물질 뒤에서 역사하는 마귀 사탄을 대적해야 한다.

우리를 완전한 복음으로 구원하신 하나님은 우리에게 물질을 풀어주셔서 하나님의 나라를 위해 사용하게 하신다. 하나님의 사역에는 많은 돈이 필요하기 때문이다. 교회건물을 건축하고, 세계 여러 나라에 선교사들을 파송하고, 하나님의 사역을 감당할 일꾼들을 길러내고, 복음을 전하기 위해서는 많은 돈이 필요하다.

하지만 마귀 사탄은 우리가 돈을 사랑하게 만들어 오히려 돈이 우리에게 흘러들어오는 것을 막아버린다. 그러므로 우리는 물질 뒤에서 역사하는 마귀 사탄을 대적해야 한다.

5. 마귀 사탄은 인간에게 빚에 얽매여 노예가 되게 만든다.

오늘날 많은 사람들은 빚을 지는 것을 정상적이라고 생각한다. 그러므로 개인이나 가정이나 회사나 심지어 국가마저도 대부분 빚을 지고 있으며, 또 어떤 사람들은 빚을 지는 것도 능력이라고 생각한다.

우리나라의 가계부채는 2018년도에 1514조 4000억 원이나 되며, 우리나라 가구는 총 1967만 가구로 가구당 평균부채는 8000만원이다. 그런데 그 중 제2금융권인 보험회사나 카드사나 대부업의 부채는 2018년도에 414조를 넘어 섰다. 그리고 사금융을 이용하는 89%는 2년 이내에 신용불량자가 되고, 신용카드로 돈을 빌렸을 경우 이자는 평균 15%이상이며, 연체를 할 경우에는 이자가 20%가 넘어가고, 신용카드를 3개월이상 연체하면 신용불량자가 되어 전금융기관의 대출을 일시에 상환해야하며, 그때부터 금융기관에서 정상적으로 금융거래를 할 수 없게 된다. 그런 과정에서 가정은 깨어지고, 가족은 흩어지고, 개인은 고통 속으로 빠져 들어간다.

그러므로 우리 그리스도인들은 하나님의 재물을 맡아 관리하는 청지기로서 결코 빚을 지고 빚에 얽매여서는 안 된다. 그러므로 사도 바울은 로마서에서 사랑의 빚 외에는 어떤 빚도 지지 말라고 권면했다.

"피차 사랑의 빚 외에는 아무에게든지 아무 빚도 지지 말라 남을 사랑하는 자는 율법을 다 이루었느니라"(롬 13:8)

사실 우리가 과도한 빚을 지는 것은 이자를 계속 갚아야 하기 때문에 구멍 뚫어진 전대에 돈을 넣는 것과 같다. 그러므로 구약성경에서 학개는 이렇게 말한다.

"그러므로 이제 만군의 여호와가 이같이 말하노니 너희는 너희의 행위를 살필지니라 너희가 많이 뿌릴지라도 수확이 적으며 먹을지라도 배부르지 못하며 마실지라도 흡족하지 못하며 입어도 따뜻하지 못하며 일꾼이 삯을 받아도 그것을 구멍 뚫어진 전대에 넣음이 되느니라 만군의 여호와가 말하노니 너희는 자기의 행위를 살필지니라"(학 1:5-7)

물론 이 말씀은 포로생활에서 귀환한 이스라엘 백성들이 하나님의 성전보다 자기의 집을 짓는 것에 몰두하고 영적인 우선순위를 하나님께 두지 않았을 때에 나타나는 현상을 말하지만 우리는 이 말씀에서 중요한 교훈을 배울 수 있다. 즉 이 말씀은 우리가 아무리 열심히 노력해도 가난하게 되는 경우를 소개한다. 우리가 씨앗을 아무리 많이 뿌려도 수확이 적고, 무엇인가를 열심히 먹을지라도 배가 부르지 못하고, 음료수를 마실지라도 흡족하지 못하고, 옷을 입어도 따뜻하지 못하고, 열심히 일을 해서 돈을 모아보지만 마치 구멍 뚫어진 전대에 돈을 넣은 것처럼 다 새어 나가버리기 때문에 결코 부자가 될 수 없다는 것을 보여주고 있다.

그러므로 우리가 과도하게 빚을 지고 이자를 계속 갚고 있다면 돈은 모아질 수 없다. 그러므로 학개는 우리의 행위를 살펴보라고 말씀한다. 그러므로 우리가 계속해서 빚을 지는 것은 우리에게 물질축복을 주시는 하나님으로부터 오는 모든 물질축복을 차단하는 것이다.

그러므로 우리가 빚을 지는 것은 부자가 되기는커녕 가난으로 가는 지름길이다.

너무도 많은 사람들이 자신의 총수입에서 많은 부분을 빚을 갚는 것으로 사용한다. 결국 은행이나 금융회사에 지불하는 이자의 지출은 하나님의 물질축복을 도적질 당하게 만든다.

그러므로 우리가 이렇게 많은 이자를 지불하는 것은 하나님의 물질을 맡아 관리하는 청지기로서 지혜롭지 못한 행위이다. 우리가 빚을 지는 것이 죄는 아니지만 정말 지혜롭지 못한 청지기가 되는 것이다. 그러므로 우리가 어떤 물건을 빚이나 할부로 구입할 때 그 물건의 가격과 모든 이자를 합해서 총 얼마의 가격으로 구입하게 되는지를 따져보고 물건을 구입해야 한다.

그러므로 마귀 사탄은 우리가 감당할 수 없는 빚을 지게 만든다. 결국 사탄의 속임수에 넘어가 자신도 모르게 하나님이 주신 물질축복이 새어 나가게 만든다.

† "꾀므로"라는 의미

그러므로 우리는 창세기 3장 13절의 교훈을 자세히 알아야 한다.

"여호와 하나님이 여자에게 이르시되 네가 어찌하여 이렇게 하였느냐 여자가 이르되 뱀이 나를 꾀므로 내가 먹었나이다"

우리 하나님께서 하와에게 어찌하여 선악과를 따먹고 죄를 범했느냐고 질문하자, 하와는 사탄이 자신을 "꾀므로" 선악과를 따먹고 죄를 범했다고 고백한다. 그러므로 인류의 조상 아담과 하와가 마귀 사탄의 유혹에 속아서 원죄를 범했던 것처럼 빚을 지는 것도 마귀 사탄의 속임수에 넘어가는 것이다. 그러므로 여기서 "꾀므로"라는 히브리어 단어 "나샤"(nasha)는 두 가지의 뜻이 있는데 하나는 "속이다, 꾀다"라는 뜻이 있고, 또 다른 의미는 "이자를 받고 빌려 주다"라는 뜻이 있다.

우리는 이제 완전한 복음으로 구원을 받았다. 그런데 우리가 구원받은 것을 말할 때 예수님께서 우리의 죄의 빚을 모두 갚아 주셨다고 말한다. 그러므로 마귀 사탄의 유혹은 아담과 하와로 하여금 죄의 빚을 지게 만드는 것과 마귀 사탄의 노예가 되게 만드는 것이었다.

하지만 우리 예수님께서 십자가에서 우리의 모든 죄의 빚을 갚아 주심으로 우리는 노예에서 해방되어 예수님의 종이 되었다.

이제 우리 삶의 주인이 예수님으로 바꾸어진 것이다.

그러므로 크래드 힐은 "꾀므로"라는 의미를 이렇게 설명했다.

"실질적으로 뱀이 하와에게 한 것은 이자가 너무나 빨리 쌓여 평생 동안 결코 갚을 수 없는 영적인 빚으로 그녀를 끌어들인 것이다. 그것은 전능하신 하나님이 주 예수 그리스도를 통한 육신의 모습으로 오셔서 친히 아담과 하와의 빚을 치르도록 한 것이다. 자, 속임이라는 말로 기록된 히브리어의 동일한 단어가 이자를 받고 돈을 빌려준다는 말에 사용되고 있다는 것은 재미있는 일이 아닌가? 왜 사람들은 신용 카드로 온갖 것들을 사기 위해 몰려들고 있는가? 우리는 이것이야말로 오늘날 사람들의 삶에서 역사하고 있는 동일한 속임의 영이라고 믿는다. 맘몬의 영에 묶여 있을 때에 사람들은 행동하기 전에 먼저 생각하지 않는다. 많은 사람들은 어떤 물건이 실질적으로 얼마인지를 절대로 계산하지 않는다. 그 물건의 총 비용 대신에 그저 매달의 지불액만을 보는 것이다. 결국 맘몬의 영이 사람들로 하여금 수입의 큰 부분을 이자로 물며, 빚에 의존하는 삶을 살도록 속이는 기능을 발휘하고 있음을 보게 된다. 그러므로 주택담보대출과 융자의 뜻을 가진 모기지(mortgage)란 단어도 불어로 죽음을 의미하는 'Mort'라는 단어와 분량과 삯을 의미하는 'gage'라는 단어가 합쳐져서 만들어진 영어 단어이다. 그러므로 모기지란 죽음의 분량이나 죽음의 삯을 의미한다."

그러므로 빚에 시달리는 사람들은 압박감과 절망감과 수치심과 두려움으로 감정이 영향을 받는 것이다. 결국 이러한 감정적인 압박감은 신체적인 질병으로 이어져 고통을 당할 수밖에 없다.

또한 잠언의 지혜자는 우리에게 빚의 위험성을 강조한다.

"부자는 가난한 자를 주관하고 빚진 자는 채주의 종이 되느니라"(잠 22:7)

결국 빚진 자는 채주의 종이 된다고 말한다. 그러므로 빚을 지는 것은 우리의 주인이 바꾸어지는 것이다. 하나님의 종이 아니라 맘몬의 노예가 되고, 돈의 노예가 되는 것이다.

그런데 빚에 대한 이야기가 왜 잠언 22장 6절과 연관되어 있을까?

"마땅히 행할 길을 아이에게 가르치라 그리하면 늙어도 그것을 떠나지 아니하리라"(잠 22:6)

이 말씀은 인간으로서 마땅히 행할 길을 어린 아이 때부터 가르치라고 말씀한다. 그리하면 늙어도 어린 아이 때에 배운 것을 떠나지 않고 계속해서 지킬 것이라고 말씀한다.

그렇다면 인간으로서 마땅히 행할 길은 무엇일까?

우리가 인간으로서 마땅히 빚을 지지 않고 살아가는 것이다.

우리가 돈이나 물질을 떠나서는 살아갈 수가 없기 때문에 우리가 돈을 어떻게 관리하며 살아가야 하는지를 어릴 때부터 배우되 특별히 빚을 지지 않고 살아가도록 가르쳐야 한다. 빚을 지는 것은 하나님의 종이 아니라 돈의 노예가 되고 맘몬의 노예가 되기 때문이다.

그러므로 우리가 예수 그리스도를 삶의 주인으로 모셨음에도 불구하고 우리가 빚을 지는 것은 우리 예수님께 온전히 순종할 수 없게 된다. 따라서 우리는 오직 예수님만 우리의 주인으로 섬기기 위해서 빚을 속히 청산해야 한다. 우리가 빚을 갚을 때 주인이 맘몬에게서 하나님에게로 바꾸어지는 것이다. 우리가 하나님의 청지기로서 하나님께서 우리에게 맡겨주신 물질을 지혜롭고 충성되게 관리해야 하기 때문에 우리는 빚을 지지 말고, 이미 빚을 지고 있다면 속히 빚의 문제를 해결함으로 빚으로부터 자유로운 그리스도인이 되어야 한다.

"악인은 꾸고 갚지 아니하나 의인은 은혜를 베풀고 주는도다"(시 37:21) 시편 기자는 빚을 지고 갚지 아니하는 사람은 악한 사람이라고 했다. 그러므로 우리는 하나님의 재물을 맡아 관리하는 청지기로서 빚으로부터 자유로운 삶을 살아야 한다.

보물을 하늘에 쌓아라

예수님은 마태복음 5장부터 시작되어 이어지는 산상수훈을 통해서 천국 시민인 우리 그리스도인들이 실패하지 않는 인생을 살아가는 혁명적인 개념을 가르치고 있다.

그렇다면 무엇이 실패하지 않는 인생을 살아가는 혁명적인 개념일까 그것은 영원한 관점을 가지고 인생을 살아가는 것이다.

그러므로 우리 구원받은 그리스도인들은 이제 영원한 관점을 가지고 인생을 살아가야 한다. 여기서 관점이란 어떤 사물을 관찰하거나 고찰할 때, 그것을 바라보는 방향이나 생각하는 입장을 말한다.

그러므로 우리에게 주어진 인생을 낭비하지 않고 영원한 성공을 거두려면 영원한 관점을 가지고 이 세상을 살아야 한다.

그렇다면 영원한 관점이란 무엇일까?

영원한 관점이란 비록 우리가 이 세상에 살고 있지만 영원한 하나님과 영원한 하늘나라와 하늘에 있는 영원한 상급을 바라보며 살아가는 것을 말한다. 그러므로 우리는 하늘나라를 바라보는 새로운 관점의 전

환이 필요하다. 우리는 이 땅에서 하늘나라를 생각하며 영원을 살아야 한다. 우리는 이 땅에서 천국 시민으로 살아야 한다. 이 세상은 우리가 영원히 살아갈 장소가 아니라 우리는 하늘나라에서 영원히 살아야 하기 때문이다.

그러므로 우리 예수님은 마태복음 6장 19절부터 21절에서 영원한 관점에 대해서 말씀하시며, 하늘에 보물을 쌓으라고 말씀하셨다.

"너희를 위하여 보물을 땅에 쌓아 두지 말라 거기는 좀과 동록이 해하며 도둑이 구멍을 뚫고 도둑질하느니라 오직 너희를 위하여 보물을 하늘에 쌓아 두라 거기는 좀이나 동록이 해하지 못하며 도둑이 구멍을 뚫지도 못하고 도둑질도 못하느니라 네 보물 있는 그 곳에는 네 마음도 있느니라"

예수님은 이 말씀에서 두 가지 중요한 장소를 소개했는데 그것은 하늘과 땅이다. 그러므로 우리가 이 땅에 살고 있지만 우리가 살고 있는 이 땅에 보물을 쌓아두지 말고, 우리의 보물을 하늘에 쌓아 두라고 말씀하신다. 그러므로 자기의 보물을 이 땅에 쌓아두는 사람은 영원한 관점을 가지고 살아가는 사람이 아니다. 하지만 자기의 보물을 하늘에 쌓아 두는 사람은 영원한 관점을 가지고 살아가는 사람이다.

그리고 이 말씀에서 가장 주위를 끄는 단어는 "너희를 위하여"라는 말씀이다. 예수님은 여기서 우리를 위하여 가장 좋은 길을 제시하시는 것이다. 결코 우리의 보물을 탐내시고 우리에게서 빼앗아 가시려고 우리에게 보물을 하늘에 쌓아 두라고 말씀하시는 것이 아니다.

이 땅의 세상 나라는 결코 좋은 나라가 아니기 때문에 언젠가 없어질 것이지만 하늘나라가 너무나 좋은 나라이기 때문에 하늘나라에서 상급을 받고 영원토록 행복하게 살아가라고 "우리를 위하여" 우리에게 하늘나라에 보물을 쌓으라고 말씀하시는 것이다.

그렇다면 여기에 등장하는 보물이란 무엇일까?

1. 하늘에 쌓아야할
   보물이란 무엇인가?

"너희를 위하여 보물을 땅에 쌓아 두지 말라 거기는 좀과 동록이 해하며 도둑이 구멍을 뚫고 도둑질하느니라 오직 너희를 위하여 보물을 하늘에 쌓아 두라 거기는 좀이나 동록이 해하지 못하며 도둑이 구멍을 뚫지도 못하고 도둑질도 못하느니라 네 보물 있는 그 곳에는 네 마음도 있느니라"(마 6:19-21)

우리가 보물을 하늘에 쌓아두려면 우리가 소중히 여기는 보물이 무엇인지 알아야 한다. 여기서 말하는 보물이란 우리가 소중히 여기는 부와 재물과 재산과 자산과 돈이다.

그러므로 보물은 우리의 자원과 물질과 상품이며, 값이 나가는 물건들이며, 토지와 가옥과 금전과 귀금속들이며, 개인이나 법인이 소유하고 있는 경제적 가치가 있는 유형·무형의 재산과 유동 자산과 고정 자산이다. 그런데 성경에는 이러한 보물들을 가지고 부귀영화를 누린 부자들이 등장하는데, 여기서 부귀영화는 재산이 많고 지위가 높아 세상에서 드러나 온갖 영광을 누리는 것을 말한다.

그렇다면 우리가 자주 사용하는 돈이란 무엇일까?

크래그 힐과 얼 피츠는 돈에 대해서 이렇게 정리했다.

"돈은 단순히 상품과 서비스를 거래하기 위해 사람들이 만들어 낸 교환 수단이다. 돈 자체는 본질적으로 가치는 없으며, 도덕성이 없으며, 선하지도 아니하고 악하지도 않지만 우리가 살아가는데 필요한 필수품이다. 돈은 전통적으로 금속이나 종이나 플라스틱을 사용하여 만들며, 중요한 인물이나 건물 등이 찍힌 동전이나 지폐로 제조되어 있다. 돈은 거래를 위해서 나눌 수 있으며, 돈은 질긴 종이로 만들어도 쉽게 파괴되는 내구력이 있다. 돈은 소유한 사람이 거래를 위해 가지고 다닐 수 있기 때문에 이동성이 있다. 돈은 하나님이 창조한 것이 아니라 사람에 의해서 창조되었고, 이 세상의 시스템에 속한 것이다. 하나님은 성경에서 돈을 사소하고 작은 것으로 말씀하신다(마 25:21). 우리는 하나님이 창조한 것은 사랑해야 하지만 돈은 하나님께서 창조하신 것이 아니기 때문에 돈을 사랑해서는 안 된다."

그렇다면 돈은 우리에게 어떤 역할을 하는가?

레이 존스(Ray O Jones)는 돈이 우리에게 어떤 역할을 하는지를 소개했다.

"사람들은 돈을 손에 쥐고 자기 것이라고 말한다. 하지만 돈이 사람을 지배하는 경우가 많다. 돈은 너무나 쉽게 사람을 지배한다. 사람들은 돈을 얻기 위해 양심과 명예를 쉽게 내팽개쳐 버리고 심지어 죽음까지도 불사한다. 돈은 비처럼 값으로 헤아릴 수 없고, 물처럼 중요하기에 돈이 없어서 죽는 사람도 많고, 문을 닫는 기관도 많다. 그러나 돈 자체는 누구를 살리고 죽일 힘이 없다. 인간의 욕심이라는 도장이 찍히지 않는 한 돈은 아주 무익하다. 사람들이 돈을 데려가지 않는다면 돈은 아무 곳에도 갈 수 없다. 돈은 여러 종류의 사람들과 어울린다. 돈 때문에 사람들은 실망하고, 사랑하고, 다른 사람들을 비웃기도 한다. 그렇지만 돈은 성스러운 일에 사용되기도 한다. 자라나는 어린아이의 교육비로, 굶어 죽는 사람들을 위한 식량비로 사용되기도 한다. 돈을 손에 쥐는 사람이 누구냐에 따라서 돈의 힘은 참으로 엄청나다. 돈으로 인하여 한 집안이 망하기도 하고, 나라와 나라 사이에 분쟁이 일어나기도 하지만, 역시 돈으로 인하여 생기 있고 건강한 사회가 만들어지기도 한다. 그러므로 우리는 돈을 신중하고 지혜롭게 사용해야 한다. 그래서 사람들이 돈의 종이 되지 않도록 해야 한다."

그러므로 우리가 소유한 보물인 부와 물질과 재산과 돈을 이 땅에 투자하지 말고 하늘나라에 투자해야 한다. 여기서 투자란 어떤 이익을 얻기 위해서 어떤 일이나 사업에 자본을 대거나 시간이나 정성을 쏟는 것을 말한다.

예수님께서는 달란트 비유(마 25:14-30)를 통해서 우리가 가진 여러 가지 물질을 현명하게 투자할 것을 말씀해 주셨다. 우리가 가지고 있는 돈을 잘 사용하고 늘려서 더 많은 사람들을 축복하는데 사용해야 한다. 한 달란트 받은 사람처럼 돈을 숨겨두거나 쌓아두지 말아야 한다. 세상의 투자 시스템은 이윤이 높지 않지만 하늘나라의 투자 시스템은 반드시 증가되고 배가되어 30배, 60배, 100배의 축복으로 되돌아오기 때문이다. 그러므로 우리가 물질을 하나님께 드리는 일은 사라지게 될 이 세상의 물질에서 우리의 시선을 하늘나라로 돌리게 한다.

우리가 죽으면 그 어떤 것도 가지고 갈 수 없지만 우리가 이 땅에서 하나님 나라를 위해 사용하면 우리는 물질을 통해서 하늘나라에 보물을 쌓을 수 있는 것이다. 그러므로 우리는 하늘나라에 미리 보낼 수는 있지만 우리가 죽으면 아무 것도 가지고 갈 수 없다. 그렇다면 마태복음 6장 19절부터 21절에 등장하는 두 나라는 어떤 차이가 있을까?

2. 두 나라의 차이는 무엇인가?

"너희를 위하여 보물을 땅에 쌓아 두지 말라 거기는 좀과 동록이 해하며 도둑이 구멍을 뚫고 도둑질하느니라 오직 너희를 위하여 보물을 하늘에 쌓아 두라 거기는 좀이나 동록이 해하지 못하며 도둑이 구멍을 뚫지도 못하고 도둑질도 못하느니라 네 보물 있는 그 곳에는 네 마음도 있느니라"(마 6:19-21)

† 질적인 차이

여기에 등장하는 두 나라는 이 땅에 있는 세상 나라와 하늘에 있는 하늘나라를 지칭한다. 그런데 두 나라는 질적으로 엄청난 차이가 난다.

이 세상에 있는 나라는 아무리 좋은 나라일지라도 수많은 범죄가 끊임없이 일어나고 있다. 이 세상에 있는 나라에서는 수많은 범죄와 살인과 전쟁과 피흘림과 속임과 저주와 가난과 질병과 죽음이 만연되어 있다. 수많은 가정이 파괴되고, 서로 미워하며, 상대방의 것을 빼앗고, 인격을 모독하며, 심한 성폭행과 학대와 추위와 배고픔으로 고통을 당하고 있다.

하지만 하늘나라는 눈물과 고통과 슬픔과 이별과 질병과 아픔과 전쟁과 죽음이 없는 나라이다. 그러므로 하늘나라에 사는 사람들은 걱정 근심이 없이 늘 행복한 시간을 영원토록 보내는 그런 나라이다. 그 나라에는 죄가 없으니 어떠한 악행도 볼 수 없고, 어떠한 사기 사건도 볼 수 없고, 서로 미워하지도 않고, 서로 고발하는 재판도 없다. 그 나라에는 죽음이 없으니 장례식장이나 화장터나 무덤도 없으며, 질병이 없으니 암환자가 없고, 끔찍한 수술이나 해로운 약물이나 의료 사고도 없고, 어떠한 병원도 필요 없다. 그 나라에는 수많은 태풍이나 홍수나 여러 전염병이나 화산 폭발이나 지진이나 강풍도 없는 나라이다. 그 나라는 기후가 춥거나 덥지 않기 때문에 난로나 온풍기나 에어컨이 필요 없는 나라이다. 그 나라에는 도둑이나 강도가 없으니 모든 것이 안전하다. 그 나라에는 장애인들이 없으니 맹인도 볼 수 없고, 중풍병자도 볼 수 없고, 다리 저는 사람도 볼 수 없고, 귀머거리도 볼 수 없고, 모두 다 온전히 건강하고 아름다운 사람들만 살아간다. 우리가 하늘나라에 가보지 않고

도 어떻게 그 나라에 대해 이렇게 자세히 알 수 있을까? 하나님의 말씀 성경이 하늘나라에 대해 자세히 알려주고 있기 때문이다.

그러므로 오스 왈드 J 스미스는 하늘나라에 대해 이렇게 소개했다.

"저는 왜 사람들이 그 나라에 가기를 원하지 않는지 이해할 수 없습니다. 하여간 사람들이 원하지 않는 것이 사실입니다. 제가 보기에는 많은 사람은 그들이 현재 살고 있는 나라를 더 좋아하며, 죄의 결과로 슬픔과 고통과 실망이 오더라도 그 습관화된 죄에서 살기를 원하고 있습니다. 정말 이해할 수 없는 일이지만 그것이 사실입니다. 제가 그 나라에 대하여 말하면 그들은 비웃을 것입니다. 그들은 제 말을 믿지 않습니다. 믿는다고 할지라도 관심을 갖지 않습니다. 저는 그들을 설득시킬 수가 없습니다. 언젠가는 때가 늦을 터인데 그들의 어리석음을 어찌하면 좋겠습니까? 제가 말씀드린 그 나라에는 한 놀라운 도시가 있습니다. 제가 지금까지 가본 그 어느 도시보다도 훨씬 크고, 형언할 수 없이 아름다운 도시입니다. 그 도시의 폭은 2,200Km이고, 길이도 2,200Km이며, 가장 놀라운 점은 높이도 2,200Km라는 것입니다. 저는 그것이 평면의 도시인지, 입체형의 도시인지는 알 수 없습니다. 이 한 도시가 카나다로부터 멕시코만까지 미국을 뒤덮을 만큼, 대서양 밑바닥에서 산꼭대기까지를 차지할 만큼 큽니다. 또 그 도시가 얼마나 높은지, 도시 전체를 층으로 나누어서 한 층대를 350cm로 한다고 하더라도 모든 세대의 사람들을 수용하고도 남음이 있을 정도로 넓습니다. 그 도시를 둘러싼 성벽의 두께는 65m이고 그 벽은 벽옥으로 되어 있습니다. 성벽의 기초석은

12가지 온갖 아름다운 보석으로 꾸며져 있습니다. 이 얼마나 놀라운 도시입니까? 그 도시를 밝게 하는 빛은 벽옥의 광채 같은 것입니다. 그 도시는 매 문마다 천사들이 지키는 열두 개의 문을 통해 들어가게 됩니다. 이 문들은 이스라엘의 열두 지파의 이름을 따라 이름 지어진 것이며, 사방에 각각 세 개씩 세워져 있습니다. 모든 문이 하나의 보석입니다. 그 도시 자체가 순금으로 되어 있으며, 그 도시 한 복판을 통하는 넓은 길이 있는데 투명한 유리를 보는 듯한 순금으로 된 길입니다. 이 얼마나 영광에 가득 찬 도시입니까? 그 도시에는 왕의 보좌로부터 사방으로 흘러가는 아름다운 강이 하나 있습니다. 그 강의 깨끗하고 순수한 물은 결코 소독된 인공수가 아닙니다. 그 강 좌우에는 나무가 서 있는데 그 나무에는 소성시키는 힘이 있습니다. 그 도시는 저주가 한 번도 내린 적이 없고, 아무 것도 쇠퇴하거나 부패하지 않는 곳입니다. 그 도시의 한 복판에는 눈부신 궁전이 있습니다. 궁전의 왕좌는 에머랄드와 비슷한 휘황찬란한 무지개로 둘러싸여 있습니다. 그 왕좌 밑에는 스물네 개의 보좌가 있는데, 각 보좌는 흰옷을 입고 머리에 금 면류관을 쓴 거룩한 사람들이 차지하고 있습니다. 그 왕좌로 나아가는 길은 깨끗하고, 수정 같은 유리로 된 길입니다. 네 생물이 왕의 보좌를 지키는데 그 광경을 충분히 설명하여 드리고 싶은 마음이 간절하지만 할 수가 없습니다. 우리의 언어로는 도저히 표현이 불가능합니다. 당신이 직접 보지 않으면 모르실 것입니다. 예수님께서는 이 놀라운 도시를 '새 예루살렘, 거룩한 성'이라고 불렀습니다. 어떤 때는 '내 아버지의 집'이라고 하셨습니다. 이 얼마나 아름다운 표현입니까? 다윗은 그곳을 '주의 집'이라고 했습니다. 그리고 예수님께서는 그곳에는 거할 곳이 많다고 하셨습니다. 일반적으로 그곳은 '천국'이라고 알려져 있으며, 성경의 마지막 책인 요한계시록 21장과 22장에 그곳에 대한 완전하고 만족한 설명이 있습니다. 이 두 장의 설명을 보면, 이 아름다운 도시에 들어 갈 수 있는 사람은 일정한 자격을 갖춘 사람이라는 것입니다. 그곳은 더러운 것이 허용되지 않습니다. 그 금 빛나는 성안으로 거짓말쟁이가 들어갈 수 없습니다. 모든 믿지 않는 사람들은 금지되었습니다. 살인자, 어떠한 종류의 부정한 생활이나 비도덕적 생활을 한 사람들은 들어갈 수 없습니다. '또 내가 새 하늘과 새 땅을 보니 처음 하늘과 처음 땅이 없어졌고 바다도 다시 있지 않더라'(계 21:1) 새 땅에는 '바다'가 없습니다. 바다는 서로 떨어지게 합니다. 새 땅에는 사람들이 서로 떨어져서 사는 일이란 없습니다. 새 땅은 의로운 곳입니다. 오늘날 이 세상에는 정의란 거의 없습니다. 그러나 하나님께서 이 땅을 새롭게 하시면 그곳에서는 의가 승리할 것입니다. 죄가 사라지고 의가 이긴다는 것을 아는 것은 큰 기쁨입니다. 바다가 없고 의로움이 넘치는 새 땅에 제가 앞에서 설명한 도시가 있습니다. '또 내가 보매 거룩한 성 새 예루살렘이 하나님께로부터 하늘에서 내려오니 그 준비한 것이 신부가 남편을 위하여 단장한 것 같더라 내가 들으니 보좌에서 큰 음성이 나서 이르되 보라 하나님의 장막이 사람들과 함께 있으매 하나님이 그들과 함께 계시리니 그들은 하나님의 백성이 되고 하나님은 친히 그들과 함께 계셔서'(계 21:2-3) 새 땅에 있는 그 도시에는 왕 자신이 그분의 백성과 함께 계십니다. '그의 얼굴을 볼 터이요 그의 이름도 그들의 이마에 있으리라'(계 22:4) 가장 기쁜 일은 우리 주 예수 그리스도께서 그곳에 계실 것인데, 이 세상에 계실 때와는 전혀 다른 모습으로 계십니다. 오, 친구여! 이것이 천국입니다. 이것이 제가 지금까지 말씀드린 나라에 있는 도시, 하나님의 거룩한 성입니다. 당신은 그곳에 가기를 원치 않습니까? 이것이 제가 지금까지 말씀드린 가장 아름다운 나라입니다. 당신은 그곳에 가고 싶지 않습니까? 그곳으로 갈 여행의 준비를 하지 않겠습니까? 그것은 어려운 일이 아닙니다. 당신의 마음 문을 열고 그 나라의 주인이신 예수 그리스도를 모셔 들이면 됩니다. 그러면 당신도 그 나라를 사랑하게 될 것입니다. 그리고는 언제인가 나그네 길이 끝날 때 당신은 그 아름다운 도시의 보석 문으로 들어가 그곳에서 영원히 살게 될 것입니다."

† 시간적인 차이

그렇다면 이 땅의 세상나라와 하늘의 하늘나라는 시간적인 차이는 어떠할까? 하늘에 있는 하늘나라는 영원할 것이지만 이 땅에 있는 세상은 결코 영원하지 않을 것이다. 그러므로 이사야 선지자는 새 하늘과 새 땅이 창조되면 이전의 이 땅의 세상은 기억이 되지도 않고 생각도 나지 않을 것이라고 말했다. "보라 내가 새 하늘과 새 땅을 창조하나니 이전 것은 기억되거나 마음에 생각나지 아니할 것이라"(사 65:17) 하지만 새 하늘과 새 땅은 하나님 앞에 항상 있을 것이다. "내가 지을 새 하늘과 새 땅이 내 앞에 항상 있는 것 같이 너희 자손과 너희 이름이 항상 있으리라 여호와의 말이니라"(사 66:22)

그러므로 새 하늘과 새 땅이 나타나면 이 세상의 하늘과 땅은 없어질 것이다. "또 내가 새 하늘과 새 땅을 보니 처음 하늘과 처음 땅이 없어졌고 바다도 다시 있지 않더라"(계 21:1)

그렇다면 이 땅과 하늘은 어떻게 없어질 것인가?

사도 베드로는 이 땅과 하늘이 불에 타서 없어질 것이라고 말씀한다. "이제 하늘과 땅은 그 동일한 말씀으로 불사르기 위하여 보호하신 바 되어 경건하지 아니한 사람들의 심판과 멸망의 날까지 보존하여 두신 것이니라, 그러나 주의 날이 도둑 같이 오리니 그 날에는 하늘이 큰 소리로 떠나가고 물질이 뜨거운 불에 풀어지고 땅과 그 중에 있는 모든 일이 드러나리로다 이 모든 것이 이렇게 풀어지리니 너희가 어떠한 사람이 되어야 마땅하냐 거룩한 행실과 경건함으로 하나님의 날이 임하기를 바라보고 간절히 사모하라 그 날에 하늘이 불에 타서 풀어지고 물질이 뜨거운 불에 녹아지려니와 우리는 그의 약속대로 의가 있는 곳인 새 하늘과 새 땅을 바라보도다"(벧후 3:7, 10-13)

그러므로 우리는 이 땅에서 잠시 나그네로 살아가고 있다.

아담 이후에 태어난 모든 사람들은 이 땅에서 70-80년을 살아가고, 장수하면 100년까지 살아갈 것이다. 뿐만 아니라 우리가 지금까지 살아온 시간은 이미 지나가 버렸기 때문에 우리 각자는 과연 이 땅에서 살아갈 시간이 얼마나 남아 있는지 바로 알아야 한다. 그나마 우리 예수님이 재림하시면 우리 모두는 모든 것을 내려놓고, 이 땅에서의 삶을 마감하고, 이 땅을 떠나야 한다. 그런 우리가 이 땅에 보물을 쌓아 두는 것은 옳지 않다.

그렇다면 이 땅과 비교되는 하늘나라의 기간은 얼마나 길까?

성경이 말하는 하늘나라의 기간은 영원한 기간이다. 그렇다면 영원한 하늘나라의 기간과 이 땅의 기간을 비교해보면 얼마나 차이가 날까? 과연 무엇으로 비교해야 그 차이를 정확하게 설명할 수 있을까?

아마 하늘나라의 기간과 이 땅의 기간을 비교한다면 이 땅의 기간은 아주 작은 점으로 비유할 수 있고, 하늘나라의 기간은 옆으로 그어진 아주 굉장히 긴 화살표 선으로 비유할 수 있을 것이다. 그러므로 이 땅에서의 기간은 너무나 짧지만 하늘나라의 기간은 영원한 기간이다. 사실 이 땅에서의 기간과 하늘나라의 기간은 엄청난 차이가 있다.

† 이 땅에서의 삶이 영원한 삶을 결정한다.

그런데 우리가 아주 짧은 기간인 이 땅에서의 삶이 영원한 하늘나라의 삶을 결정한다. 우리가 이 땅에서 무엇을 선택하고, 어떻게 살았는지에 따라 영원한 하늘나라에서 받는 상급이 결정된다.

그러므로 이 땅에서 행하는 우리의 모든 일들이 영원한 관점에서 바라보면 엄청나게 중요하다. 오늘 우리가 믿음으로 기도하고, 우리의 주인 되시는 하나님을 예배하고, 우리의 소유와 물질을 사용하여 영혼을 구원하고 섬기는 일들이 영원히 기억이 되어 상급으로 결정이 된다.

그러므로 완전한 복음으로 구원받은 우리 그리스도인들에게 이 땅에서의 삶이 너무나 중요하다. 우리가 장차 들어갈 하늘나라에서 받을 상급을 생각한다면 우리는 이 땅에서 결코 함부로 살 수 없다.

우리 하나님께서 우리가 이 땅에서 어떻게 살아왔는지를 정확하게 아시고, 우리가 이 땅에서 보물을 하늘에 쌓았을 때 그것을 정확하게 아시고, 미래에 들어갈 하늘나라에서 영원한 상급으로 갚아 주시기 때문이다. 결국 이 땅에서 하늘에 보물을 쌓은 그리스도인들은 영원한 하늘나라에서 영원히 기억이 되어 영원토록 축복을 누릴 수 있기 때문이다. 어떻게 그렇게 짧은 이 땅에서의 삶이 그렇게 긴 영원한 하늘나라에서 받을 상급이 결정되는지 우리는 온전히 이해할 수 없지만 우리 하나님께서 그렇게 정하셨다는 사실을 우리는 성경을 통해서 알아야 한다.

그러므로 우리 그리스도인들은 구원을 받고 천국에 들어가는 것만으로 만족해서는 안 된다. 우리는 아무런 상급이 없는 부끄러운 구원을 받은 사람이 아니라 천국에서도 상급을 받고 영원토록 축복을 누리는 사람이 되어야 하기 때문이다. 하늘에서의 모든 그리스도인의 상급과 축복은 결코 동일하지 않다.

그러므로 랜디 알콘은 그 차이를 이렇게 설명했다.

"우리는 심판대 앞에 잠간 섰을 때만 재판관이 우리의 행위에 대해 형식적인 추궁을 하고, 우리의 모든 불순종과 놓친 기회들은 하늘나라에서의 삶에 전혀 상관이 없을 것이라고 생각하기 쉽다. 하늘나라에서 하나님은 모든 사람들을 동일하게 만드시고, 이기적이고 다른 사람들에게 무관심하게 살았던 사람들과 무릎으로 기도하고, 배고픈 사람들을 먹이고, 모든 것을 다 동원해서 복음을 전했던 사람들을 차별 없이 대우하실까? 성경은 그렇지 않다고 분명하게 말한다. 당신은 이 세상을 떠날 때 가져갈 수 없는 보화를 쌓은 사람으로 기억되기를 원하는가? 아니면 잃어버릴 수 없는 하늘나라에 보물을 쌓은 사람으로 기억되기를 원하는가?"

랜디 알콘은 이 사실을 강조하기 위해 도날드 반하우스의 글을 인용한다.

"우리는 영원의 관점에서 살아야 한다. 우리의 모든 생각과 마음의 의도는 주님께서 다시 오실 때 정밀 조사를 받게 될 것이다. 그리스도의 심판대 앞에서는, 주님 앞에서 하나님의 영광을 위해 구별되어 살았던 그리스도인과 교만과 자기 의와 이기적인 사람과 자기만족을 위해서만 살다가 죽기 직전에 간신히 구원을 받은 평범한 그리스도인이나 타락하고 악한 삶을 살다가 마지막에 간신히 구조선을 탄 그리스도인과는 확연히 다를 것임을 확신할 수 있다. 모두가 하늘나라에 살게 될 것이지만 그 차이는 영원할 것이다."

이 땅에서 하늘에 보물을 쌓지 않고, 이 땅에 소망을 두고 이 땅에 보물을 쌓은 사람들은 반드시 영원토록 부끄러움을 당할 것이다. 이 땅에서 하늘에 보물을 쌓은 사람들을 영원토록 부러워해야 하기 때문이다. 그래서 우리 예수님께서는 이 땅에 보물을 쌓아 두지 말고, 하늘에 보물을 쌓아 두라고 말씀하셨다.

그렇다면 성경은 하늘나라와 이 땅을 어떻게 비교하고 있을까?

먼저 고린도후서에서 말하는 바울의 비교를 살펴보자.

"우리가 잠시 받는 환난의 경한 것이 지극히 크고 영원한 영광의 중한 것을 우리에게 이루게 함이니 우리가 주목하는 것은 보이는 것이 아니요 보이지 않는 것이니 보이는 것은 잠깐이요 보이지 않는 것은 영원함이라 만일 땅에 있는 우리의 장막 집이 무너지면 하나님께서 지으신 집 곧 손으로 지은 것이 아니요 하늘에 있는 영원한 집이 우리에게 있는 줄 아느니라 참으로 우리가 여기 있어 탄식하며 하늘로부터 오는 우리 처소로 덧입기를 간절히 사모하노라 이렇게 입음은 우리가 벗은 자들로 발견되지 않으려 함이라 참으로 이 장막에 있는 우리가 짐진 것 같이 탄식하는 것은 벗고자 함이 아니요 오히려 덧입고자 함이니 죽을 것이 생명에 삼킨 바 되게 하려 함이라 곧 이것을 우리에게 이루게 하시고 보증으로 성령을 우리에게 주신 이는 하나님이시니라 그러므로 우리가 항상 담대하여 몸으로 있을 때에는 주와 따로 있는 줄을 아노니 이는 우리가 믿음으로 행하고 보는 것으로 행하지 아니함이로라 우리가 담대하여 원하는 바는 차라리 몸을 떠나 주와 함께 있는 그것이라 그런즉 우리는 몸으로 있든지 떠나든지 주를 기쁘시게 하는 자가 되기를 힘쓰노라 이는 우리가 다 반드시 그리스도의 심판대 앞에 나타나게 되어 각각 선악간에 그 몸으로 행한 것을 따라 받으려 함이라"(고후 4:17-5:10)

바울은 여기서 이 땅에서의 삶과 하늘나라에서의 삶을 비교하여 설명한다. 잠시와 영원함, 경한 것과 중한 것, 환난과 영광, 보이는 것과 보이지 않는 것, 땅에 있는 장막 집과 하늘에 있는 영원한 집을 비교한다. 그러므로 우리가 이 땅에서 하늘나라를 위해 살아갈 때 환난을 당할 수 있지만 그러한 환난은 우리에게 하늘나라에서 받을 영원한 영광을 이루어주는 것이다. 그러므로 우리가 주목하는 것은 보이는 이 땅이 아니라 보이지 않는 하늘나라를 바라보는 것이다. 왜냐하면 보이는 이 땅은 잠 깐이지만 보이지 않는 하늘나라는 영원하기 때문이다.

그리고 이 땅에서의 우리 육신의 몸은 장막 집으로 비유된다.

그리고 장막 집은 곧 무너질 때가 있는 것이다.

여기서 우리의 장막 집이 무너지는 것은 바로 죽음이기 때문에 바울 은 죽음 이후의 삶을 다루고 있다. 우리의 장막 집이 무너지면 이제는 하 늘에 있는 하나님이 지으신 영원한 처소가 준비되어 있다. 하늘에 있는 영원한 처소는 영원히 죽지 않는 부활의 새로운 몸을 지칭한다.

그러므로 바울도 자신이 비록 이 땅에 살고 있지만 하늘로부터 오는 부활의 몸을 덧입기를 간절히 사모했다. 그리고 이 모든 것을 이루어 주기 위해서 우리 하나님께서 우리에게 성령을 보증으로 보내주셨다.

그러므로 바울은 이러한 소망이 있었기 때문에 믿음으로 행하고 보 이는 것으로 행하지 않았던 것이다. 그리고 바울은 담대하여 간절히 원 하는 것은 차라리 몸을 떠나 하늘나라에서 영원히 주와 함께 있기를 원 하였다. 그러면서 바울은 자신이 이 땅에서 살아가든지 하늘나라에서 주와 함께 살아가든지 주를 기쁘시게 하는 사람이 되기를 힘썼다고 고 백한다. 바울이 왜 그렇게까지 노력하고 힘을 쓴 이유가 무엇일까? 그 이유는 고린도후서 5장 10절에 자세히 나타나 있다.

"이는 우리가 다 반드시 그리스도의 심판대 앞에 나타나게 되어 각각 선악 간에 그 몸으로 행한 것을 따라 받으려 함이라"

† 그리스도의 심판대

여기에 언급된 "그리스도의 심판대"가 무엇인가? 그리스도의 심판대는 우리 그리스도인들이 각자가 이 땅에서 우리의 몸으로 어떻게 행하였는지에 따라서 반드시 선악 간에 심판을 받는 것을 말한다. 물론 여기에 언급된 "그리스도의 심판대"는 믿지 않는 사람들이 지옥에 들어가는 백보좌 심판을 말하는 것이 아니다.

하지만 우리 그리스도인들도 이 땅에서 각자가 자신의 몸으로 어떻게 살았는지에 대해서 반드시 그리스도의 심판대 앞에 서서 심판을 받고, 이 땅에서 주님을 위해 봉사하고 하늘에 보물을 쌓은 사람들은 놀라운 상급을 받게 되지만 그렇지 못한 사람들은 상급을 받지 못하고 오히려 부끄러움을 당하기 때문이다.

그러므로 그리스도의 심판대를 가장 적절하게 알려주는 말씀은 고린도전서 3장 12절부터 15절 말씀이다.

"만일 누구든지 금이나 은이나 보석이나 나무나 풀이나 짚으로 이 터위에 세우면 각 사람의 공적이 나타날 터인데 그 날이 공적을 밝히리니 이는 불로 나타내고 그 불이 각 사람의 공적이 어떠한 것을 시험할 것임이라 만일 누구든지 그 위에 세운 공적이 그대로 있으면 상을 받고 누구든지 그 공적이 불타면 해를 받으리니 그러나 자신은 구원을 받되 불 가운데서 받은 것 같으리라"

여기서 말하는 '각 사람의 공적'은 우리의 믿음의 행함을 나타내며, 우리가 가진 자원을 가지고 주님을 위해서 행한 것을 말한다. 우리가 행한 공적이 영원한 하늘나라에서 어떤 상급을 받을 것인지 하나님의 거룩한 불로 판가름이 날 것이다. 그러므로 성경은 우리 그리스도인들의 선한 행실을 강조한다.

"또 내가 들으니 하늘에서 음성이 나서 이르되 기록하라 지금 이후로 주 안에서 죽는 자들은 복이 있도다 하시매 성령이 이르시되 그러하다 그들이 수고를 그치고 쉬리니 이는 그들의 행한 일이 따름이라 하시더라"(계 14:13)

이 말씀에 의하면 주 안에서 죽은 자들은 복이 있다고 말씀하시며, 죽은 성도들은 이제 하늘나라를 위한 수고를 그치고, 하늘나라에서 영원히 쉬게 되는데 그들이 행한 일이 따라온다고 했다. 그리고 요한계시록은 부활한 성도들이 하늘나라에서 어린양의 혼인잔치에 참여하게 되는데 그 잔치에 참여한 그리스도인들이 입은 깨끗한 세마포 옷은 성도들의 옳은 행실이라고 소개한다.

"우리가 즐거워하고 크게 기뻐하며 그에게 영광을 돌리세 어린 양의 혼인 기약이 이르렀고 그의 아내가 자신을 준비하였으므로 그에게 빛나고 깨끗한 세마포 옷을 입도록 허락하셨으니 이 세마포 옷은 성도들의 옳은 행실이로다 하더라"(계 19:7-8)

그러므로 우리는 구원은 믿음으로 받지만 하늘의 상급은 행함으로 받는다. 그러므로 우리는 선한 일을 하기 위해서 구원을 받았다. 우리 하나님은 우리가 사랑으로 다른 사람들을 섬기는 것을 결코 잊지 아니하시고, 반드시 기억하시기 때문에 하늘의 상급으로 갚아 주신다.

"하나님은 불의하지 아니하사 너희 행위와 그의 이름을 위하여 나타

낸 사랑으로 이미 성도를 섬긴 것과 이제도 섬기고 있는 것을 잊어버리지 아니하시느니라"(히 6:10)

하나님이 잊지 않으신다고 분명하게 말씀하셨다. 그러므로 상급으로 갚아 주시는 것이다.

그러므로 천로역정의 저자인 존 번연도 그리스도인의 상급에 대해서 이렇게 말했다.

"우리가 하늘나라에 들어가 영화롭게 되었을 때에 이 땅에서 하나님을 위해 행했던 모든 일에 대해 상급을 주실 것을 기억한다면 선한 일에 힘쓰는 것이 당연하지 않겠는가?"

그러므로 랜디 알콘은 영원한 관점이 무엇인지 이렇게 말했다.

"현재를 미래의 관점에서 바라보고, 영원의 관점에서 시간을 생각하며, 희생 후에 따라올 상급을 추구하고, 면류관을 기대하며 십자가를 지라" 그러므로 우리는 예수님의 권면을 받아드려 하늘에 보물을 쌓아야 한다. 그렇다면 하늘에 보물을 쌓을 두 번째 기회가 있을까?

3. 두 번째
기회가 있는가?

"너희를 위하여 보물을 땅에 쌓아 두지 말라 거기는 좀과 동록이 해하며 도둑이 구멍을 뚫고 도둑질하느니라 오직 너희를 위하여 보물을 하늘에 쌓아 두라 거기는 좀이나 동록이 해하지 못하며 도둑이 구멍을 뚫

지도 못하고 도둑질도 못하느니라 네 보물 있는 그 곳에는 네 마음도 있느니라"(마 6:19-21)

우리 그리스도인들에게 하늘에 보물을 쌓을 수 있는 두 번째 기회가 있을까? 우리 그리스도인들은 이 땅에서 잠시 살다가 반드시 하늘나라로 떠나야 한다. 우리가 죽으면 이 땅에서의 생활은 즉시 끝나고 하늘나라의 생활로 즉시 이동한다.

그러므로 우리가 죽으면 하늘에 보물을 쌓을 수 있는 두 번째 기회란 없다. 우리가 하늘에 보물을 쌓으려면 우리가 죽기 전에 이 땅에서 보물을 하늘에 쌓아야 한다. 그러므로 우리 그리스도인들은 언제 죽을지 모르기 때문에 오늘 바로 여기에서 하늘에 보물을 쌓기 위해서 최선을 다해야 한다.

그럼에도 불구하고 미래에 있을 하늘의 상급을 바라보지 않기 때문에 그리스도인들도 마치 미래가 없는 사람들처럼 현실을 살아간다. 우리의 인생에서 무엇이 중요한지를 깨닫지 못하고 아주 사소한 것에 목숨을 걸고 살아가고 있다. 요즘 유행하는 스타들의 이름을 외우고, 케이팝 가수가 부른 노래의 가사를 외우며, 세상의 다양한 것들에 관심을 가지고 즐기다보니 미래를 생각할 여유가 없다. 결국 이 세상을 즐기다가 우리 인생이 끝나면 하늘나라에서 받을 상급을 준비할 기회를 놓쳐버린다.

랜디 알콘은 두 번째 기회가 없다는 것을 상기시키기 위해서 다양한 예를 들어 설명했다.

"농구시합에서 마지막 벨이 울리면 경기는 끝난다. 그 이후에 쏜 슛은 득점으로 인정되지 않는다. 이 땅에서 당신이 가진 자원을 가지고 행한 것이 바로 당신의 자서전이다. 믿음의 펜과 행함의 잉크로 쓰여진 그 책은 영원히 수정되지 않고 보관되며, 하나님은 천사들과 구원받은 성도들과 함께 그 책을 보고 읽을 것이다. 우리는 죽을 때 우리 인생의 초상화에 마지막 사인을 하게 된다. 이제 잉크가 마르면, 초상화가 완성된다. 취미 삼아 사진 작업을 해본 사람들은 현상액의 역할을 잘 알고 있을 것이다. 사진을 인화할 때 원판을 다양한 용액에 적신다. 현상액은 우리 인생에 비유할 수 있다. 사진이 현상액에 들어가기 전까지는 바꿀 수 있다. 그러나 일단 들어가 현상이 되면 그것은 영원히 고정된다. 사진은 완성되었다. 보이는 것이 전부다. 그러므로 우리 육신이 죽은 뒤 영원에 들어가게 되면, 이 땅에서의 삶은 그대로 고정되며 더 이상 고치거나 바꿀 수 없게 된다. 한 학기가 끝나면 우리 각자에게는 학기말 시험이 기다리고 있다. 이 시험은 공정하고 엄격한 인생의 교장선생님에 의해 치러진다. 어떻게 그날을 준비해야 할 것인지 성경에서 제시하고 있는 분명한 가르침을 우리는 얼마나 심각하게 받아들이고 있는가?"

그러므로 우리는 우리의 죽음에 대해서 다시 한 번 심각하게 생각해 봐야 한다. 우리에게 죽음이란 도대체 무엇일까? 우리는 반드시 죽지만 우리가 죽는 시간을 아무도 모른다. 우리가 언제 어떻게 죽을지 아는 사람은 아무도 없다. 하지만 한번 죽는 것은 우리 모두에게 정해져 있다. 우리의 인생을 나그네 길에 비유하면 이 세상은 종착역이 아니라 그저 잠시 들려 가는 휴식처와 같기 때문이다. 인간이 과거라는 역을 출발하여 현실이라는 역을 거쳐 미래라는 종착역에 도착하면 우리의 인생은 끝난다.

여기서 탄생은 과거라는 역이며, 오늘의 삶은 우리가 살고 있는 현실의 역이며, 죽음은 미래의 종착역이다. 하지만 언제 어떻게 죽음의 종착역에 도착할지 아는 사람은 아무도 없다. 우리의 평생은 순식간에 지나가 버린다. 우리의 인생은 시간이 너무도 빨리 지나가기 때문에 너무나 짧고 허무하다. 식물의 모든 풀은 반드시 시들 때가 있는 것처럼 우리의 인생도 시들어 죽을 때가 있다. 이 땅에서의 삶은 그림자 같고, 풀과 같고, 안개와 같다. 안개는 작은 물방울로 되어 있어 햇빛이 비치면 사라지는 것처럼 우리의 인생도 잠깐 있다가 없어지는 제한된 인생이다.

"들으라 너희 중에 말하기를 오늘이나 내일이나 우리가 어떤 도시에 가서 거기서 일 년을 머물며 장사하여 이익을 보리라 하는 자들아 내일 일을 너희가 알지 못하는도다 너희 생명이 무엇이냐 너희는 잠깐 보이다가 없어지는 안개니라"(약 4:13-14)

우리가 이 땅에 태어난 이상 죽음을 피할 수는 없다. 죽음은 창조의 새벽부터 현재까지, 아니 세상 끝 날까지 우리 모두가 경험해야 할 사건이다. 죽음이 모든 사람들에게 이미 정해져 있으니 언제 죽느냐 그것이 문제이다. 우리가 살아가는 중에 이런 저런 약속을 하고, 그 약속을 소홀히 하고 어길 수도 있겠지만 아무도 무시하거나 깰 수 없는 약속은 바로 죽음에 대한 약속이다.

죽음은 사람을 구별하지 않기 때문에 모든 사람의 지위를 같은 위치로 하락시킨다. 죽음은 만민을 차별 없이 대하기 때문에 왕의 궁전에도 가난한 농부의 집을 방문하듯이 쉽게 찾아간다. 죽음은 대통령의 관저에도 자기 집 안방에 들어가듯이 찾아간다. 죽음은 노인을 불러가기도 하며, 심지어 어머니 품속에 있는 갓난아기도 불러가고, 결혼식을 앞둔 사랑스러운 신부도 데려간다. 모든 사람이 죽음을 도외시하고 모르는 체 하려고 애를 쓰지만 모든 사람은 누구나 한번은 경험해야 한다. 죽음이 다가오는 정확한 시간은 아무도 모르지만 죽음의 불청객은 언제라도 우리를 찾아올 수 있다. 그러므로 우리의 생명은 금방이라도 끊어질 것 같은 실에 매달려 있다.

그렇다면 죽음에 대한 가장 중요한 교훈은 무엇일까?

그것은 우리가 살아있을 때 죽음을 미리 준비하는 것이다.

우리는 그 무엇보다도 죽음에 대한 적절한 준비를 해야 한다.

하지만 많은 사람들은 다른 모든 일을 준비하면서도 자신의 죽음에 대해서는 준비하지 않는다. 우리는 교육과 사업과 출세와 취직과 결혼과 노후 생활을 준비하지만 정작 자신의 죽음은 준비하지 않는다. 많은 사람들이 자신은 죽지 않고 영원히 살아갈 것처럼 행동한다.

그러므로 랜디 알콘은 죽음을 준비하는 지혜에 대해 이렇게 말한다.

"인생의 가장 확실한 것이 죽음이라면, 인생 그 이후의 삶을 위해 준비하지 않는 것을 어찌 어리석다 하지 않겠는가? 죽음을 준비하지 않고 방치한 모든 인생은 낭비한 삶이다. 이것이 돈과 소유를 향한 우리의 태도와 무슨 상관이 있는가? 모든 면에서 관계가 있다. 진정한 빛 가운데서 돈과 소유를 바라보지 못하게 만드는 가장 중요한 이유 중의 하나가 오늘날의 삶을 영원한 관점에서 지속적으로 바라보지 않기 때문이다."

이제 우리의 주인이신 예수님이 오시면 이 땅에서의 삶은 끝나고 하늘나라에서 영원한 삶이 시작되어 영원히 지속될 것이다. 그리고 그때까지 사용하지 못한 우리의 모든 재산은 그대로 나두고 떠나야 한다. 그러므로 우리는 이 땅에 보물을 쌓아 두지 말아야 한다.

4. 보물을
   땅에 쌓아 두지 말라.

"너희를 위하여 보물을 땅에 쌓아 두지 말라 거기는 좀과 동록이 해하며 도둑이 구멍을 뚫고 도둑질하느니라 오직 너희를 위하여 보물을 하늘에 쌓아 두라 거기는 좀이나 동록이 해하지 못하며 도둑이 구멍을 뚫지도 못하고 도둑질도 못하느니라 네 보물 있는 그 곳에는 네 마음도 있느니라"(마 6:19-21)

우리가 보물을 땅에 쌓아 두지 말아야할 이유가 무엇인가?

우리가 살아가는 이 땅에서의 삶은 너무나 짧고 하늘에 보물을 쌓지 아니하면 어리석은 사람이 되기 때문이다.

우리 인생은 사는 날이 적고, 그림자 같이 신속하고, 평생이 순간적으로 지나가기 때문에 시편 기자는 우리의 죽음을 날아가는 화살에 비유했다. 어떤 사람이 화살을 가지고 목표물을 향해 쏘았을 때 화살을 쏘는 순간이 탄생이요, 화살이 날아가는 과정이 인생이요, 목표물에 닿는 순간이 죽음이다. 따라서 우리는 죽음을 향해 걸어가는 것도 아니요, 뛰어가는 것도 아니요, 날아가고 있다. 우리 인생의 전체를 생각해 보면 세월과 시간이 어렸을 때에는 기어가고, 청소년 때에는 걸어가고, 청년의 때에는 뛰어가고, 노인의 때에는 날아간다. 우리가 어릴 때에는 시간이 빨리 지나서 어른이 되고 싶지만 막상 어른이 되면 하는 일없이 세월만 보내고 있다는 생각이 든다. 그러므로 모세는 세월이 얼마나 빠른지 날아가는 것에 비유했다.

"우리의 모든 날이 주의 분노 중에 지나가며 우리의 평생이 순식간에 다하였나이다 우리의 연수가 칠십이요 강건하면 팔십이라도 그 연수의 자랑은 수고와 슬픔뿐이요 신속히 가니 우리가 날아가나이다"(시 90:9-10)

그러므로 우리가 살아갈 인생의 기간이 얼마 남지 않았다는 것을 알았다면 우리는 이제 이 땅에 보물을 쌓아두지 말아야 한다. 우리가 이 땅에 쌓아둔 보물은 우리가 죽을 때 하나도 가지고 갈 수 없고, 우리가 아무리 많은 보물을 쌓아 두었다 하더라도 그 모든 보물들은 물거품처럼 사라져 버리기 때문이다.

"사람이 치부하여 그의 집의 영광이 더할 때에 너는 두려워하지 말지어다 그가 죽으매 가져가는 것이 없고 그의 영광이 그를 따라 내려가지 못함이로다 그가 비록 생시에 자기를 축하하며 스스로 좋게 함으로 사람들에게 칭찬을 받을지라도 그들은 그들의 역대 조상들에게로 돌아가리니 영원히 빛을 보지 못하리로다 존귀하나 깨닫지 못하는 사람은 멸망하는 짐승 같도다"(시 49:16-20)

중국의 진시황제나 이집트의 파라오 왕들은 자신들이 죽을 때 많은 보물을 가지고 가려고 자신들의 무덤으로 가지고 갔지만 아무리 많은 시간이 흘러도 그 보물들은 모두 무덤에 그대로 남아 있었다. 그러므로 시편 기자가 말하는 것처럼 사람이 치부하여 엄청난 부자가 되더라도 죽으면 아무것도 가지고 갈 수 없다. 물질의 영광이 그를 따라 내려가지 못하는 것이다. 그러므로 이러한 사실을 깨닫지 못하고 그저 이 땅에 보물을 쌓는 사람들은 이 땅에서는 존귀하나 멸망하는 짐승과 같다.

그러므로 다윗도 이 땅에서의 삶이 얼마나 짧은지 자신의 살아갈 날이 한 뼘 길이만큼 되었다고 말하며, 자신의 일생이 주 앞에는 없는 것 같기 때문에 인생들이 헛된 일에 분요하며 재물을 쌓아도 누가 취할는지 알지 못한다고 말했다.

"여호와여 나의 종말과 연한이 언제까지인지 알게 하사 내가 나의 연약함을 알게 하소서 주께서 나의 날을 한 뼘 길이만큼 되게 하시매 나의 일생이 주 앞에는 없는 것 같사오니 사람은 그가 든든히 서 있는 때에도 진실로 모두가 허사뿐이니이다 (셀라) 진실로 각 사람은 그림자 같이 다니고 헛된 일로 소란하며 재물을 쌓으나 누가 거둘는지 알지 못하나이다 주여 이제 내가 무엇을 바라리요 나의 소망은 주께 있나이다"(시 39:4-7)

크래그 힐과 얼 피츠는 우리가 보물을 이 땅에 쌓아두지 말아야할 이유를 설명했다.

"우리가 보물을 이 땅에 쌓아두면 그것들 때문에 우리의 마음이 잘못된 것에 빼앗기게 된다. 우리의 마음이 감정적으로 묶이게 되고 물질을 신뢰하게 된다. 이 땅에 보물을 쌓아두면 이 세상의 증권시장의 붕괴나 인플레와 같은 일들로 인해 우리가 투자한 가치가 별안간 떨어질 때 그런 사람이 감정적으로 큰 어려움을 겪게 될 것이다. 마태복음 6장 19절부터 21절에서 예수님은 좀과 동록과 도둑의 비유를 사용하셨다. 좀은 유통되는 돈이 너무 많아 현재 갖고 있는 돈의 가치가 떨어지는 인플레이션을 말하는 것이다. 사실, 사람들이 투자하는 돈의 증가율은 인플레이션의 비율을 따라가지 못한다. 그리고 동록은 유통되는 돈이 너무 적어 현재 갖고 있는 돈의 가치가 상승하는 디플레이션을 말한다. 이것은 경제 침체를 가져오거나 심지어 상업이 마비되기도 한다. 도둑은 국제 평가절하를 보여주는 것일 수 있는데. 그것은 미화나 다른 외화에 그들의 화폐가 묶여 있는 나라들에서 많은 사람들에게 영향을 끼치게 된다. 그런 뒤 도둑이 뚫고 들어와 훔쳐 가는 것을 예수님은 말씀하신다. 이것은 강세와 악세의 모든 투자 시장의 불안전성을 말한다. 도둑은 금융기관의 붕괴, 은행 파산, 금융시장의 붕괴, 그리고 사기성 투자계획과 같은 것을 말한다."

요한 웨슬리는 아주 부유한 사람으로서 하나님의 위대한 사람, 기도의 사람, 하나님의 말씀에 시간을 투자한 사람이었다. 그는 매일 아침, 자리에서 일어나 헬라어 성경으로 공부하는 시간을 가졌다. 그는 또한 지극히 큰 부자였다. 그는 자신이 쓴 찬송가와 자신이 집필한 책으로 인하여 많은 수입이 있었다. 한 때 그는 영국 화패로 4만 파운드를 기부할 정도로 큰 재산가였다. 하지만 그가 세상을 떠날 즈음에 그의 재산은 28 파운드 밖에 없었다. 그는 결국 이 땅에 보물을 쌓아 두지 않았던 것이다. 웨슬리는 자신에게 돈이 들어오면 곧 바로 다른 사람들을 위해 사용하므로 하늘에 보물을 쌓았던 것이다. 이 얼마나 지혜로운 선택인가?

존 맥아더는 이 땅에 보물을 쌓아 두지 말아야할 이유를 이렇게 제시했다.

어떤 사람은 이 땅에 보물을 쌓아 둔다. 남가주 대학의 어떤 교수는 부동산에 투자하기 위해 일천 달러를 모았다. 그는 여러 가지 사업에 투자하느라 마침내 학생을 가르치는 일까지 그만두게 되었는데 그가 억만장자가 되었기 때문이다. 최근 그는 6천 8백만 달러 상당의 부동산을 매입했다. 현재 그는 이 세상에서 믿을 수 없을 정도로 큰 부자가 되었다. 하지만 그의 모습은 실제보다 15년이나 더 늙어 보였다. 뿐만 아니라 치부를 하는 과정에서 그는 가족까지 모두 잃었다. 그는 이 땅에 수백만 달러를 쌓아 놓았지만 그것이 자신에게 무슨 유익이 있을까?

이런 사람이 이 땅에 보물을 쌓아 두는 사람이다. 많은 사람들은 미래에 닥칠지도 모를 어떤 재난을 준비한다는 구실로 이 땅에 돈을 많이 쌓아 둔다. 하지만 그런 사람들은 하나님께서 자신의 미래를 돌보아 주실 것을 믿지 않는다. 그들은 결코 믿음으로 사는 사람이 아니다.

신약 성경에 등장하는 바리새인들도 돈과 소유에 대해 그릇된 관점을 가지고 있었다. 바리새인들은 전적으로 물질에만 매달려 있었다. 그들은 물질 지향적이었고, 탐욕스러웠고, 욕심이 가득했으며, 남의 것을 탐냈고, 속임수가 많았으며, 더 많은 물질을 손에 넣으려고 애를 썼다. 그들은 소유에 관하여 전반적으로 오해하고 있었다. 그들은 부적절하고 잘못된 기준을 가지고 있었다.

그러므로 우리 예수님은 "너희를 위하여 보물을 땅에 쌓아 두지 말라"고 말씀하셨다. 이것은 결코 무엇을 금지하는 명령이 아니다. 그분은 우리가 올바른 마음의 태도를 가져야 한다고 말씀하신다. 우리가 우리의 가족을 부양하는 일은 옳은 일이다. 장래를 위해서 계획을 세우는 일도 옳은 일이다. 지혜롭게 투자하는 것도 옳은 일이다. 가난한 사람을 돕는 것도 옳은 일이다. 사업을 위해서 충분한 돈을 준비하는 것도 옳은 일이다. 하지만 욕심을 가지고 탐욕을 부리는 것은 옳지 않다. 즉 우리의 마음의 동기가 중요하다.

우리의 모든 생활에서 하나님의 영광을 위하여 그리고 하나님의 나라를 위하여 우리의 물질을 사용한다면 그것은 진정 옳은 일이다. 하지만 우리 자신을 만족시키기 위해서 물질을 이 땅에 쌓아 두는 것은 죄악이다. 그러므로 우리는 하늘에 보물을 쌓아야 한다.

5. 보물을
하늘에 쌓아라.

"너희를 위하여 보물을 땅에 쌓아 두지 말라 거기는 좀과 동록이 해하며 도둑이 구멍을 뚫고 도둑질하느니라 오직 너희를 위하여 보물을 하늘에 쌓아 두라 거기는 좀이나 동록이 해하지 못하며 도둑이 구멍을 뚫지도 못하고 도둑질도 못하느니라 네 보물 있는 그 곳에는 네 마음도 있

느니라"(마 6:19-21)

그렇다면 우리가 이 땅이 아니라 하늘나라를 사모하고 하늘나라에 보물을 쌓아야할 이유가 무엇인가? 만일 우리가 구원받은 그리스도인 이라면 우리가 살아갈 본향은 이 땅이 아니라 하늘나라이기 때문이다. 그러므로 우리는 이 땅에서 잠시 외국인과 나그네로 살아가고 더 좋은 본향인 하늘나라에서 영원토록 살아야 하기 때문에 하늘나라를 사모하고 하늘에 보물을 쌓아야 한다. 그러므로 히브리서 11장에 등장하는 믿음의 영웅들도 하늘에 있는 더 나은 본향을 사모했다.

"이 사람들은 다 믿음을 따라 죽었으며 약속을 받지 못하였으되 그것들을 멀리서 보고 환영하며 또 땅에서는 외국인과 나그네임을 증언하였으니 그들이 이같이 말하는 것은 자기들이 본향 찾는 자임을 나타냄이라 그들이 나온 바 본향을 생각하였더라면 돌아갈 기회가 있었으려니와 그들이 이제는 더 나은 본향을 사모하니 곧 하늘에 있는 것이라 이러므로 하나님이 그들의 하나님이라 일컬음 받으심을 부끄러워하지 아니하시고 그들을 위하여 한 성을 예비하셨느니라"(히 11:13-16)

여기서 '그들이 이같이 말하는 것은 자기들이 본향 찾는 자임을 나타냄이라'라고 말한다. 다시 말해서 히브리서 11장에 등장하는 믿음의 영웅들은 자신들이 본향을 찾는 사람들이라고 늘 입을 열어 선포했다. 그들은 "우리가 비록 이 땅에 살고 있지만 우리는 하늘나라를 바라보고 살아갑니다. 우리가 살아갈 본향은 이 땅이 아니라 하늘나라입니다."라고 말했던 것이다.

이 말씀에 보면 '나온 바 본향'이 있고, '더 나은 본향'이 소개된다. 여기서 '나온 바 본향'은 자신들이 태어난 이 땅의 고향을 의미하고, '더 나은 본향'은 하늘에 있는 본향을 말한다. 그러므로 그들은 이 땅의 본향이 아니라 하늘에 있는 본향을 사모했다. 그러므로 우리 하나님께서는 그들의 하나님이라고 일컬음 받으심을 부끄러워하지 않았다. 하지만 우리가 하늘의 본향을 사모하지 않고, 이 땅에 관심을 두고 살아간다면 우리가 하나님을 아버지라고 부르면 우리 하나님께서 부끄러워하신다. 그래서 우리 하나님은 그들을 위해서 한 성을 예비하셨다.

여기에 있는 한 성이란 무엇인가?

바로 요한복음 14장 1절부터 4절에서 우리 예수님께서 말씀하시는 우리를 위한 처소이다. 우리 예수님은 하늘나라에 우리가 영원히 살아갈 처소를 준비하기 위해서 하늘나라로 가셨다. 그리고 우리의 처소가 준비되면 그분이 다시 와서 우리를 하늘의 처소로 영접하여 주님과 함께 영원히 살게 된다고 약속하셨다. 또한 한 성이란 요한계시록 21장에 등장하는 하늘에 있는 새 예루살렘 성이다. 그러므로 우리가 영원히 살아갈 본향은 하늘에 있기 때문에 우리는 하늘에 보물을 쌓기 위해서 최선을 다해야 한다.

그렇다면 우리는 어떻게 보물을 하늘에 쌓아 둘 수 있을까?

우리 예수님께서는 마태복음 6장 19절부터 21절에서 우리가 죽을 때 아무 것도 가지고 갈 수 없지만 하늘에 보물을 쌓아 둠으로 미리 보낼 수 있다고 말씀하신다. 이 얼마나 놀라운 특권인가? 우리가 죽기 전에 오늘 이 땅에서 하늘나라에 보물을 쌓을 수 있다는 것은 아주 놀라운 특권이다. 하늘에 보물을 쌓는 것은 가장 안전한 투자이기 때문이다. 이 땅에 보물을 쌓으면 잘못될 가능성이 아주 많다. 좀과 동록이 해하며, 도둑이 구멍을 뚫고 도둑질하기 때문이다.

† 좀과 동록과 도둑

그렇다면 여기에 등장하는 좀과 동록이란 무엇일까? 좀은 주로 집안에 살며 서적이나 직물에 피해를 주는 벌레이다. 몸길이가 완전히 자라면 대체로 5-20㎜이지만 어린 좀은 크기가 작을 뿐 성충과 흡사하며 2~3년이 지나야 성숙에 이른다. 좀은 일생 동안 35번(1년에 3-5번) 탈피하는데, 수명이 7년이나 되는 종류도 있다. 좀은 전분성 물질을 먹으며 서적이나 종이를 심하게 훼손시킨다. 또한 동록이란 화학적인 작용으로 쇠붙이가 녹스는 현상을 말한다.

그러므로 좀과 동록과 도둑의 현상을 물질이나 돈에 적용시키면, 돈의 가치가 떨어지는 인플레이션 현상과 돈의 가치가 올라가는 디플레이션 현상과 돈의 교환가치의 하락을 나타내는 평가절하를 말한다. 그러므로 인플레이션은 상당기간에 걸쳐 일반 물가가 오르는 현상으로 화폐가치는 상대적으로 하락한다. 인플레이션은 대체로 실물의 흐름에 비하여 통화가 과다하게 팽창하였거나 총수요가 총 공급보다 많을 경우에 발생한다. 인플레이션은 일반 물가수준을 나타내는 지표로서 소비자물가지수, 도매물가지수, 지엔피디플레이터 등이 있는데 인플레이션의 지표는 소비생활에 미치는 영향과 관련된 소비자물가지수를 대체로 사용한다.

또한 디플레이션은 통화량이 상품 거래량보다 상대적으로 적어서 물가가 떨어지고 경제 활동이 침체되는 현상으로 오늘날에는 생산량의 감소, 실업의 증가 등 경제 활동의 침체를 의미한다. 디플레이션이 진행되면 기업 활동이 둔화하고 실업자가 증가하며 국민 소득도 감소한다.

그 결과 소비가 줄고 생산과 고용이 감소하여 불경기에 빠진다. 디플레이션에서는 통화량이 상대적으로 부족한 상태여서 생산된 재화가 소비되지 않는 것은 당연한 사실이다. 소비되지 않으면 생산도 줄고, 실업자는 증가하여 결국 불경기가 찾아온다.

또한 평가절하는 금이나 은, 또는 외국 화폐단위에 대하여 한 나라의 화폐단위가 지니는 교환가치의 하락을 의미한다. 평가절하는 수입국의 통화로 표시한 자국 수출품의 가격을 인하하는 동시에 자국 구매자들에게 수입품의 가격을 인상시키는 효과가 있기 때문에, 계속되는 국제수지 적자를 줄이기 위한 수단으로 사용된다.

그러므로 하늘에 보물을 쌓으면 좀과 녹과 도둑이 해를 입히지 않기 때문에 가장 안전하다. 그러므로 돈을 가장 안전하게 보관할 수 있는 장소는 스위스 국제은행이 아니라 하늘나라 한 곳밖에 없다. 그러므로 우리가 소유한 물질을 하나님의 나라와 다른 사람에게 너그럽게 베푸는 일에 사용하면 가장 안전한 하늘에 보물을 쌓는 것이다. 그러므로 바울은 우리가 물질을 사용하여 선을 행하고 선한 사업을 많이 하고, 나누어 주기를 좋아할 때 장래에 자기를 위하여 가장 좋은 터를 쌓는 것이라고 말했다.

"네가 이 세대에서 부한 자들을 명하여 마음을 높이지 말고 정함이 없는 재물에 소망을 두지 말고 오직 우리에게 모든 것을 후히 주사 누리게 하시는 하나님께 두며 선을 행하고 선한 사업을 많이 하고 나누어 주기를 좋아하며 너그러운 자가 되게 하라 이것이 장래에 자기를 위하여 좋은 터를 쌓아 참된 생명을 취하는 것이니라"(딤전 6:17-19)

그러므로 감옥에서 "천로역정"이라는 책을 쓴 존 번연도 이렇게 말했다.

"당신이 하나님을 위해 행한 모든 선한 일들을 말씀에 근거하여 행하였다면, 사람들과 천사들이 보는 앞에서 하늘의 영원한 상급으로 저축될 것이다."

그러므로 우리는 누구를 위하여 보물을 하늘에 쌓아두어야 할까? 바로 우리 자신을 위해 보물을 하늘에 쌓아두어야 한다. 물질을 하나님께 드리는 사람이 영원한 하늘나라에서 가장 큰 축복을 받기 때문이다.

그러므로 크래그 힐과 얼 피츠는 하늘에 보물을 쌓아 두는 비결을 제시했다.

"예수님은 우리를 위하여 하늘에 보물을 쌓아 두라고 일러주셨는데, 하늘은 좀의 벌레나 동록의 녹스는 현상이나 도둑의 문제들이 존재하지 않는 곳이며, 우리의 마음이 물질적인 보물과 연관 되어도 안전한 곳이기 때문이다. 하나님은 우리가 보물이라고 여기는 것을 자연적으로 추구하도록 우리 마음을 만드셨다. 결과적으로 그분은 우리가 보물을 올바른 곳에 두어 우리의 마음이 참된 가치가 있는 것을 추구하기를 원하신다. 모든 문제와 세상의 경제 시스템은 우리가 하늘에 쌓은 보물에 영향을 미칠 수 없다. 그러므로 우리는 예수님이 '오직 너희를 위하여 보물을 하늘에 쌓아두라'고 명령하신 말씀을 실행하는 비결을 배워야 한다. 예수님은 우리의 삶에 대하여 큰 비전을 가지고 계시기 때문에 우리가 하나님의 계획을 이루기 위해서는 많은 돈이 필요하다는 것을 알고 계셨다. 그러므로 그분은 인플레이션이나 디플레이션 또는 가치에 대한 평가절하나 도둑에 의해 제한을 받지 않는 증가와 배가가 일어나는 하나님 나라의 부자가 되는 원리를 알려주신 것이다."

크래그 힐과 얼 피츠는 계속해서 예수님이 젊은 부자 관원에게 재산을 팔아 가난한 사람들에게 나누어 주라고 도전하신 내용을 통해서 하늘에 보물을 쌓아 두는 비결을 제시해 주셨다.

"예수께서 그를 보시고 사랑하사 이르시되 네게 아직도 한 가지 부족한 것이 있으니 가서 네게 있는 것을 다 팔아 가난한 자들에게 주라 그리하면 하늘에서 보화가 네게 있으리라 그리고 와서 나를 따르라 하시니 그 사람은 재물이 많은 고로 이 말씀으로 인하여 슬픈 기색을 띠고 근심하며 가니라"(막 10:21-22)

"예수님은 여기서 우리를 위하여 보물을 하늘에 쌓아두는 비결을 말씀해 주셨다. 예수님은 이 청년의 재물이 그의 보물이며, 사탄의 역사로 그 부자 청년이 덫에 걸려 있는 것을 분별하셨다. 그렇기 때문에 그 부자 청년은 예수님이 지시하신 것을 순종할 수 없었다. 예수님은 그를 사랑하셨고 그가 자유롭게 되기를 원하셨기 때문에 어떻게 자유를 얻을 수 있는지를 그에게 말씀해 주셨다. 그는 모든 소유와 재물을 돈으로 바꾸어 다른 사람들에게 주어야 했다. 이 방법으로 그는 마귀 사탄의 역사를 차단하고, 물질을 통해 경배를 받을 수 있는 마귀 사탄의 권세와 능력을 빼앗아 버리는 것이다. 예수님이 '하늘에서 네게 보화가 있으리라'라고 말씀하시면서 이 청년이 순종하여 예수님이 주라하실 때마다 줄 때에 그가 주는 것은 하늘에 있는 보화로서 그에게 속한 하늘 계좌에 입금이 된다는 것을 아셨다. 불행이도 이 젊은이는 그 패러다임의 변화를 이해할 수 없어 그 기회를 놓치고 말았다. 우리는 하늘의 보화를 출금과 입금이 가능한 계좌로 생각할 필요가 있다. 우리는 이 계좌에 돈을 넣고 또 거기서 돈을 찾을 수 있다. 그것은 땅에 있는 은행과 동일한 원리다. 예수님은 그 부자 청년이 미래를 위하여 물질의 필요가 있어야 함을 아셨으며, 그 청년이 자신을 자유롭게 따를 수 있기를 원하셨다. 예수님은 세상 물질의 시스템을 믿는 것이 그 청년을 노예로 묶어 놓고 있다는 것을 아셨다. 그러므로 우리를 위하여 보물을 하늘에 쌓는 것이 물질의 배가를 이루는 물질의 축복을 누리는 비결이다. 그러므로 부자 청년이 예수님께 순종하여 재물을 돈으로 바꾸어 가난한 사람들에게 나누어 주었더라면 예수님께서 '그리하면 하늘에서 보화가 네게 있으리라'고 말씀하신 것처럼 하늘에 보물을 쌓아두어, 물질의 입금이 이루어지고, 미래에 물질이 필요할 때마다 배가된 물질을 출금을 통해 하나님의 나라와 좋은 일에 사용할 수 있었을 것이다. 예수님은 우리의 입금에 관심을 갖고 계시며 그분의 지시에 따라 드리는 우리의 순종을 기뻐하신다. 우리의 주인이 되시는 예수님이 우리에게 주라고 지시하신 대로 줄 때에 입금이 이루어지는 것이다."

† 낡아지지 아니하는 배낭 주머니

예수님께서는 누가복음에서도 하늘에 보물을 쌓는 비결을 배낭 주머니 비유를 통해서 말씀하셨다.

"너희 소유를 팔아 구제하여 낡아지지 아니하는 배낭을 만들라 곧 하늘에 둔 바 다함이 없는 보물이니 거기는 도둑도 가까이 하는 일이 없고 좀도 먹는 일이 없느니라 너희 보물 있는 곳에는 너희 마음도 있으리라"(눅 12:33-34)

여기에 언급된 '낡아지지 아니하는 배낭' 주머니는 하늘에 둔 바 다함이 없는 보물이라고 말씀하신다.

그렇다면 이러한 배낭 주머니를 어떻게 만들 수 있을까?

우리 예수님은 영원토록 낡아지지 아니하는 배낭 주머니를 만드는 비결까지 명확하게 말씀하신다. 예수님께서는 우리의 소유를 팔아 어려운 사람들에게 너그러운 마음으로 베푸는 삶을 통해 낡아지지 아니하는 배낭 주머니를 만들 수 있다고 말씀하셨다.

그러므로 우리의 소유와 물질로 다른 사람들을 도와줄 때 우리는 하늘에 영원히 없어지지 아니하는 보물을 쌓는 것이다. 왜 이것이 우리의 소유와 물질을 사용하여 하늘에 보물을 쌓는 내용과 연관이 있을까?

그러므로 우리는 누가복음 12장 전체가 무엇을 다루고 있는지 자세히 관찰해야 한다. 누가복음 12장 1절부터 12절은 수많은 무리들이 모였지만 예수님께서 먼저 제자들을 대상으로 제자들이 어떤 태도로 사역을 해야 하는지를 가르치셨다. 그리고 13절부터 21절은 아버지가 물려 준 유산을 형이 독차지 한 것을 못마땅하게 여긴 어떤 사람이 예수님께 찾아와 자기 몫을 따로 떼어 달라고 요청하자, 예수님께서는 그 사람의 마음을 꿰 뚫어 보시고 "이 사람아 네 속에 무엇이 들어 있는지 아느냐 탐심이다 그러므로 삼가 모든 탐심을 물리치라 사람의 행복이 소유의 넉넉한 데 있지 아니하니라"라고 말씀하셨다.

예수님께서는 그 사람의 마음에 탐심이 자리 잡고 있음을 보시고 어리석은 부자 비유를 통해서 자기를 위하여 재물을 쌓아 두고 하나님께 대하여 부요하지 못한 어리석은 사람들에 대한 교훈을 가르치셨다.

그렇다면 탐심이란 무엇일까?

어리석은 부자의 문제가 무엇일까?

어리석은 부자는 자기만 생각했다.

그는 모든 농사가 잘되게 하시는 하나님을 바라보지 못하고 생각하지 못했고, 다른 사람의 필요도 보지 못했다. 그러므로 탐심이란 다른 사람의 필요를 보지 못하는 것이다. 그렇다면 탐심의 문제를 해결하는 비결은 무엇인가? 다른 사람의 필요를 보고 자신의 소유를 나누어 주는 것이다. 또한 하나님께 풍성하게 드리는 사람은 탐심의 문제를 해결할 수 있다. 그리고 누가복음 12장 22절부터 34절은 예수님께서 다시 제자들을 대상으로 물질에 관한 교훈과 의식주 문제를 다루는 가운데, 여기 33절에서 낡아지지 아니하는 배낭 주머니에 대한 비유를 말씀하셨다.

그리고 35절부터 40절은 선한 청지기는 주인이 언제 올지 모르기 때문에 늘 깨어 있어야 함을 말씀하시고, 41절부터 48절은 지혜 있고 진실한 청지기가 되어 주인에게 그 집 종들을 맡아 때를 따라 양식을 나누어 줄 때 주인에게 칭찬과 물질의 축복을 받게 되는 내용을 가르치셨다.

그러므로 33절의 낡아지지 아니하는 하늘의 배낭 주머니를 만들라는 것은 우리가 이 땅에서 하늘나라에 들어갈 때까지 물질을 너그럽게 나누어 주고, 주님의 사역에 드림으로 말미암아 하늘에 보물을 쌓는 것을 말하는 것이다.

그러므로 우리의 소유를 팔아 너그러운 마음으로 나누어줌으로 하늘에 보물을 쌓을 수 있다. 우리가 나누어 주는 것은 보물을 하늘나라에 안전하게 보내는 방법이다.

뿐만 아니라 하늘나라에 보물을 쌓는 것은 결코 영원히 없어지지 않는다.

이 땅에 보물을 쌓으면 좀이나 도둑을 통해서 없어질 수 있지만 하늘나라에서는 도둑이 가까이 하지 못하고 좀과 같은 벌레가 먹을 수 없기 때문에 영원토록 낡아지지 아니하는 영원한 보물이 되어 우리가 하늘나라에 들어갔을 때 그 모든 축복을 상급으로 누릴 수 있기 때문이다.

그렇다면 당신의 관심은 어디에 있는가?

6. 당신의 관심은
어디에 있는가?

"너희를 위하여 보물을 땅에 쌓아 두지 말라 거기는 좀과 동록이 해하며 도둑이 구멍을 뚫고 도둑질하느니라 오직 너희를 위하여 보물을 하늘에 쌓아 두라 거기는 좀이나 동록이 해하지 못하며 도둑이 구멍을 뚫지도 못하고 도둑질도 못하느니라 네 보물 있는 그 곳에는 네 마음도 있느니라"(마 6:19-21)

예수님께서 우리의 보물을 땅에 쌓아 두지 말고, 하늘에 쌓아 두라고 말씀하신 다음에 21절에서 '네 보물 있는 그 곳에는 네 마음도 있느니라'라고 말씀하시는 이유가 무엇일까?

우리 예수님께서 이렇게 말씀하셨는데도 불구하고 우리가 마음으로 받아드리지 아니하면 아무런 소용이 없기 때문이다. 우리 하나님께서 성경 전체를 통해서 아무리 강하게 말씀하시고, 예수님의 제자들이 예수님께 배워서 우리에게 강하게 말씀해도 우리가 마음으로 받아드리지 아니하면 아무런 소용이 없기 때문이다. 설교자가 목청을 높이고 이러한 교훈이 혁명적인 개념이라고 큰소리로 외쳐도 우리가 마음으로 받아드리지 아니하면 아무런 소용이 없기 때문이다.

그러므로 우리는 예수님의 말씀에 마음을 열어야 한다.

하늘에 보물을 쌓으라는 말씀을 듣고 우리의 마음의 문을 닫지 말아야 한다.

예수님의 이러한 말씀을 들은 당신의 관심은 어디에 있는가?

하늘인가? 이 땅인가?

잠시 쾌락을 누리는 이 땅의 삶인가?

영원토록 하늘나라에서 상급을 받고 축복을 누리는 삶인가?

진심으로 당신의 마음은 어디에 있는가?

그러므로 우리의 관심이 하늘나라에 있다면 우리는 항상 하늘나라에 관심을 두고 하늘나라에 보물을 쌓기 위해서 전심으로 노력해야 한다.

우리가 보물을 하늘에 쌓으면 우리가 영원한 하늘나라에 들어갈 때 하나님께서 다른 성도들과 천사들 앞에서 우리에게 상급으로 갚아 주시기 때문이다. 그러므로 우리가 하늘나라에 보물을 쌓아둠으로 놀라운 상급을 받을 수 있다는 것을 알면서도 이 땅에 소망을 두고 하늘에 보물을 쌓지 않는다면 어찌 어리석은 사람이라고 말하지 않을까?

그러므로 리처드 백스터는 하늘의 놀라운 상급이 있다는 것을 듣고도 잘못된 반응을 보이는 어리석은 사람들에 대해서 이렇게 말했다.

"이러한 말할 수 없는 영광을 얻게 된다는 것을 듣고 그것이 사실이라고 믿는다면, 그것을 얻으려는 강력한 소망 때문에 어쩔 줄 몰라 해야 하고, 먹고 마시는 것조차 잊어버릴 정도가 되어야 하고, 다른 어떤 것에도 관심이 없어야 하고, 다른 어떤 것도 말하거나 알려고 하지 말아야 하고, 어떻게 이 보물을 가질 수 있는 지에 온통 집중해야 한다. 그런데도 많은 사람들은 하늘의 놀라운 상급에 대한 이야기를 매일 듣고 믿는다고 고백은 하면서도 하늘에 보물을 쌓는 일에 아무런 관심도 없고, 그것을 위해 노력하지도 아니하고, 그것에 대해 어떤 이야기도 들은 적이 없는 것처럼, 그들이 들은 한 단어도 믿지 않는 것처럼 행동한다."

그러므로 우리 예수님은 여기서 우리가 항상 어디에 관심을 두고 살아야 하는지를 말씀하신 것이다. 우리는 언제 어디서나 하늘나라를 생각하고, 그곳에 보물을 쌓기 위해서 노력해야 한다. 하지만 자신의 관심이 하늘에 있지 않고 이 땅에 있는 사람들은 자신의 보물을 이 땅에 쌓아두려고 노력한다. 그러므로 우리의 보물이 있는 그곳에 우리의 마음도 있다. 보물을 하늘나라에 쌓아 두는 사람은 하늘나라에 관심이 있지만 보물을 땅에 쌓아 두는 사람은 이 땅에 관심을 두는 사람이다.

그렇다면 당신의 관심은 어디에 있는가?

하늘인가? 이 땅인가?

당신은 과연 당신의 모든 소유와 물질을 이 땅의 없어질 것들을 위해 사용하는가? 아니면 영원토록 없어지지 아니하는 영원한 하늘나라를 위해서 사용하는가? 결국 당신의 소유와 물질을 사용하는 내용을 통해서 당신의 마음이 어디에 있는지를 알 수 있다. 당신이 사용한 물질의 내용은 영원히 기억이 되어 당신의 마음이 어디에 있는지를 확실하게 보여 주는 증거가 되기 때문이다.

그러므로 당신이 하늘나라에 소망을 두고 살아가는 사람이라면 당신의 소유와 돈을 하늘나라를 위해서 사용해야 한다. 자신은 하늘나라에 소망을 두고 살아가는 사람이라고 고백하면서도 정작 자신이 소유한 물질을 하늘나라를 위해 사용하지 않는다면 그 사람은 결코 하늘나라에 소망을 두고 사는 사람이 아니다.

그러므로 우리 예수님은 청지기직에 대해서 계산할 때 우리가 이 땅에서 사용한 물질의 내역서를 요구할 것이다. 우리가 어디에 돈을 사용했는지를 반드시 따져보고 우리에게 상급을 주실 것이다.

그러므로 하늘에 보물을 쌓는 것은 가장 안전한 투자가 된다. 우리가 하늘나라에 투자한 물질은 영원히 기억이 되어 영원한 배당금으로 되돌려 받을 수 있기 때문이다. 그러므로 자신의 마음이 하늘의 영원한 상급에 있는 사람이라면 세계선교를 위해서 더 많이 드리고, 가난하고 잃어버린 영혼들을 구원하기 위해 자신의 물질을 사용하고, 주님의 몸 된 교회를 위해 자신의 물질을 사용하고, 지상사명 성취를 위해 자신의 모든 것을 희생하며 드릴 것이다.

결국 당신의 마음은 당신이 물질을 사용한 그곳에 있다. 이것은 아무도 속일 수 없는 진실이다. 예수님께서 말씀하신 것처럼 우리의 보물이 있는 그 곳에는 우리의 마음도 있는 것이다. 그러므로 우리의 관심이 영원한 하늘나라의 상급에 있다면 우리의 생명과 시간과 에너지와 재산과 물질과 재능과 모든 것을 우리 하나님의 일에 드려야 한다.

청지기직 사명을
감당하라

하나님께서는 구원받은 우리 그리스도인들을 하나님의 소유를 맡아 관리하는 청지기로 세우셨다. 그렇다면 청지기란 누구인가?

청지기란 다른 사람의 재산을 대신 맡아 관리하는 사람이다.

성경에 등장하는 청지기는 주인집의 재산과 사람을 맡아 관리하며, 집안의 모든 일을 관리하였다. 하나님은 우리에게 청지기의 사명을 잘 감당할 수 있도록 필요한 자원과 권한까지 주셨다. 그러므로 그분의 돈과 소유물을 관리하고 사용할 수 있는 권한을 우리에게 위임하셨다.

성경에 청지기직과 관련된 세 가지 비유가 등장한다.

첫 번째 비유는 누가복음 16장 1절부터 13절에 등장하는 지혜로운 청지기의 비유로서 모든 그리스도인들이 자신에게 주어진 모든 것을 가지고 영원한 미래를 위해 지혜롭게 투자할 것을 가르친다.

두 번째 비유는 마태복음 25장 14절부터 30절에 등장하는 달란트 비유로서 자신에게 주어진 재능을 가지고 장사함으로 자신에게 주어진 책임을 잘 감당해야 함을 가르친다.

세 번째 비유는 누가복음 19장 11절부터 27절에 등장하는 열 므나의 비유로서 자신에게 주어진 동등한 은사와 재물을 가지고 하나님의 나라를 위해 지혜롭게 투자하여 충성스럽게 모든 일을 잘 감당해야함을 가르친다.

그리고 이 세 가지 비유는 우리의 주인이신 하나님께서 잠시 이 세상을 떠나셨지만 그분이 다시 와서 우리가 어떻게 살았는지에 대해 반드시 계산한다는 사실을 보여준다. 그러므로 우리는 하나님의 여러 가지 은혜를 맡은 선한 청지기로서 충성스럽게 봉사해야 한다(벧전 4:10). 또한 하나님의 비밀을 맡은 일꾼으로서 충성스럽게 청지기의 사명을 감당해야 한다(고전 4:1).

그렇다면 우리는 어떻게 청지기 직분을 잘 감당할 수 있는가?

1. 하나님의 소유권을 철저하게 인정하라.

우리가 하나님의 선한 청지기가 되려면 하나님께서 모든 것의 주인이라는 사실을 인식해야 한다. 이 세상의 충만한 모든 것들의 주인은 우리 하나님이시다. 그분이 온 우주 만물을 창조하셨기 때문이다.

그러므로 청지기는 무엇보다도 그분의 소유권을 철저하게 인정해야한다. 우리가 하나님의 소유권을 인정하든지 인정하지 않든지 모든 것의 주인은 본래 하나님이시다. 우리가 하나님의 소유권을 인정할 때 우리는 청지기로서 주인의 재산을 지혜롭고 충성스럽게 관리할 수 있다. 우리가 하나님의 소유권을 인정할 때 우리의 자리를 정확하게 찾아갈 수 있고, 우리가 해야 할 사명이 명확해지고, 우리의 인생이 더 쉬워진다.

그러므로 그분의 소유권을 인정하지 않는 사람은 어느 누구라도 선한 청지기가 될 수 없다. 하지만 우리가 주인의 재산을 맡아 관리하는 청지기라는 사실을 명확하게 알 때, 이 땅에서 영원한 삶을 살아가도록 우리의 관점을 영원한 관점으로 바꾸어준다. 우리의 모든 재능과 시간과 에너지와 돈과 소유와 생명을 다른 관점으로 바라보게 된다. 패러다임의 변화가 이루어지는 것이다.

그러므로 영원한 관점에서 모든 것을 바라보는 것은 혁명적인 개념으로 우리를 하나님 앞에 선한 청지기로 세워준다. 그러므로 하나님의 말씀은 세상 모든 것들의 주인이 누구인지 명확하게 알려준다.

"다윗이 온 회중 앞에서 여호와를 송축하여 이르되 우리 조상 이스라엘의 하나님 여호와여 주는 영원부터 영원까지 송축을 받으시옵소서 여호와여 위대하심과 권능과 영광과 승리와 위엄이 다 주께 속하였사오니 천지에 있는 것이 다 주의 것이로소이다 여호와여 주권도 주께 속하였사오니 주는 높으사 만물의 머리이심이니이다 부와 귀가 주께로 말미암고 또 주는 만물의 주재가 되사 손에 권세와 능력이 있사오니 모든 사람을 크게 하심과 강하게 하심이 주의 손에 있나이다 우리 하나님이여 이제 우리가 주께 감사하오며 주의 영화로운 이름을 찬양하나이다 나와 내 백성이 무엇이기에 이처럼 즐거운 마음으로 드릴 힘이 있었나이까 모든 것이 주께로 말미암았사오니 우리가 주의 손에서 받은 것으로 주께 드렸을 뿐이니이다, 이는 삼림의 짐승들과 뭇 산의 가축이 다 내 것이며 산의 모든 새들도 내가 아는 것이며 들의 짐승도 내 것임이로다 내가 가령 주려도 네게 이르지 아니할 것은 세계와 거기에 충만한 것이 내 것임이로다, 은도 내 것이요 금도 내 것이니라 만군의 여호와의 말이니라, 땅과 거기에 충만한 것과 세계와 그 가운데에 사는 자들은 다 여호와의 것이로다, 토지를 영구히 팔지 말 것은 토지는 다 내 것임이니라 너희는 거류민이요 동거하는 자로서 나와 함께 있느니라, 이는 땅과 거기 충만한 것이 주의 것임이라, 하늘과 모든 하늘의 하늘과 땅과 그 위의 만물은 본래 네 하나님 여호와께 속한 것이로되"(대상 29:10-14, 시 50:10-12, 학 2:8, 시 24:1, 레 25:23, 고전 10:26, 신 10:14)

하나님은 여러 말씀들을 통해서 하나님 자신이 온 세상의 모든 것들의 주인이라고 밝히고 있다. 모든 것들이 다 주께 속하였고, 천지에 있는 것이 다 주의 것이며, 주권도 주께 속하였고, 하나님께서 만물의 주재가 되시고, 모든 것이 주께로 말미암아 존재하게 되었고, 삼림의 짐승들과 뭇 산의 가축이 다 하나님의 것이며, 산의 모든 새들과 들의 짐승도 다 하나님의 것이며, 세계와 거기에 충만한 것이 다 하나님의 것이며, 은도 하나님의 소유요 금도 하나님의 소유이며, 땅과 거기에 충만한 것과 세계와 그 가운데에 사는 자들은 다 여호와의 것이며, 토지는 다 하나님의 것이며, 하늘과 모든 하늘의 하늘과 땅과 그 위의 만물은 본래 다 하나님 여호와께 속한 것이다.

그러므로 우리는 하나님께서 우리에게 모든 것을 다 주셨다는 것을 알아야 한다. 하나님께서 우리에게 광대하심과 권능과 영광과 이김과

위엄과 부귀와 천지에 있는 모든 것을 다 주셨다. 역대상 29장에서 다윗은 자신이 먼저 성전건축을 위해 많은 헌금을 드렸다. 또한 이스라엘 백성들도 그들의 능력에 따라 엄청난 금액을 하나님께 드렸다. 그것을 보고 다윗은 너무나 기뻐서 여호와께 감사로 반응했다. 그리고 다윗은 이 모든 것이 여호와의 은혜로 말미암은 것이라고 고백했다.

그러므로 우리도 다윗처럼 하나님께 무엇을 드릴 때 "여호와께로부터 받은 것을 하나님께 되돌려 드렸을 뿐"이라고 겸손하게 고백해야 한다. 우리는 하나님께서 허락하신 모든 것을 단지 보관하고 관리하는 청지기라는 사실을 명심해야 한다. 또한 모든 물질이 우리의 소유라고 착각하지 말아야 한다. 모름지기 우리가 가지고 있는 모든 것은 하나님의 나라의 확장을 위해서 사용되어야 한다.

그러므로 우리는 하나님의 물질을 맡아 관리하는 선한 청지기가 되어야 한다.

그렇다면 우리는 어떻게 청지기 직분을 잘 감당할 수 있는가?

2. 자신까지도 하나님의
   소유라는 것을 인정하라.

우리가 진정으로 구원받은 그리스도인이라면 우리는 이제 하나님의 소유가 되었다. 예수님께서 자신의 생명과 보혈을 값으로 지불하시고 우리를 사셨기 때문이다.

"너희 몸은 너희가 하나님께로부터 받은 바 너희 가운데 계신 성령의 전인 줄을 알지 못하느냐 너희는 너희 자신의 것이 아니라 값으로 산 것이 되었으니 그런즉 너희 몸으로 하나님께 영광을 돌리라, 우리가 세상에 아무 것도 가지고 온 것이 없으매 또한 아무 것도 가지고 가지 못하리니"(고전 6:19-20, 딤전 6:7)

만일 우리가 하나님의 소유라면 우리에게 속한 모든 것의 주인도 하나님이시다. 사실 우리가 이 세상에 태어날 때 아무 것도 가지고 오지 않았다. 하지만 우리가 이 세상에 태어나서 오늘까지 많은 것들을 소유하고 누리고 있다.

그러므로 하나님은 우리를 하나님의 소유를 맡아 관리하는 청지기로 세우셨다. 우리는 하나님의 소유를 맡아 관리하는 청지기이기 때문에 우리 하나님께서 요구하시면 언제라도 하나님께 모든 것을 되돌려 드릴 수 있어야 한다.

그러므로 우리가 하나님께 물질을 드릴 때에는 하나님께서 주신 물질 가운데 그 중에 얼마를 정하여 하나님의 영광을 위하여 하나님께 되돌려 드리는 것이다. 그러므로 우리의 지갑이 회개하기 전까지 우리는 정확하게 회개한 것이 아니다. 다시 말해서 우리가 물질을 대하는 태도가 달라지지 않았다면 우리는 구원받고 변화된 사람이 아니다.

그러므로 우리가 하나님의 말씀에 따라 올바른 헌금을 드리지 않는다면 우리는 아직까지 하나님을 바르게 믿는 사람이 아니다. 헌금의 액수를 말하는 것이 아니라 수입의 비율에 따라 올바르게 드리지 않는다면 아직까지 변화된 사람이 아니다. 그러므로 우리 자신이 하나님의 소유라는 것을 인정해야 한다.

그렇다면 우리는 어떻게 청지기 직분을 잘 감당할 수 있는가?

3. 오직 하나님만
주인으로 섬겨라.

구원받은 우리 그리스도인들은 오직 하나님만 우리의 주인으로 섬겨야 한다. 우리가 그분을 삶의 주인으로 인정하는 것은 우리 생활의 전 영역에서 그분이 주인이 되시도록 순종하는 삶을 살아가는 것이다. 그렇게 될 때 우리는 오직 하나님만을 삶의 주인으로 인정하는 것이다.

우리의 삶에 대한 절대적인 통치권을 인정하면서 매일의 삶 가운데서 하나님의 뜻에 따라 복종하는 삶이 이루어진다. 우리의 삶의 통치권을 하나님께 되돌려 드림으로 하나님의 뜻이 우리의 삶에서 이루어지도록 순종하는 것이다.

우리가 예수님을 삶의 주인으로 섬기는 것은 모든 것을 내 이름으로 하는 것이 아니라 예수님의 이름으로 하는 것이며, 나의 목표와 나의 영광이 아니라 하나님의 영광이 나의 삶의 목표가 되는 것이다. 나의 왕국이 아니라 하나님의 왕국이 이루어지기를 바라는 것이다. 내 뜻이 아니라 하나님의 뜻이 이루어지기를 바라는 것이다.

그러므로 선한 청지기는 자신의 모든 물질을 하나님의 영광을 위해서 사용한다. 그러므로 예수님께서는 한 사람이 두 주인을 섬길 수 없다고 말씀하셨다.

"한 사람이 두 주인을 섬기지 못할 것이니 혹 이를 미워하고 저를 사랑하거나 혹 이를 중히 여기고 저를 경히 여김이라 너희가 하나님과 재물을 겸하여 섬기지 못하느니라"(마 6:24)

여기에 보면 사람들이 섬기는 대상으로 하나님과 재물이 등장한다. 어떤 것이든 사람은 자신이 가장 중요하게 여기는 것에 자신의 힘과 시간과 관심을 투자한다.

그러므로 우리가 가장 중요하게 여기는 그것이 우리의 선택과 결정에 영향을 미친다. 우리가 가장 중요하게 여기는 그것이 우리를 흥분하게 만든다. 그러므로 어떤 사람은 하나님을 주인으로 섬기고, 또 어떤 사람은 재물을 주인으로 섬긴다. 그리고 여기서 섬긴다는 것은 예배한다는 뜻이다. 만일 어떤 사람이 두 주인을 섬길 수 있다고 말한다면 그 사람은 결코 하나님을 바로 섬길 수 없다.

그렇다면 구원받은 우리 그리스도인들이 섬겨야할 대상은 누구인가? 만일 우리가 구원받은 그리스도인이라면 우리는 오직 하나님만 인생의 진정한 주인으로 섬겨야 한다.

그러므로 우리는 결코 두 주인을 섬길 수 없다.

다시 말해서 하나님과 재물을 동시에 섬길 수는 없는 것이다.

하나님과 재물을 동등한 위치에 두는 것은 하나님께 우선순위를 두는 것이 아니라 우리가 재물을 더 사랑하여 탐심이라는 우상숭배의 죄악을 범하는 것이다. 우리 예수님은 우리가 재물을 소유하는 것을 정죄하는 것이 아니라 재물만을 추구하는 것과 재물을 인생의 목적으로 삼고 섬기는 것을 정죄하는 것이다. 우리가 예수님을 우리 인생의 주인으로 모셨다면 우리의 모든 의지를 동원해서 오직 예수님께 전적으로 순종해야 한다.

그러므로 우리가 오직 하나님을 경외하고, 그분을 우리의 삶의 주인으로 섬긴다면 우리는 물질의 축복을 누릴 수 있다. 솔로몬은 우리가 겸손히 하나님을 경외할 때 물질의 축복과 영광과 건강한 가운데 오래 살게 되는 장수의 축복까지 누릴 수 있다고 말했다.

"겸손과 여호와를 경외함의 보상은 재물과 영광과 생명이니라"(잠 22:4)

그러므로 성경은 우리가 하나님을 간절히 찾을 때 물질의 축복을 누리므로 부족함이 없고, 부귀와 풍성한 재물까지 얻게 된다고 말씀했다.

"여호와를 찾는 자는 모든 좋은 것에 부족함이 없으리로다, 나를 사랑하는 자들이 나의 사랑을 입으며 나를 간절히 찾는 자가 나를 만날 것이니라 부귀가 내게 있고 장구한 재물과 공의도 그러하니라"(시 34:10, 잠 8:17-18)

그러므로 우리는 오직 하나님만 주인으로 섬겨야 한다.

그렇다면 우리는 어떻게 청지기 직분을 잘 감당할 수 있는가?

4. 하나님이 재물 얻을 능력을 주신다고 믿어라.

하나님이 우리에게 재물 얻을 능력을 주신다고 믿는다면 우리는 세상적인 방법으로 부자 되려는 생각을 버려야 한다. 사실 성경에만 부자 되는 원칙이 나와 있는 것이 아니라 세상에도 부자 되는 방법을 말하기 때문에 부자가 되는 다양한 책들이 나와 있다.

"최단기간에 부자 되는 법, 주식으로 부자 되는 법, 부동산으로 부자 되는 법, 100억대 부자 되는 법, 가장 빨리 부자 되는 법"

물론 이러한 책들이 모두 세상적인 방법으로 부자 되는 것을 말하는 것은 아닐 것이다. 하지만 세상적인 방법으로 부자 되는 것과 하나님의 말씀으로 부자 되는 방법은 엄청난 차이가 있다.

그러므로 하나님이 기뻐하시는 참된 부자가 되려면 세상적인 방법으로 부자 되려는 생각을 버려야 한다. 이 세상에 잘못된 방법으로 돈을 버는 사람들이 얼마나 많은가? 그들은 돈을 벌 수만 있다면 무슨 일이라도 하며, 심지어 사람들을 해치고, 사람들을 죽이기까지 한다.

그러므로 세상적인 방법으로 부자 되려는 생각을 버리고, 마음을 새롭게 함으로 변화를 받아 하나님께서 성경을 통해 알려주시는 성경적인 방법으로 부자가 되기로 결심해야 한다.

성경적인 방법으로 부자가 되려면 지금까지 우리가 사용해왔던 세상적인 방법을 버리고, 하나님께서 성경을 통해 알려주시는 방법으로 부자가 되어야 한다. 하나님께서 알려주시는 성경적인 방법으로 부자 되는 것은 완전히 새로운 원칙이다. 하나님이 가르쳐주시는 성경적인 원칙으로 부자가 되면 우리의 마음에 평안과 기쁨과 건강을 누리지만 세상적인 방법으로 부자 되면, 그 부는 오히려 우리를 해롭게 만든다. 그러므로 돈 때문에 망한 사람들이 얼마나 많은가? 오히려 돈이 많아지니 배우자가 바람을 피우고, 부부싸움을 하고, 가정이 파괴되고, 약물 중독으로 고통당하는 사람들이 얼마나 많은가?

그래서 솔로몬은 전도서 5장 13절에서 이렇게 말했다.

"내가 해 아래에서 큰 폐단 되는 일이 있는 것을 보았나니 곧 소유주가 재물을 자기에게 해가 되도록 소유하는 것이라"

하지만 우리가 마음을 새롭게 함으로 변화를 받아 성경에서 알려주시는 원칙으로 부자가 되겠다고 결심하면 하나님께서 우리에게 재물 얻을 능력을 주시므로 우리는 부자가 될 수 있다.

"네 하나님 여호와를 기억하라 그가 네게 재물 얻을 능력을 주셨음이라 이같이 하심은 네 조상들에게 맹세하신 언약을 오늘과 같이 이루려 하심이니라"(신 8:18)

어떤 사람은 자신이 열심히 일함으로 재물을 모았기 때문에 그 재물은 자신의 것이라고 말한다. 그리고 자기가 모은 재물을 가지고 자기가 하고 싶은 대로 하겠다고 말한다. 하지만 우리 하나님께서 우리에게 재물 얻을 능력을 주셨기 때문에 우리는 물질의 축복을 누릴 수 있는 것이다. 그러므로 우리는 우리 힘으로 우리가 벌어서 우리의 돈을 하나님께 드리는 것이 아니다.

매우 가난한 가정에서 태어나 거부가 된 깁슨이라는 사람이 있었다. 어느 경제인 모임에서 사람들이 깁슨에게 빈손으로 거부가 될 수 있었던 비결을 물었다. 청중은 과연 대부호의 입에서 어떤 대답이 나올 것인지 궁금하게 생각했다. 그 때 깁슨은 장내를 한번 살핀 후에 자신이 부자가 될 수 있었던 세 가지 비결을 소개했다.

"내게는 세 가지 생활신조가 있습니다. 첫째는 고생을 두려워하지 않는 것입니다. 둘째는 술을 마시지 않는 것입니다. 셋째는 하나님의 존재를 의심하지 않는 것입니다. 바로 나는 하나님이 나에게 재물 얻을 능력을 주신다고 믿었습니다. 이 세 가지를 지키다보니 자연스럽게 재물이 모아진 것입니다."

청중은 매우 실망스런 표정으로 다시 물었다.

"그거야 우리도 아는 사실이 아닙니까?"

그 때 깁슨은 웃으면서 이렇게 대답했다.

"그렇습니다. 당신들은 남들이 모두 아는 사실을 왜 실천하지 않습니까?"

그러므로 행함이 없는 지식은 무익하다. 성공한 사람들의 공통점은 말보다는 행하는 것을 소중하게 여겼던 사람들이다. 실패한 사람들은 항상 행하기보다는 핑계거리를 찾는다. 그러므로 우리는 하나님이 우리에게 주시는 재물 얻을 능력으로 최선을 다하여 열심히 일해야 한다. 우리는 무엇보다도 단 기간에 부자가 되겠다는 생각을 버려야 한다. 대박이 터지기를 바라면서 복권을 사는 행위도 버려야 한다. 짧은 기간에 부자가 된 사람들은 속히 망할 수 있기 때문이다. 그래서 솔로몬은 이렇게 말했다.

"처음에 속히 잡은 산업은 마침내 복이 되지 아니하느니라"(잠 20:21)

또한 잘못된 방법으로 부자가 되는 것과 올바른 방법으로 부자가 되는 것을 소개했다.

"망령되이 얻은 재물은 줄어가고 손으로 모은 것은 늘어가느니라"(

잠 13:11)

그러므로 잘못된 방법으로 부자가 된 사람들은 속히 망할 수밖에 없겠지만 손으로 모은 것은 늘어나는 것처럼 우리도 성실하게 차근차근 물질을 모으기 위해서 열심히 일해야 한다. 그러므로 우리는 하나님이 우리에게 재물 얻을 능력을 주신다고 믿고 청지기직 사명을 감당해야 한다.

그렇다면 우리는 어떻게 청지기 직분을 잘 감당할 수 있는가?

5. 하나님의 나라와 하나님의 의를 구하라.

"그런즉 너희는 먼저 그의 나라와 그의 의를 구하라 그리하면 이 모든 것을 너희에게 더하시리라"(마 6:33)

우리는 청지기로서 하나님의 나라와 하나님의 의를 구하는 일에 집중해야 한다. 그럴 때 우리 하나님께서는 우리에게 필요한 모든 것을 채워주시겠다고 약속하셨다. 예수님께서는 이 땅에 마귀 사탄의 일을 멸하시고 하나님의 나라를 건설하기 위해 오셨다. 하나님의 아들이 나타나신 것은 마귀의 일을 멸하려 하심이었다(요일 3:8).

그러므로 예수님은 하나님의 나라를 선포하심으로 공적인 사역을 시작하셨다(마 4:17). 그분은 실제로 마귀 사탄의 왕국을 무찌르고, 하나님의 나라를 건설하기 위해서 열심히 사역을 감당하셨다. 예수님은 하나님의 나라의 복음을 전파하셨고, 모든 병과 약한 것을 다 고쳐 주셨고, 모든 앓는 자와 각종 병에 걸려서 고통당하는 자와 귀신 들린 자와 간질하는 자와 중풍병자들을 다 고쳐 주셨다(마 4:23-24).

그러므로 예수님의 치유 하나하나는 마귀 사탄과의 전쟁이었다. 쫓겨난 모든 귀신들은 마귀 사탄의 어둠의 나라가 패배하는 모습을 보여준다. 하나님의 나라가 임하면 마귀 사탄은 패배할 수밖에 없다. 예수님께서 십자가 사건을 통해 마귀 사탄을 이기시고 승리하심으로 하나님의 나라는 이미 시작되었다. 그러므로 우리는 이 땅에 하나님의 나라를 건설해야 한다.

그렇다면 하나님의 나라는 무엇인가?

하나님의 나라는 하나님의 통치권이 이루어지는 곳이다.

하나님의 나라는 지리적인 개념보다 통치적인 개념이 더 강하다.

하나님이 주권을 가지고 다스리시고 통치하심으로 하나님의 역사가 이루어지는 곳이 하나님의 나라이다. 이 땅에서 하나님의 나라가 이루어지려면 하나님의 나라의 왕이 있어야 하고, 다스리는 권세가 있어야 하고, 다스림을 받는 하나님의 백성이 있어야 한다.

그러므로 우리 예수 그리스도께서 하나님의 나라의 왕이 되신다.

그리고 하나님 아버지께서 하늘과 땅의 모든 권세를 예수님께 주셨기 때문에 예수님께서 하나님의 나라를 다스릴 수 있는 권세를 가지셨다. 그리고 하나님의 나라의 백성은 우리 그리스도인들이다. 그러므로 우리는 청지기로서 하나님의 말씀을 선포하고, 간절히 기도함으로 이 땅에 하나님의 나라를 건설해야 한다. 하나님의 나라는 우리 안에, 우리를 통해서, 우리가 있는 곳에서 이루어져야 한다.

그렇다면 우리는 하나님의 나라를 어떻게 건설할 수 있는가?

우리는 복음을 전파함으로 하나님나라를 건설할 수 있다.

예수님께서 이 땅에 계실 때 하나님의 나라의 복음을 전하시려는 강한 열망을 가지고 계셨다. 수많은 무리가 예수님을 찾아다니다가 그분에게 와서 자기들을 떠나지 마시라고 강권했지만 예수님은 그들에게 "나는 다른 동네에서도 하나님의 나라의 복음을 전해야 한다. 나는 이 일을 위하여 보내심을 받았기 때문이다"라고 말씀하시고, 유대 여러 회당에서 복음을 선포하셨다(눅 4:42-44). 그러므로 우리 예수님께서는 하나님의 나라의 복음을 전하려는 강한 열망을 가지고 계셨다. 누가복음 4장 43절에 언급된 헬라어 데이라는 단어는 매우 강한 표현을 나타낸다.

그러므로 예수님은 "나는 이 일을 위하여 보내심을 받았노라. 나는 이 일을 해야만 한다."라고 강하게 말씀하셨다. 그러므로 헬라어 '데이'라는 단어는 강한 표현을 나타낼 때 쓰이는 강조형의 단어다. 예수님이 한 곳에만 머물러서는 하나님의 나라를 건설하는 사명을 수행할 수 없기 때문이다.

그러므로 예수님은 다른 곳에서도 하나님의 나라의 복음을 선포하셨다. 하나님의 나라와 복음은 밀접하게 연관되어 있기 때문이다. 하나님의 나라의 복음은 말뿐만 아니라 사탄의 영역에 종속되어 병으로 고생하는 사람들을 실제적으로 구원하는 능력이 역사로 나타난다. 병자들을 치료하신 것은 하나님의 나라의 복음이 무엇인지를 구체적으로 보여준다. 그러므로 예수님께서는 제자들을 파송하시면서 하나님의 나라가 가까웠으니 복음을 전파하라고 말씀하셨다.

"가면서 전파하여 말하되 천국이 가까이 왔다 하고 병든 자를 고치며 죽은 자를 살리며 나병환자를 깨끗하게 하며 귀신을 쫓아내되 너희가 거저 받았으니 거저 주라"(마 10:7-8)

그러므로 우리도 하나님의 나라의 복음을 전해야 한다. 우리도 사람들이 하나님의 나라를 경험하고 눈으로 볼 수 있도록 복음을 전해야 한다. 우리는 하나님이 주신 권세와 능력으로 어둠의 세력을 물리치고, 잃어버린 영혼들에게 복음을 전파하여 예수님께서 통치하시는 하나님의 나라를 건설해야 한다. 우리가 가진 권세는 하나님이 주신 능력을 사용할 수 있는 법적인 권리이다.

그러므로 우리는 마귀 사탄과 싸울 때 사용할 수 있는 권세와 능력을 가지고 있다. 그러므로 하나님의 나라는 말에 있지 아니하고 오직 능력에 있다(고전 4:20).

하나님은 모든 사람이 멸망을 당하지 않고 다 회개하고 주님께 돌아오기를 바라신다. 우리가 하나님의 나라를 건설하기 위해서 잃어버린 영혼들을 구원하고 마귀 사탄을 물리쳐야 한다. 한 사람이 구원을 받는 것은 마귀 사탄과 싸워 승리하는 것이다. 우리가 영혼을 구원하면 천국의 천사들도 기뻐하고 하늘에서 잔치가 벌어진다(눅 15:10). 이제 우리는 하나님이 주신 권세와 능력으로 마귀 사탄을 무찌르고, 복음으로 영혼을 구원하여 하나님의 나라를 건설해야 한다.

그렇다면 우리는 어떻게 청지기 직분을 잘 감당할 수 있는가?

6. 게으르지 말고
열심히 일하라.

청지기는 책임감을 가지고 부지런하고 성실하게 일해야 한다.

오늘날 우리 사회는 일은 적게 하면서 게임과 놀이와 향락에 빠져드는 사람들이 점차로 늘어나고 있다. 하지만 우리는 성경적인 관점으로 일과 노동을 바라보아야 한다. 우리가 열심히 일하지 않으면 하나님이 주신 부자가 되는 원칙은 작동하지 않기 때문이다. 그러므로 바울은 데살로니가후서 3장 10절에서 "너희에게 명하기를 누구든지 일하기 싫어하거든 먹지도 말게 하라"고 말했다.

또한 솔로몬은 잠언 10장 4절에서 "손을 게으르게 놀리는 자는 가난하게 되고 손이 부지런한 자는 부하게 되느니라"라고 말했다. 그리고 바울은 계속해서 데살로니가전서 4장 11절부터 12절에서 "또 너희에게 명한 것 같이 조용히 자기 일을 하고 너희 손으로 일하기를 힘쓰라 이는 외인에 대하여 단정히 행하고 또한 아무 궁핍함이 없게 하려 함이라"라고 말했다. 그러므로 우리가 열심히 일하지 아니하면 부자가 되기는커녕 궁핍한 사람이 될 수밖에 없다.

그러므로 성경은 우리가 어떤 자세로 일해야 하는지를 자세히 알려준다.

"네 손이 일을 얻는 대로 힘을 다하여 할지어다"(전 9:10)

우리가 최선을 다하여 열심히 일하려면 주님께 하듯이 일해야 한다. 그럴 때 우리는 주님을 섬기는 사람으로 인정을 받아 하나님께 상급을 받기 때문이다.

"무슨 일을 하든지 마음을 다하여 주께 하듯 하고 사람에게 하듯 하지 말라 이는 기업의 상을 주께 받을 줄 아나니 너희는 주 그리스도를 섬기 느니라"(골 3:23-24)

그러므로 우리는 생산적인 일을 하고, 자기의 필요를 위해서 열심히 일해야 한다.

"누구든지 자기 친족 특히 자기 가족을 돌보지 아니하면 믿음을 배반 한 자요 불신자보다 더 악한 자니라, 우리가 너희와 함께 있을 때에도 너 희에게 명하기를 누구든지 일하기 싫어하거든 먹지도 말게 하라 하였 더니"(딤전 5:8, 살후 3:10)

우리 하나님께서 십계명을 통해서 안식일에는 하루를 쉬라고 명령하 셨을 뿐만 아니라 6일 동안은 열심히 일하라고 명령하셨다. 우리는 아 담과 하와가 타락하기 이전에 이미 노동이 있었다는 사실을 바로 알아 야 한다.

그러므로 우리는 저주 받아서 일하는 것이 아니다. 우리 인간은 타락 하기 이전에 하나님께서 창조한 땅을 지배하고 다스리고 정복하는 일 을 하였다. 모든 동물들의 이름을 지어주는 것 또한 인간의 일이었다. 그러므로 열심히 일하는 것은 저주가 아니라 오히려 열심히 일하지 않 는 게으름이야말로 진정한 저주라는 사실을 바로 알아야 한다. 그러므 로 우리가 열심히 일하는 것은 축복이기 때문에 우리가 성실하게 일하 면 반드시 성공할 수 있다.

"손을 게으르게 놀리는 자는 가난하게 되고 손이 부지런한 자는 부하게 되느니라, 네가 자기의 일에 능숙한 사람을 보았느냐 이러한 사람은 왕 앞에 설 것이요 천한 자 앞에 서지 아니하리라, 또 너희에게 명한 것 같이 종용하여 자기 일을 하고 너희 손으로 일하기를 힘쓰라 이는 외인을 대하여 단정히 행하고 또한 아무 궁핍함이 없게 하려 함이라"(잠 10:4, 29, 살전 4:11-12)

우리는 게으르지 말고 부지런히 일해야 함을 개미를 통해서 배워야 한다. 개미는 일을 시키는 사람이 없어도 스스로 자신들의 필요를 채우기 위해서 열심히 일한다. 하지만 우리가 열심히 일하지 아니하면 결국 가난이 강도처럼 찾아오고, 궁핍함이 군사처럼 달려와 우리의 모든 것을 다 빼앗아 간다.

"게으른 자여 개미에게 가서 그가 하는 것을 보고 지혜를 얻으라 개미는 두령도 없고 감독자도 없고 통치자도 없으되 먹을 것을 여름 동안에 예비하며 추수 때에 양식을 모으느니라 게으른 자여 네가 어느 때까지 누워 있겠느냐 네가 어느 때에 잠이 깨어 일어나겠느냐 좀더 자자, 좀더 졸자, 손을 모으고 좀더 누워 있자 하면 네 빈궁이 강도 같이 오며 네 곤핍이 군사 같이 이르리라, 처음에 속히 잡은 산업은 마침내 복이 되지 아니하느니라, 충성된 자는 복이 많아도 속히 부하고자 하는 자는 형벌을 면하지 못하리라, 악한 눈이 있는 자는 재물을 얻기에만 급하고 빈궁이 자기에게로 임할 줄은 알지 못하느니라"(잠 6:6-11, 20:21, 28:20, 22)

그러므로 우리는 일한 것 이상으로 급료를 받으려 하지 말고, 벼락부자가 될 계획을 세우지 말고, 한탕주의 사상을 버리고 열심히 일해야 한다.

그렇다면 우리는 어떻게 청지기 직분을 잘 감당할 수 있는가?

7. 믿음으로
  모든 염려를 물리쳐라.

우리에게 필요한 모든 것을 하나님이 신실하게 공급해 주실 것을 믿고 우리는 염려하지 말아야 한다. 예수님은 마태복음 6장 25절에서 "목숨을 위하여 무엇을 먹을까 무엇을 마실까 몸을 위하여 무엇을 입을까 염려하지 말라"고 명령하셨다.

그러므로 성경이 말하는 부자 되는 원칙은 염려하지 않고, 걱정하지 않고, 하나님이 공급해 주실 것을 믿는 것이다. 그렇다면 우리가 염려하는 이유가 무엇일까?

우리에게 믿음이 없기 때문이다.

그래서 예수님은 이렇게 말씀하셨다.

"오늘 있다가 내일 아궁이에 던져지는 들풀도 하나님이 이렇게 입히시거든 하물며 너희일까보냐 믿음이 작은 자들아 그러므로 염려하여 이르기를 무엇을 먹을까 무엇을 마실까 무엇을 입을까 하지 말라 이는 다 이방인들이 구하는 것이라 너희 하늘 아버지께서 이 모든 것이 너희에게 있어야 할 줄을 아시느니라"(마 6:30-32)

우리에게 물질적인 어려움이 있더라도 염려하지 말아야할 이유는 예수님께서 우리에게 염려하지 말라고 명령하셨기 때문이다. 그러므로 우리가 물질에 대해 염려하는 것은 하나님께 불순종하는 죄를 범하는 것이다. 우리에게 어떤 재정적인 어려움이 있더라도, 우리의 힘으로 도저히 해결할 수 없는 상황이라도, 우리가 돈을 관리하지 못해서 생긴 어려움이 있더라도 하나님은 우리에게 염려하지 말라고 명령하셨다.

그러므로 우리는 어떤 상황에서도 믿음으로 살기로 결단해야 한다. 물론 우리가 지혜롭게 돈을 관리하지 못해서 생긴 문제는 하나님께 재정적인 문제를 해결해 달라고 기도해야 하겠지만 그래도 우리는 염려하지 말아야 한다. 우리가 물질 때문에 염려하는 것은 결코 문제를 해결하는 것이 아니기 때문이다. 우리가 염려한다고 해결되는 것은 아무것도 없다. 오히려 염려하는 것은 불신이며, 불신은 잘못된 태도와 잘못된 행동을 낳기 때문이다.

그러므로 우리는 믿음으로 의지를 동원해서 어떠한 상황에서도 염려하지 않겠다고 결단해야 한다. 우리는 하나님을 신뢰하고 염려하지 않기로 결심해야 한다. 예수님은 공중의 새를 통해 물질 때문에 염려하지 말라고 말씀하셨다.

"공중의 새를 보라 심지도 않고 거두지도 않고 창고에 모아들이지도 아니하되 너희 천부께서 기르시나니 너희는 이것들보다 귀하지 아니하냐"(마 6:26)

그러므로 로렌 커닝햄은 "걱정하는 새를 본적이 있는가?"라고 질문한다.

"이마에 주름이 깊이 팬 새를 본적이 있는가? 여러 날 동안 잠을 자지 못해서 눈이 충혈 되고 눈동자가 흐릿한 새를 본적이 있는가? 그렇다. 우리는 염려하는 새를 본적이 없다. 그러므로 우리는 새에게서 염려하지 않고 사는 비결을 배워야 한다.

그러므로 성경적 부자 되는 원칙은 물질에 대해 염려하지 않는 것이다. 우리가 염려하지 않는 것은 하나님께서 해결해 주실 것을 믿는 것이다. 히브리서 기자는 '믿음은 바라는 것들의 실상이요 보지 못하는 것들의 증거'라고 말씀했다. 바꾸어 말해 믿음이란 어떤 일이 일어나기 전에 반드시 해결책이 있을 것이라고 믿는 것이다.

믿음은 현재 해결책이 없지만 필요한 것을 얻게 될 것이라고 믿는 것이다. 믿음은 아무 것도 없지만 하나님께서 반드시 주신다고 믿는 것이다. 우리가 믿음으로 살아가는 것은 하나님께서 살아계신다는 사실을 세상에 증명하는 것이다. 그리고 우리의 믿음이 실제로 성장할 수 있기 때문이다. 염려하지 않고 하나님을 의지함으로 문제를 해결하면 우리의 믿음이 그 경험을 통해서 실제로 성장하는 것이다."

그러므로 우리는 믿음으로 모든 염려를 물리쳐야 한다.

그렇다면 우리는 어떻게 청지기 직분을 잘 감당할 수 있는가?

8. 작은 것과 재물과
남의 것에 충성하라.

첫째로 우리는 하나님의 소유를 맡아 관리하는 청지기로서 지극히 작은 것에 충성해야 한다.

"지극히 작은 것에 충성된 자는 큰 것에도 충성되고 지극히 작은 것에 불의한 자는 큰 것에도 불의하니라"(눅 16:10)

우리가 지극히 작은 것에 충성하면 큰 것에도 충성할 수 있기 때문이다. 우리의 주인 되시는 하나님께서 우리에게 큰 것을 맡기기 전에 우리가 작은 것에 충성하는지를 시험해보고, 큰 것을 맡기시기 때문이다. 그런데 이 세상에서 살아갈 때 작은 것들은 너무나 많기 때문에 계속해서 여러 가지 부분에 대하여 하나님께 테스트를 받고 있는 것이다.

예를 들어, 가정이나 다른 장소에서 수돗물을 사용하는 태도나, 전기를 아껴 쓰는 태도나, 작은 동전 하나라도 아끼는 태도를 통해 테스트를 받고 하나님의 시험에 합격했을 때 큰 것을 맡겨주신다. 그럼에도 불구하고 많은 사람들이 작은 것에 충성하지 않으면서 큰 것을 바라고 있다. 그들은 큰 것을 받지 못해서 하나님의 사역에 드릴 수 없다고 핑계를 된다. 하지만 비록 큰 돈은 없지만 자신이 가진 작은 돈이라도 그것으로 최선을 다할 때 우리 하나님께서 큰 것을 우리에게 맡겨주신다.

둘째로 우리는 하나님의 소유를 맡아 관리하는 청지기로서 재물을 관리하는 부분에서 충성해야 한다. "너희가 만일 불의한 재물에도 충성하지 아니하면 누가 참된 것으로 너희에게 맡기겠느냐"(눅 16:11)

그러므로 우리가 하나님이 우리에게 맡겨주신 재물을 충성스럽게 잘 관리하면 다른 영적인 일들도 다 잘할 수 있다. 하지만 우리가 물질을 잘 관리하지 못하면 다른 것들도 다 잘할 수 없다.

그러므로 우리가 청지기로서 하나님께서 맡겨주신 물질을 잘 관리하지 못하면 우리의 신앙생활도 잘할 수 없다. 그러므로 우리는 그 사람이 돈을 어떻게 관리하고 있는가를 보면 그 사람이 영적으로 성숙한 사람인지 아니면 영적으로 미숙한 사람인지를 알 수 있다. 우리 예수님께서 우리가 재물에 충성할 때 우리에게 참된 것을 주시겠다고 말씀하셨다. 그렇다면 여기에 등장하는 참된 것이란 무엇인가? 아마도 참된 것은 영원히 기억이 되는 인간의 영혼이라고 생각해 본다. 그러므로 우리 하나님께서 우리에게 영혼을 맡겨주시면 우리는 복음을 전하여 그들을 구원함으로 하늘나라에서 상급을 받을 수 있다.

셋째로 우리는 하나님의 소유를 맡아 관리하는 청지기로서 남의 것에 충성해야 한다.

"너희가 만일 남의 것에 충성하지 아니하면 누가 너희의 것을 너희에게 주겠느냐"(눅 6:12)

여기서 남의 것은 회사의 공금이나 회사의 물건이나 우리가 세를 얻어 다른 사람의 집에서 살아갈 때 우리의 소유로 여기고 성실하게 잘 관리해야 한다. 또한 우리가 이 세상에서 하나님의 것을 맡아 관리하는 청지기이기 때문에 여기서 남의 것이란 바로 하나님의 것이다.

그러므로 하나님께서 맡겨주신 물질을 가지고 충성스럽게 하나님의 사역에 사용하고, 다른 사람들에게 너그럽게 베푸는 일에 사용할 때 우리 하나님께서 하늘에서 많은 상급과 축복으로 갚아 주시는 것이다.

그러므로 우리가 남의 것을 맡아 잘 관리할 때 우리의 소유가 될 수 있는 것들을 하늘나라에서 많이 주신다. 하지만 우리가 이 땅에서 하나님이 맡겨주신 물질을 잘 사용하지 못하면 하늘에서 우리의 참된 소유는 하나도 없을 것이다. 그러므로 우리는 하나님의 소유를 맡아 관리하는 청지기로서 작은 것과 물질과 남의 것을 지혜롭게 잘 관리해야 한다.

그렇다면 우리는 어떻게 청지기 직분을 잘 감당할 수 있는가?

9. 세상적인 물질관을 버리라.

우리는 청지기로서 하나님의 소유권을 진심으로 인정해야 한다.

그래서 청지기에게 있어서 모든 물질의 주인은 하나님이시다.

현재 자신이 소유한 모든 것은 하나님이 주셔서 누리고 있고, 모든 것은 다 하나님이 주인이라는 사실을 인정해야 한다.

그러므로 청지기는 세상적인 물질관을 버려야 한다.

여기서 세상적인 물질관은 돈을 무한정 가질 수만 있다면 행복할 것이라고 생각하는 물질관이다. 하지만 물질을 더 많이 가질수록 더 많이 원하게 될 뿐 진정으로 만족할 수 없다.

"은을 사랑하는 자는 은으로 만족하지 못하고 풍요를 사랑하는 자는 소득으로 만족하지 아니하나니 이것도 헛되도다, 의인의 집에는 많은 보물이 있어도 악인의 소득은 고통이 되느니라"(전 5:10, 잠 15:6)

잭 하트만은 "물질형통"이라는 저서에서 세상의 물질관에 대해 이렇게 말했다.

"세상적인 방법으로 부자가 된 사람들은 이혼, 자녀 탈선, 여자 문제 등의 가정 문제를 안고 살아간다. 어떤 사람들은 죽음을 앞두고 자신의 재산을 포기하고, 욕심 많은 상속자들에게 물려줄 생각을 한다. 또 어떤 부자들은 여러 세월 동안 돈만 추구하다가 고혈압, 위궤양, 심장병, 기타 여러 질병을 앓는다. 세상적인 방법으로 부자가 된 사람들은 머지않아 자신의 부가 저주로 바뀌는 것을 깨닫게 될 것이다. 세상적인 방법으로 성공한 사람들은 머리로는 하나님을 인정하지만, 마음으로는 인정하지 않는다. 그들의 마음은 오직 돈 버는 일과 그 돈으로 구입할 수 있는 것들을 생각한다. 바로 돈이 그들의 하나님이다. 그러므로 세상적인 방법으로 부자가 되면 결국 망할 수밖에 없다. 하나님을 떠난 부는 고통을 가져다줄 뿐이다."

그러므로 우리가 세상적인 물질관으로 살아간다면 우리는 염려하고 근심할 수밖에 없다. 하지만 성경적 부자 되는 원칙으로 물질축복을 받은 사람들은 근심하지 않는다.

그러므로 솔로몬은 잠언 10장 22절에서 하나님께서 우리에게 복을 주시므로 부하게 되고, 근심을 겸하여 주지 아니하신다고 말씀했다. 하지만 바울은 디모데전서 6장 10절에서 세상적인 물질관에 사로잡혀 돈을 사랑하는 사람들은 믿음에서 떠나게 되고, 많은 근심으로 자기를 찌른다고 말씀한다. 세상적인 물질관을 가진 사람들은 돈을 빨리 벌기 위해서 어떤 일이라도 하는 것이다. 그들은 탐심에 사로잡혀 도박을 하고, 복권을 사고, 부정한 방법으로 돈을 모으려고 노력한다.

그러므로 솔로몬은 잠언 28장 22절에서 세상 사람들은 악한 눈을 가지고 재물을 얻기에만 급하고, 빈궁이 자기에게로 임할 줄을 알지 못한다고 지적한다. 세상적인 물질관을 가진 사람들은 자신을 자랑하기 위해 교회에 헌금을 한다. 그들은 자신의 소유권을 너무 주장하기 때문에 헌금할 때 자신의 물질을 드렸다고 자랑한다.

하지만 우리 하나님께서는 누가복음 12장에 등장하는 어리석은 부자를 통해 세상적인 물질관의 최후를 보여준다. 누가복음 12장 16절부터 21절을 읽어 보면 그 부자가 강조한 것은 모두 자기 자신뿐이다.

그러므로 세상적인 물질관을 가진 사람들은 자신이 드린 물질을 자랑한다. 그들은 자신이 헌금을 많이 드리는 것을 자랑하고 싶어서 눈에 보이는 것에는 많이 드리지만 눈에 보이지 않으면 잘 드리지 않는다. 그래서 헌금을 많이 드리는 것도 영적인 실력이 있어야 드릴 수 있다. 만약 어떤 사람이 1000만원을 헌금해놓고 교만해진다면 그 사람은 1000만원을 헌금할 영적인 실력이 없는 것이다.

그러므로 세상적인 물질관을 가지고 살아가는 사람들은 헌금을 드리고 나서 그 헌금을 어디에 사용했는지를 따진다. 헌금의 사용에 대해 늘 따지는 사람은 아직도 자신이 청지기라는 사실을 모르고 있다. 하지만 중요한 것은 우리가 하나님께 헌금을 드리면 그것 때문에 하나님께 상급을 받지만 교회의 지도자가 그 헌금을 잘못 사용하면 하나님께서 그 지도자를 심판하시는 것이다. 그러므로 헌금은 액수보다도 마음의 태도가 중요하다.

"네 보물 있는 그 곳에는 네 마음도 있느니라"(마 6:21)

그러므로 청지기는 자신이 가장 귀하게 생각하는 곳에 자신의 마음이 있다는 것을 알아야 한다. 그리고 이것은 우리의 삶과 행동과 동기와 태도와 사고방식을 어디에 투자하고 있느냐를 나타낸다. 우리가 하나님께 물질을 드리는 것은 하나님을 가장 중요한 분으로 모시는 것이다. 그러므로 우리는 하나님의 물질을 맡아 관리하는 청지기로서 지혜롭고 충성스럽게 관리해야 한다.

"충성되고 지혜 있는 종이 되어 주인에게 그 집 사람들을 맡아 때를 따라 양식을 나눠 줄 자가 누구냐"(마 24:45)

사실 청지기는 지혜롭고 충성스럽게 청지기직을 잘 수행해야 하겠지만 청지기는 지혜보다는 충성을 앞세워야 한다. 여기서 충성은 오직 하나님께만 집중해서 온 마음과 정성을 다하여 섬기는 것이다. 우리가 이 땅에서 지혜롭게 물질을 잘 관리하더라도 충성이 없다면 우리의 주인 되신 하나님께 영광을 돌릴 수 없기 때문이다. 하지만 우리는 하나님의 재물을 맡아 관리하는 청지기이기 때문에 충성스럽게 잘 관리해야 한다.

그렇다면 우리는 어떻게 청지기 직분을 잘 감당할 수 있는가?

10. 자신이 가지고
   있는 것에 만족하라.

청지기는 자신이 가지고 있는 것은 무엇이든지 하나님의 축복임을 깨닫고 하나님의 공급하심에 만족하며, 현재 자신이 소유한 것에 만족해야 한다. 그러므로 바울과 히브리서 기자는 "우리가 먹을 것과 입을 것이 있은즉 족한 줄로 알 것이니라, 돈을 사랑하지 말고 있는 바를 족한 줄로 알라 그가 친히 말씀하시기를 내가 결코 너희를 버리지 아니하고 너희를 떠나지 아니하리라 하셨느니라"(딤전 6:8, 히 13:5)라고 말했다.

우리는 청지기로서 우리의 환경이나 상황이 어떠하든지 우리의 주인 되시는 예수님을 신뢰하고 만족해야 한다. 우리는 정함이 없는 물질에 소망을 두지 말고 오직 하나님께 소망을 두어야 한다. 이것은 바울이 자신의 사랑하는 영적인 아들 디모데에게 "네가 이 세대에서 부한 자들을 명하여 마음을 높이지 말고 정함이 없는 재물에 소망을 두지 말고 오직 우리에게 모든 것을 후히 주사 누리게 하시는 하나님께 두며"(딤전 6:17)라고 말한 내용이다.

그러므로 우리는 청지기로서 물질보다 더 소중한 것이 있다는 것을 알아야 한다. 예를 들어, 지혜를 얻는 것은 금을 얻는 것보다 더 소중하다. 여기서 참된 지혜는 하나님을 바로 아는 것이며, 참된 지식은 하나님의 뜻을 바로 아는 것이다. 그래서 솔로몬은 "지혜를 얻는 것이 금을 얻는 것보다 얼마나 나은고 명철을 얻는 것이 은을 얻는 것보다 더욱 나으니라"(잠 16:16)라고 말한다.

솔로몬은 계속해서 우리의 의로운 삶이 물질보다 더 소중하기 때문에 성실히 행하는 가난한 사람을 칭찬했다. "가난하여도 성실하게 행하는 자는 부유하면서 굽게 행하는 자보다 나으니라"(잠 28:6) 또한 우리의 올바른 소득이 많은 소득보다 더 소중하다.

오늘을 사는 현대인들은 올바른 소득을 얻어 부자가 되겠다고 결단해야 한다. 이러한 결단이 없으면 잘못된 방법으로 부를 축적하며, 한탕주의 사상에 빠지기 때문이다.

그러므로 하나님의 말씀은 "적은 소득이 공의를 겸하면 많은 소득이 불의를 겸한 것보다 나으니라, 의인의 적은 소유가 악인의 풍부함보다 낫도다"(잠 16:8, 시 37:16)라고 말씀한다.

솔로몬은 전도서에서 우리가 단잠을 잘 수 있는 것이 물질을 얻는 것보다 더 소중하다고 말한다. 잠을 달게 자지 못하는 사람은 누구보다도 절실하게 이 사실을 인정할 것이다. "노동자는 먹는 것이 많든지 적든지 잠을 달게 자거니와 부자는 그 부요함 때문에 자지 못하느니라"(전 5:12)

우리는 무엇보다도 모든 재물을 즐거워함 같이 하나님의 말씀을 즐거워해야 한다. "내가 모든 재물을 즐거워함 같이 주의 증거들의 도를 즐거워하였나이다"(시 119:14)

그러므로 하나님의 말씀은 무엇과도 비교할 수 없는 가장 소중한 보물이다. "주의 입의 법이 내게는 천천 금은보다 좋으니이다, 그러므로 내가 주의 계명들을 금 곧 순금보다 더 사랑하나이다"(시 119:72, 127) 또한 우리가 건강하고 화목하게 살아가는 것이 물질을 소유하는 것보다 더 소중하다. "마른 떡 한 조각만 있고도 화목하는 것이 제육이 집에 가득하고도 다투는 것보다 나으니라"(잠 17:1)

그러므로 청지기는 물질축복을 누릴 때 하나님을 잊지 말아야 한다. "네 하나님 여호와께서 네 조상 아브라함과 이삭과 야곱을 향하여 네게 주리라 맹세하신 땅으로 너를 들어가게 하시고 네가 건축하지 아니한 크고 아름다운 성읍을 얻게 하시며 네가 채우지 아니한 아름다운 물건이 가득한 집을 얻게 하시며 네가 파지 아니한 우물을 차지하게 하시며 네가 심지 아니한 포도원과 감람나무를 차지하게 하사 네게 배불리 먹게 하실 때에 너는 조심하여 너를 애굽 땅 종 되었던 집에서 인도하여

내신 여호와를 잊지 말고"(신 6:10-12)

그렇다면 어떤 사람이 과연 어리석은 사람일까?

모든 것이 풍부하여 부족함이 없을 때 하나님을 잊는 사람이 어리석은 사람이다. 어리석은 사람들은 자신들의 배가 부르면 하나님을 모른다고 말한다. 그러므로 재물의 넉넉함은 우리에게 하나의 시험이다.

그러므로 우리는 물질적인 시험으로 인해 넘어지기 쉬운 존재라는 것을 알아야 한다. 인간은 물질적인 풍족함을 누리고 여유가 있으면 그것으로 하나님과 이웃을 위해 봉사하기보다 오히려 교만하고 나태해져 정신적인 빈곤상태에 빠질 위험이 있다.

그러므로 청지기는 하나님이 물질을 거두어 가시더라도 원망하지 말아야 한다. 욥은 하나님께서 모든 물질의 축복을 거두어 가실 때 예배와 찬양으로 반응했다.

"욥이 일어나 겉옷을 찢고 머리털을 밀고 땅에 엎드려 예배하며 이르되 내가 모태에서 알몸으로 나왔사온즉 또한 알몸이 그리로 돌아가올지라 주신 이도 여호와시요 거두신 이도 여호와시오니 여호와의 이름이 찬송을 받으실지니이다 하고 이 모든 일에 욥이 범죄하지 아니하고 하나님을 향하여 원망하지 아니하니라"(욥 1:20-22)

욥은 엄청난 재앙을 당하고도 올바른 반응을 보였다.

그는 비통해하면서도 오히려 하나님을 찬양했다.

그는 극심한 슬픔과 비통함을 나타내는 표현으로 겉옷을 찢었지만 하나님께서 자신의 삶 전체를 주관하신다는 사실을 깊이 깨닫고, 하나님을 찬양하며 경배로 반응했다. 이러한 욥의 행동은 사려 깊고 고결한 것이었으며, 우리에게 깊은 감동을 준다. 욥은 극심한 환난 가운데서도 하나님을 원망하지 않고, 참된 신앙인으로서 지켜야할 기품과 원칙을 행동으로 직접 보여주었다.

그렇다면 우리는 어떻게 청지기 직분을 잘 감당할 수 있는가?

11. 물질의 부요를
성공의 잣대로 여기지 말라.

우리가 하나님을 기쁘시게 해 드리기 위해 부유해 지거나 가난해질 필요는 없다. 영적인 성숙은 물질의 풍부나 결핍으로 평가되지 않기 때문이다. 성경 어느 곳에서도 돈을 가졌다는 이유만으로 하나님이 어떤 사람을 정죄하는 경우는 없었다. 하나님은 우리가 그분에 대한 두려움 때문에 드리는 것은 받지 않으신다. 그분은 우리가 하나님을 사랑하는 동기로 드리는 것은 받으신다. 하나님은 우리에게 물질에 대한 절대적인 율법을 주신 것이 아니라 물질에 대한 올바른 원칙을 주셨다.

그러므로 하나님이 주신 부자 되는 원칙은 외적이고 형식적인 것이 아니라 우리의 마음의 자세를 나타낸다. 이것은 우리의 감정과 관계가 있다. 물질을 올바르게 드리는 사람은 자신의 감정을 관리할 줄 아는 사람이다. 사람은 누구나 자기 자신을 다스리지 못하면 자신의 습관, 자신의 시간, 자신의 성격, 자신의 물질을 관리할 수 없다. 그러므로 하나님보다 물질을 더 신뢰하고 사랑하는 사람은 올바른 청지기가 될 수 없다.

"재물은 진노하시는 날에 무익하나 공의는 죽음에서 건지느니라, 자기의 재물을 의지하는 자는 패망하려니와 의인은 푸른 잎사귀 같아서 번성하리라"(잠 11:4, 28)

하나님의 소유를 맡아 관리하는 청지기는 하나님의 축복이 물질적인 소유에 있다고 착각하지 말아야 한다. 돈은 결코 그리스도인의 삶의 목적이 되어서는 안 된다. 그러므로 솔로몬은 사람이 물질로 말미암아 만족할 수 없는 존재라고 말했다.

"은을 사랑하는 자는 은으로 만족하지 못하고 풍요를 사랑하는 자는 소득으로 만족하지 아니하나니 이것도 헛되도다 재산이 많아지면 먹는 자들도 많아지나니 그 소유주들은 눈으로 보는 것 외에 무엇이 유익하랴 노동자는 먹는 것이 많든지 적든지 잠을 달게 자거니와 부자는 그 부요함 때문에 자지 못하느니라"(전 5:10-12)

청지기는 무엇보다도 자신의 능력을 의지하기보다 하나님을 의지하고, 하나님께서 맡겨 주신 물질을 자기 유익만을 위해 사용하지 말아야 한다. 그러므로 우리는 하나님이 맡겨주신 물질을 관리하는 청지기로서 하나님의 뜻에 맞게 물질을 사용해야 한다.

만약 우리가 하나님이 우리에게 맡겨주신 물질을 하나님의 뜻대로 사용하지 않는다면, 일순간에 그 모든 물질을 다 잃게 될 것이다. 하나님께서는 부의 근원이 되시기 때문에 우리를 가난하게도 하시고, 부하게도 하시며, 낮추기도 하시고, 높이기도 하시는 분이다. 그러므로 물질의 부요를 성공의 잣대로 여기지 말아야 한다.

그렇다면 우리는 어떻게 청지기 직분을 잘 감당할 수 있는가?

12. 돈을
   사랑하지 말라.

"돈을 사랑함이 일만 악의 뿌리가 되나니 이것을 탐내는 자들은 미혹을 받아 믿음에서 떠나 많은 근심으로써 자기를 찔렀도다"(딤전 6:10)

바울은 여기서 돈 자체가 모든 악의 근원이라고 말하지 않았다. 바울은 여기서 돈을 사랑함이 일만 악의 뿌리라고 말한다. 그러므로 인간은 돈이 없으면서도 돈을 미친 듯이 사랑할 수 있다. 그러므로 사람을 타락하게 만드는 것은 돈이 아니라 돈에 대한 잘못된 태도요, 돈을 사랑하는 마음이다.

국민일보 '겨자씨'에서 진정으로 돈을 사랑하지 않고 올바르게 사용했던 한 사람을 소개했다. 그는 중국 당나라 때 활동했던 유명한 약장수 송청이라는 사람이다. 그는 약을 조제하는데 탁월한 재주가 있어서 그의 약을 먹고 병이 나은 사람이 아주 많았다. 송청은 돈 없는 가난한 사람들에게 외상으로 약을 지어주어 연말이면 외상장부가 수십 권에 이르렀다. 그러나 한 번도 약값을 독촉하는 법이 없었고, 연말이면 외상장부를 모두 태워버리고 두 번 다시 약값을 묻지 않았다. 어떤 사람은 이런 그를 '어리석은 사람'이라고 비웃었고, 어떤 사람은 '대범한 인물'이라고 추켜세웠다. 하지만 송청의 대답은 간단했다.

"나는 어리석은 사람도 대단한 사람도 아니다. 40년 동안 약장수를 하면서 수백 권의 외상장부를 태웠지만 크게 손해를 본적은 없었다. 약값을 떼어먹은 사람도 있었지만 나중에 출세해 약값보다 많은 보답을 하는 사람도 있었다. 선을 베푸는 것이 손해 보는 장사만은 아니다."

성경에도 경건한 부자들이 많이 등장한다. 그들은 물질에 대한 바른 태도를 가지고 돈을 사랑하지 않았던 사람들이다. 솔로몬은 역사상 가장 부요한 사람이었지만 하나님을 철저하게 경외하는 것이 얼마나 중요한지 강조해서 말했다. 솔로몬은 돈보다도 하나님을 경외하는 것이 얼마나 중요한지 강조해서 말했다.

"일의 결국을 다 들었으니 하나님을 경외하고 그의 명령들을 지킬지어다 이것이 모든 사람의 본분이니라 하나님은 모든 행위와 모든 은밀한 일을 선악 간에 심판하시리라"(전 12:13-14)

욥도 당대에 가장 부요한 사람이었지만 돈을 사랑하지는 않았다.

"그의 소유물은 양이 칠천 마리요 낙타가 삼천 마리요 소가 오백 겨리요 암나귀가 오백 마리이며 종도 많이 있었으니 이 사람은 동방 사람 중에 가장 훌륭한 자라"(욥 1:3) 그러나 욥은 자신의 모든 부가 사라졌을 때 올바른 태도를 취하였다. 욥은 물질을 주신 분도 하나님이시고, 물질을 취하시는 분도 하나님이시라는 것을 알고, 어리석게 하나님을 원망하지 않고 하나님께 경배를 드렸다.

"욥이 일어나 겉옷을 찢고 머리털을 밀고 땅에 엎드려 예배하며 이르되 내가 모태에서 알몸으로 나왔사온즉 또한 알몸이 그리로 돌아가올지라 주신 이도 여호와시요 거두신 이도 여호와시오니 여호와의 이름이 찬송을 받으실지니이다 하고 이 모든 일에 욥이 범죄하지 아니하고 하나님을 향하여 원망하지 아니하니라"(욥 1:20-22)

성경에는 돈을 사랑하여 타락한 사람들도 많이 등장한다.

여호수아 7장 1절부터 26절에 등장하는 아간은 하나님께서 금하신 것을 취하였기 때문에 축복의 땅에 들어가지 못하고, 자신의 모든 가족과 함께 죽임을 당하였다. 아간은 돈을 사랑했기 때문에 아름다운 의복과 물건들을 보자 그것을 가져다가 자기 장막 밑에 파묻었다.

아간이 죄를 범하게 된 것은 근본적으로 돈을 사랑하는 탐욕 때문이었다. 아간은 아름답고 값나가는 물건들을 보자 곧 취하고 싶은 탐욕에 이끌려 그것들을 훔치고 말았다. 아간은 잠언 1장 19절에서 "이익을 탐하는 모든 자의 길은 다 이러하여 자기의 생명을 잃게 하느니라"라고 말한 것처럼 자신의 탐욕으로 말미암아 자신을 죽음으로 몰고 갔다. 그럼에도 불구하고 아간은 자신의 죄를 회개하지 않았다.

당시 이스라엘 백성들이 자신의 범죄로 말미암아 아이 성 전투에서 실패한 후에 그 범죄자를 색출하기 위해 제비를 뽑고 있는 중에라도 "범인은 바로 접니다."라고 죄를 고백하고 회개했더라면 그들은 그 많은 고생도 하지도 않았을 것이다. 그리고 마음의 상처도 받지 않았을 것이다. 하지만 아간은 아무런 말도 없이 끝까지 버티고 있었다.

사도행전 5장 1절부터 11절에 등장하는 아나니아와 삽비라도 돈을 사랑하여 타락한 사람들이다.

이들은 하나님을 진정으로 사랑하므로 자기의 소유를 팔아 그 돈을 사도들의 발 앞에 놓은 바나바를 바라보고 감동과 교훈을 받아 자신들도 하나님께 모든 것을 바치겠다고 결심하고 그것을 실행하다가 그만 재물에 눈이 어두워 성령님과 사도들을 속였기 때문에 그 자리에서 죽임을 당하였다.

그들은 자신들의 소유를 팔아 일부만을 내놓은 채 전체를 내놓은 양 성령 하나님과 교회와 사도들을 속였기 때문에 초대교회의 순수한 공동체에 먹칠을 한 범죄자가 되었다.

마태복음 27장 5절에 등장하는 가룟 유다도 돈을 사랑하여 타락한 사람이다. 그는 얼마 되지 않은 돈을 위해서 하나님의 아들을 팔아넘기고 곧 목매달아 스스로 목숨을 끊었다. 가룟 유다는 가파른 바위 언덕 위로 올라가 그곳 나무 가지에 목을 매달았는데, 후에 그 무게를 이기지 못하여 그 가지가 부러짐으로 시신이 바윗돌 위로 떨어졌을 때 배가 터져 창자가 밖으로 흘러나와 비참하게 죽었다.

우리는 지금까지 청지기가 가져야할 참된 자세에 대해서 살펴보았다. 이제 우리는 성경적 부자 되는 원칙으로 참된 부자가 되어서 청지기로서 모든 사명을 감당해야 한다.

헌금을 드림으로
하늘에 보물을 쌓아라

우리가 하나님께 헌금을 드리는 것은 심고 거두는 원칙이다. 우리가 물질의 축복을 누리려면 헌금을 통해 축복의 씨앗을 심어야 한다. 우리가 기쁜 마음으로 하나님께 드리면 우리 하나님께서 축복으로 갚아 주시기 때문이다. 우리가 물질의 씨앗을 심어 풍성하게 거두기 때문에 우리는 하나님께 기쁨으로 드릴 수 있다.

그러므로 우리가 하나님을 예배하기 위해 나아갈 때 빈손으로 나가지 말고 반드시 예물을 가지고 나아가야 한다.

"여호와의 이름에 합당한 영광을 그에게 돌릴지어다 예물을 들고 그의 궁정에 들어갈지어다 아름답고 거룩한 것으로 여호와께 예배할지어다 온 땅이여 그 앞에서 떨지어다, 너의 가운데 모든 남자는 일 년에 세 번 곧 무교절과 칠칠절과 초막절에 네 하나님 여호와께서 택하신 곳에서 여호와를 뵈옵되 빈손으로 여호와를 뵈옵지 말고 각 사람이 네 하나님 여호와께서 주신 복을 따라 그 힘대로 드릴지니라"(시 96:8-9, 신

16:16-17)

그러므로 우리는 헌금이 무엇이며, 이 분야에서 우리의 책임이 무엇인지 알아야 한다. 성경은 그리스도인의 헌금생활에 대해 분명하게 말씀하시며, 많은 지면을 통해 가르치고 있다. 그러므로 우리는 하나님의 말씀을 통해 헌금이 무엇인지 바로 배워야 한다.

오늘날 교회의 문제는 헌금에 대해 너무 많이 가르치고 있기 때문에 문제가 생기는 것이 아니라 헌금에 대해 바르게 가르치지 않기 때문에 문제가 생긴다. 그리고 우리가 헌금을 하나님께 드리면 그 물질에 대한 권한은 우리에게서 떠나게 된다. 우리가 헌금을 하나님께 드렸으니 하나님이 인정하는 기관인 교회에서 하나님의 뜻에 따라 사용해야 한다.

그렇다면 우리가 하나님께 드리는 헌금이란 무엇일까?

1. 헌금은 하나님의 성품을 본받는 것이다.

우리 하나님은 모든 좋은 것을 다 주시며 주시기를 기뻐하시는 분이다. 우리 하나님은 후히 주시고, 풍성하게 주시고, 아낌없이 주시고, 즐거이 주시는 분이다. 그분이 우리에게 주기를 좋아하시는 이유는 주는 것은 하나님의 본래 성품이기 때문이다. 그러므로 우리가 가진 모든 것은 모두 하나님이 주신 것들이다.

"온갖 좋은 은사와 온전한 선물이 다 위로부터 빛들의 아버지께로부

터 내려오나니 그는 변함도 없으시고 회전하는 그림자도 없으시니라"(약 1:17)

야고보는 여기서 좋은 선물들이 다 하나님 아버지께로부터 온다고 말씀하셨다.

그러므로 우리 하나님께서는 우리에게 다양한 것들을 선물로 주신다. 우리 하나님은 우리에게 용기와 힘과 도움과 승리를 주신다. 그래서 이사야 선지자는 너무나 좋으신 우리 하나님을 이렇게 소개한다.

"두려워하지 말라 내가 너와 함께 함이라 놀라지 말라 나는 네 하나님이 됨이라 내가 너를 굳세게 하리라 참으로 너를 도와 주리라 참으로 나의 의로운 오른손으로 너를 붙들리라 보라 네게 노하던 자들이 수치와 욕을 당할 것이요 너와 다투는 자들이 아무것도 아닌 것 같이 될 것이며 멸망할 것이라 네가 찾아도 너와 싸우던 자들을 만나지 못할 것이요 너를 치는 자들은 아무것도 아닌 것 같고 허무한 것 같이 되리니 이는 나 여호와 너의 하나님이 네 오른손을 붙들고 네게 이르기를 두려워하지 말라 내가 너를 도우리라 할 것임이니라"(사 41:10-13)

우리 하나님은 우리에게 나아갈 방향을 알려주시고, 지혜와 명철도 주신다. 우리 하나님은 모든 것을 후히 주시고 누리게 하신다(딤전 6:17). 우리 하나님은 하나밖에 없는 독생자까지 주셨다. 자기 아들을 아끼지 아니하시고 우리 모든 사람을 위하여 내어주셨는데 어찌 그 아들과 함께 모든 것을 우리에게 선물로 주지 않겠는가?(롬 8:32) 우리 하나님은 모든 것을 거저 주시고, 후히 주신다. 지혜도 후히 주시고(약 1:5), 풍성한 삶도 후히 주시고(요 10:10), 은혜도 풍성하게 주신다.

우리 주님은 하늘 문을 여시고 우리에게 복을 쌓을 곳이 없도록 부어 주신다(말 3:10). 우리 하나님이 우리에게 풍성하게 주고 싶어서 구하라고 명령하셨다. 그리고 명령 뒤에는 반드시 응답을 약속하셨다.

"지금까지는 너희가 내 이름으로 아무 것도 구하지 아니하였으나 구하라 그리하면 받으리니 너희 기쁨이 충만하리라"(요 16:24)

그분은 우리에게 "구하라 내가 고려해보마"라고 말씀하시지 않으시고 오히려 "너는 내게 부르짖으라 내가 네게 응답하겠고 네가 알지 못하는 크고 은밀한 일을 네게 보이리라"(렘 33:3)라고 말씀하셨다. 하나님은 우리를 사랑하시기 때문에 우리의 모든 필요를 채워주신다. 사랑이 무엇인가? 사랑이란 주는 것이다. 사랑이란 주시되 가장 귀한 것을 주시고, 하나밖에 없지만 그래도 주신다. 그래서 예수님은 이렇게 말씀하셨다.

"너희 중에 누가 아들이 떡을 달라 하는데 돌을 주며 생선을 달라 하는데 뱀을 줄 사람이 있겠느냐 너희가 악한 자라도 좋은 것으로 자식에게 줄 줄 알거든 하물며 하늘에 계신 너희 아버지께서 구하는 자에게 좋은 것으로 주시지 않겠느냐"(마 7:9-11)

사도 바울은 에베소서 3장 20절에서 하나님이 우리의 온갖 구하는 것이나 생각하는 것에 더 넘치도록 능히 주신다고 말했다. 하나님은 우리의 소원도 들어주시기 때문에 시편 기자는 "또 여호와를 기뻐하라 그가 네 마음의 소원을 네게 이루어 주시리로다"(시 37:4)라고 말했다. 그분은 주시되 아낌없이 주시기 때문에 시편 기자는 "여호와 하나님은 해요 방패이시라 여호와께서 은혜와 영화를 주시며 정직하게 행하는 자에게 좋은 것을 아끼지 아니하실 것임이니이다"(시 84:11)라고 말했다. 우리 하나님은 주시는 성품을 가지고 계시기 때문에 하나밖에 없는 독생자를 우리를 위해 이 세상에 보내주셨다. "하나님이 세상을 이처럼 사랑하사 독생자를 주셨으니, 사랑은 여기 있으니 우리가 하나님을 사랑한 것이 아니요 하나님이 우리를 사랑하사 우리 죄를 속하기 위하여 화목 제물로 그 아들을 보내셨음이니라"(요 3:16, 요일 4:10)

그러므로 우리가 드리는 것은 하늘 아버지의 성품을 본받는 것이다. 그러므로 우리도 하나님의 성품을 본받아 하나님의 귀한 사역을 위해서 물질을 드릴 수 있어야 한다.

2. 헌금은 하나님께
영광을 돌리는 예배이다.

우리가 예수님의 성품을 본받아서 드리는 삶을 살아갈 때, 우리의 삶에 예수님의 성품이 나타나고, 그 결과로 하나님께서 우리를 통해서 영광을 받으신다. 예배의 요소 중에 기도와 찬양과 말씀이 있지만 헌금을 드리는 것도 가장 중요한 예배의 한 부분이다.

그러므로 예배 중에 헌금을 드리지 않는 것은 온전한 예배를 드리지 않는 것이다. 인생이란 공수레 공수거와 같다. 부자나, 가난한 사람이나, 위대한 사람이나, 비천한 사람이나 모두 죽으면 모든 소유물은 이 세상에 남겨두고 한 줌의 흙으로 돌아가야 한다. 이 세상의 모든 재물은 비록 자기 자신이 소유하고 있다 하더라도 자신의 소유가 아니라 하나님의 소유로서 단지 하나님께서 일시적으로 관리하도록 맡겨 준 하나님의 선물이다.

미국의 월슨 대통령이 몬타나 주의 빌링이라는 곳에서 기차를 세우고 간단한 연설을 하고 있었다. 그 때 어린 소년 두 명이 경찰이 지키고 있는 저지선을 넘어 앞으로 나와 대통령과 그 부인 그리고 유명 인사들이 자리한 바로 밑에까지 왔다. 그 중의 한 소년이 손에 잡고 있던 작은 미국 성조기를 번쩍 들어서 대통령에게 바치자 부인이 그 국기를 받아들었다. 함께 나왔던 다른 소년은 침울한 표정이 되었다. 왜냐하면 그에게는 국기가 없었기 때문이다. 그는 무슨 생각을 했는지 얼른 자기의 호주머니에서 10센트의 동전 하나를 꺼내어 대통령께 드렸다. 그러자 대통령은 몸을 구부려서 그 소년의 선물을 받았다.

그 후 5년이 지나서 월슨 대통령은 세상을 떠났다. 유품을 정리하던 부인이 대통령의 지갑을 열어 보았더니 지갑의 따로 된 칸에서 5년 전에 소년이 선물로 드렸던 10센트의 동전이 종이에 쌓인 채로 넣어져 있었다. 대통령은 어디를 가든지 소년이 바친 그 선물을 항상 몸에 지니고 다녔다.

마찬가지로 우리가 하나님께 드리는 예물도 하나님께서는 소중하게 영원토록 간직하고 계신다. 그러므로 헌금은 예수님을 향한 사랑의 진실성을 입증하는 것이다. 우리가 예수님을 진심으로 사랑한다면 그 사랑을 물질을 드리는 것으로 입증할 수 있어야 한다. 우리는 누구나 예수님을 사랑한다고 말하지만 우리가 예수님을 진심으로 사랑한다면 말뿐만 아니라 그것을 행함을 통해 증명해야 한다.

"내가 명령으로 하는 말이 아니요 오직 다른 이들의 간절함을 가지고 너희의 사랑의 진실함을 증명하고자 함이로라"(고후 8:8)

3. 헌금은 하나님을 기쁘게 하는 것이다.

"내게는 모든 것이 있고 또 풍부한지라 에바브로디도 편에 너희가 준 것을 받으므로 내가 풍족하니 이는 받으실 만한 향기로운 제물이요 하나님을 기쁘시게 한 것이라 나의 하나님이 그리스도 예수 안에서 영광 가운데 그 풍성한 대로 너희 모든 쓸 것을 채우시리라 하나님 곧 우리 아버지께 세세 무궁하도록 영광을 돌릴지어다 아멘"(빌 4:18-20)

빌립보 교회 성도들은 선교 헌금을 에바브로디도를 통해 사도 바울에게 전달했다. 그러자 바울은 그 헌금이 하나님이 받으시는 향기로운 제물이요, 하나님을 기쁘시게 하는 것이라고 말했다.

그러므로 우리는 헌금을 통해서 하나님을 기쁘게 해드릴 수 있다.

많은 그리스도인들이 빌립보서 4장 19절의 말씀을 좋아하는 것은 우리 하나님께서 풍성한 대로 우리의 모든 쓸 것을 채워주신다고 말씀하고 있기 때문이다. 하지만 우리는 이 말씀에 등장하는 "너희"가 누구를 지칭하고 있는 지 바로 알아야 한다.

그러므로 이 말씀에 등장하는 "너희"는 바울이 하나님의 사역을 감당하도록 하나님께 헌금을 드렸던 빌립보교회 성도들이다. 그러므로 하나님은 헌금의 씨앗을 심는 사람들의 모든 필요를 채워주신다.

"나의 하나님이 그리스도 예수 안에서 영광 가운데 그 풍성한 대로 너희 모든 쓸 것을 채우시리라"(빌 4:19)

4. 헌금은 하나님께 감사를 표현하는 것이다.

"이 봉사의 직무가 성도들의 부족한 것을 보충할 뿐 아니라 사람들이 하나님께 드리는 많은 감사로 말미암아 넘쳤느니라"(고후 9:12)

바울은 여기서 성도들을 돕는 구제헌금을 '봉사의 직무'라고 소개했다. 고린도교회 성도들이 구제헌금을 하나님께 드려서 가난한 성도들의 부족함을 채워줄 뿐만 아니라 그 도움을 받는 사람들이 하나님께 넘치는 감사를 드리게 되었다. 그러므로 우리가 하나님의 은혜를 경험했다면 감사는 마땅한 것이다. 그러므로 칼 바르트는 은혜와 감사에 대해 이렇게 설명했다.

"은혜와 감사는 하늘나라와 이 땅처럼 서로 연결되어 있다. 목소리가 메아리를 만들 듯 은혜는 감사를 만들어 낸다. 천둥이 번개를 뒤따라가 듯 감사는 은혜를 따라간다."

그러므로 우리가 드리는 헌금은 하나님께 감사한 마음을 표현하는 것이다. 그리스도인은 먼저 자신을 주께 드리고 하나님의 뜻대로 헌금을 하는 것이다. 마게도냐 교회 성도들은 단지 동정적인 행위나 인간적인 사랑의 행위로 예루살렘 교회를 위해 구제헌금을 한 것이 아니라 자신을 주께 드리는 마음으로 헌금을 드렸다.

"우리가 바라던 것뿐 아니라 그들이 먼저 자신을 주께 드리고 또 하나님의 뜻을 따라 우리에게 주었도다"(고후 8:5)

그러므로 우리가 드리는 헌금은 예수 그리스도의 본을 따르는 것이다. 예수 그리스도는 우리를 위하여 가난하게 되셨다. 그러므로 우리도 그리스도를 본받아 드리는 삶을 살아야 한다. "우리 주 예수 그리스도의 은혜를 너희가 알거니와 부요하신 이로서 너희를 위하여 가난하게 되심은 그의 가난함으로 말미암아 너희를 부요하게 하려 하심이라"(고후 8:9)

그렇다면 우리는 헌금을 어떻게 드려야 하는가?

5. 헌금을 받으시는 하나님을 바로 알고 드리라.

우리는 하나님이 어떤 분인지 바로 알고 헌금을 드려야 한다. 우리가 하나님이 어떤 분인지 알지 못하면 하나님께 올바로 헌금을 드릴 수 없게 된다. 그렇다면 우리 하나님은 우리에게 어떤 분일까?

우리 하나님은 참된 인격자가 되신다. 하나님은 참된 인격자가 되시기 때문에 우리를 철저하게 인격적으로 대우하신다. 하나님은 결코 우리의 인격을 무시하시지 않으신다. 하나님은 우리를 다루실 때 억지로 또는 무례하게 대하지 않으신다. 하나님이 우리를 자유의지를 가진 인간으로 창조해 주셨다. 그러므로 하나님은 우리가 헌금을 드릴 때 우리가 스스로 자원해서 헌금을 드리는 것을 선택하고 결정할 수 있도록 배려해 주셨다. 그러므로 우리는 하나님이 어떤 분이신지 바로 알고 자원하는 마음으로 하나님께 드려야 한다.

"각각 그 마음에 정한 대로 할 것이요 인색함으로나 억지로 하지 말지니 하나님은 즐겨 내는 자를 사랑하시느니라"(고후 9:7)

바울은 우리가 마음에 정한 대로 하나님께 드리라고 말한다.

우리는 우리의 수입의 몇 퍼센트를 드릴 것인지 마음으로 미리 정해야 한다. 그리고 우리는 하나님께 인색함으로 드리지 않아야 한다. 만일 우리가 아까워하는 마음으로, 잘못된 태도로 드린다면 하나님께서 축복하시지 않는다. 그리고 우리는 하나님께 억지로 드리지 않고 자원하는 마음으로 드려야 한다. 그리고 우리는 하나님께서 즐겨 내는 자를 사랑하신다는 사실을 기억하면서 드려야 한다.

그러므로 우리가 즐거운 마음으로 하나님께 드릴 때 하나님께서 우리를 축복해 주신다. 우리가 만일 인색함으로나 억지로 하나님께 헌금을 드린다면 하나님의 인격을 무시하는 것이다.

그러므로 우리가 자원해서 드리는 것은 하나님을 인격적으로 대우해 드리는 것이다. 하나님이 먼저 우리를 인격적으로 대우해 주셨기 때문에 우리도 하나님을 인격적으로 대우해드려야 한다. 인격이란 상대방에 대한 마음의 배려요, 상대방의 마음을 헤아려 주는 것이다. 그래서 강도는 인격자가 될 수 없다. 상대방에 대한 배려가 전혀 없기 때문이다.

그러므로 우리의 신앙의 인격이 세워지면 하나님의 마음을 헤아려 알고 하나님께서 원하시는 대로 반응할 수 있다. 우리가 신앙의 참된 인격자가 된다면 하나님께 드리는 자세가 달라진다.

그리스도인의 가장 큰 죄가 무엇일까?

그것은 하나님의 사랑과 은혜를 받고도 감사할 줄 모르고 보답할 줄 모르는 것이다. 진정한 사랑이란 주고받는 것이다. 한편에서 일방적으로 사랑하는 것은 잘못된 사랑이다. 그러므로 하나님은 우리에게 사랑받고 싶어서 "모든 것을 다하여 나를 사랑하라"고 강력하게 명령하신다.

그리스도인의 타락이란 무엇일까?

그리스도인이 하나님의 은혜를 상실하고, 감사를 상실하고, 즐거운 마음을 상실한 것이다. 그러므로 우리가 신앙의 인격이 다듬어 지지 않으면 하나님을 올바르게 섬길 수 없다.

6. 하나님께 즐거운
   마음으로 드리라.

하나님은 즐거운 마음이 아닌 인색함으로 드리는 것과 억지로 드리는 것은 받지 않으신다. 여기서 인색함이란 아까워하는 마음이다. 역대상 29장 1-17절 말씀은 즐거운 마음으로 드리는 것이 무엇인지 우리에게 보여주고 있다. 다윗은 역대상 28장에서 자기 아들 솔로몬에게 성전을 건축하도록 부탁했다. 그리고 29장에서 온 이스라엘 백성들에게 솔로몬과 백성들이 건축하는 성전은 인간을 위한 것이 아니라 하나님을 위한 것이라고 말했다. 그리고 다윗은 "오늘날 누가 즐거이 손에 채워 여호와께 드리겠느냐"(대상 29:5)라고 도전했다. 그래서 이스라엘의 모든 지도자들과 모든 백성들이 즐거운 마음으로 기꺼이 하나님께 물질을 드렸다. 그것을 지켜보던 다윗은 마음에 감동을 받고 기쁨을 이기지 못했다. 역대상 29장에는 즐거이 드리는 것이 7번이나 기록되어 있다.

그러므로 우리도 하나님께 드릴 때 즐거운 마음으로 드려야 우리 하나님이 받으신다. 인간에게 드리는 것이 아니라 하나님께 드리는 것이다. 우리는 헌금을 통해서 하나님께 헌신하기 때문에 올바른 자세로 드려야 한다.

당신은 하나님께 드릴 때 즐거운 마음으로 드리고 있는가?

아니면 억지로 드리고 있는가?

만약 당신이 억지로 드린다면 아무런 영적인 유익이 없다.

하나님을 강도로 만드는 것과 같기 때문이다. 강도는 무력을 동원하여 억지로 빼앗기 때문이다. 그러므로 하나님께 드릴 때 즐거운 마음으로 드려야 한다. 그러므로 랜디 알콘은 드리는 즐거움을 깨우치기 위해 베리맨 앤 헤니거 회사의 회장 레이 베리맨이 드리는 것이 의무감보다는 기쁨에 의한 것이라는 것을 소개했다.

"우리는 여전히 소득의 50% 혹은 그 이상을 드리려고 노력합니다. 죽기 전에 자녀들에게 남겨 줄 개인적인 물건들을 제외하고 모든 것을 하나님의 일에 드리길 원합니다. 하나님이 나를 무엇을 하라고 부르셨는지 깨닫는 대로 섬기며, 또한 나의 드리는 것이 사람들을 그리스도께 인도하는 데 영향을 줄 것을 깨닫는 것에서부터 드리는 기쁨을 누립니다. 복음을 전하고, 훈련을 하고, 돕고, 굶주린 사람을 먹이는 일의 일원이 되는 것이 얼마나 신나는지 모릅니다."

7. 하나님의 주권을 인정하는 자세로 드리라.

"여호와여 위대하심과 권능과 영광과 승리와 위엄이 다 주께 속하였사오니 천지에 있는 것이 다 주의 것이로소이다 여호와여 주권도 주께 속하였사오니 주는 높으사 만물의 머리이심이니이다 부와 귀가 주께로 말미암고 또 주는 만물의 주재가 되사 손에 권세와 능력이 있사오니 모든 사람을 크게 하심과 강하게 하심이 주의 손에 있나이다"(대상 29:11-12)

다윗은 여기서 모든 것은 다 하나님께 속하여 있다고 말한다. 우리의 삶에 대한 주권도 하나님께 속하여 있다. 그러므로 우리가 하나님의 주권을 인정한다면 하나님의 충실한 종이 되어서 올바른 자세로 드릴 수 있다. 십일조는 우리의 모든 것이 하나님의 것임을 고백하는 신앙의 표현이다. 우리가 가진 것은 우리 자신의 것이 아니라 하나님의 것이다. 우리는 단순히 하나님의 것을 맡아 관리하는 청지기이다.

그렇기 때문에 우리는 가진 재물을 자신의 것으로 생각하지 말고 하나님께서 요구하실 때 언제든지 바칠 수 있는 마음의 자세를 가져야 한다. 그러므로 우리가 드리는 것은 자신이 아니라 하나님이 우리 삶의 전부인 것을 보여 주는 것이다. 우리가 주인 노릇하는 것이 아니라 하나님이 우리 삶의 주인이심을 드러내는 것이다. 하나님이 우리를 위해 존재하시는 것이 아니라 우리가 하나님을 위해서 존재한다는 것을 드러내는 것이다. 우리가 드리는 것은 하나님 아버지와 그분이 맡겨주신 사역에 헌신하는 것이다.

그러므로 랜디 알콘은 우리가 하나님께 드리는 것을 이렇게 설명했다.

"드리는 것은 더 위대하신 분과 더 위대한 사명에 기쁨으로 굴복하는 것이다. 드리는 것은 그리스도의 주인 되심을 확인해 준다. 그것은 나를 왕좌에서 끌어내리고 그분을 높인다. 그것은 나를 노예로 만드는 맘몬 신의 사슬을 끊어버리고, 내 중력의 중심을 하늘나라로 옮긴다. 나의 마음은 깨끗해져서 하나님을 주인으로 인식하게 되고, 나 자신은 종으로, 다른 사람들은 하나님이 내게 맡기시고 내가 돕도록 의도된 존재임을 깨닫게 된다. 드리는 것은 내게 주어진 이익을 빼앗기보다, 세상에서 하늘로, 자신에게서 하나님으로 중심을 옮겨가게 한다."

8. 인생의 의미를 깨닫고
겸손하게 드리라.

"우리는 우리 조상들과 같이 주님 앞에서 이방 나그네와 거류민들이라 세상에 있는 날이 그림자 같아서 희망이 없나이다"(대상 29:15)

우리의 인생이란 무엇일까? 우리는 인생 나그네 길을 살아가고 살아간다. 그러므로 우리가 언젠가는 떠날 날이 있다는 것을 알아야 한다. 그리고 우리의 인생은 그림자와 같다. 그러므로 이 땅에서 영원히 살아갈 수 없다. 이스라엘 백성들은 인생의 의미를 바로 알고 겸손하게 드렸다.

"나와 내 백성이 무엇이기에 이처럼 즐거운 마음으로 드릴 힘이 있었나이까 모든 것이 주께로 말미암았사오니 우리가 주의 손에서 받은 것으로 주께 드렸을 뿐이니이다"(대상 29:14)

우리는 하나님께 드리는 이스라엘 백성들에게서 교만을 찾아 볼 수 없다. 그들은 자신들이 소유한 모든 것은 하나님께서 주신 것이라고 고백했다. 그러므로 하나님의 것을 하나님께 돌려 드리는 것이다. 진정 그들은 겸손한 자세로 드렸다. 우리도 겸손한 자세로 드려야 한다. 그리고 그들은 다른 백성들과 함께 협력해서 드렸다.

"백성들은 자원하여 드렸으므로 기뻐하였으니 곧 그들이 성심으로 여호와께 자원하여 드렸으므로 다윗 왕도 심히 기뻐하니라, 나의 하나님이여 주께서 마음을 감찰하시고 정직을 기뻐하시는 줄을 내가 아나이다 내가 정직한 마음으로 이 모든 것을 즐거이 드렸사오며 이제 내가 또 여기 있는 주의 백성이 주께 자원하여 드리는 것을 보오니 심히 기쁘도소이다"(대상 29:9, 17)

이스라엘 백성들은 하나님께 드릴 때 함께 협력해서 드렸다. 뿐만 아니라 다른 사람이 드리는 것을 보고 심히 기뻐하면서 드렸다. 우리도 하나님의 사역을 감당하고 하나님께 드릴 때 모든 성도들이 함께 동참하고, 함께 협력해서 드려야 한다. 다른 사람이 하나님을 섬기고 하나님께 드릴 때 축하 해주고 기뻐하며 드려야 한다.

9. 하나님께서 주신 것에서
비율에 따라 드리라.

　우리는 다른 사람이 어떻게 헌금을 드리는지 상관하지 말고 하나님이 우리에게 주신 것에서 비율에 따라 드려야 한다. 하나님은 우리에게 수입을 통해 얻은 모든 것의 십분의 일을 드리라고 명령하셨다. 하나님은 우리에게 무조건 많이 드리라고 말씀하시는 것이 아니다. 그러므로 우리는 하나님께서 우리에게 주신 수입에 따라 드려야 한다.
　"매주 첫날에 너희 각 사람이 수입에 따라 모아 두어서 내가 갈 때에 연보를 하지 않게 하라"(고전 16:2)
　하나님께 물질을 드리는 사람은 자기 자신을 하나님께 드리는 것이다. 물질은 그 사람의 시간과 재능과 열정의 열매이다. 그러므로 하나님께 물질을 드리지 못하는 사람은 아직 자신을 하나님께 드린 것이 아니다. 그러므로 우리의 수입 중에 퍼센트를 정해서 하나님께 헌금으로 드려야 한다.
　"각각 그 마음에 정한 대로 할 것이요 인색함으로나 억지로 하지 말지니 하나님은 즐겨 내는 자를 사랑하시느니라"(고후 9:7)
　우리는 사도 바울의 권면에 따라서 수입 중에 몇 퍼센트를 드릴 것인지 마음으로 정해야 한다. 하나님께서는 우리가 드리는 헌금의 액수를 판단하시지 않으신다. 하나님께서는 우리의 수입 중에서 몇 퍼센트를 드렸는지를 보시며, 우리가 하나님께 드리고 몇 퍼센트를 남겼는지를 보신다.

그러므로 우리의 수입이 많다면 하나님께 드리는 퍼센트를 높여야 한다. 하나님께서는 우리의 헌금에서 우리의 희생을 보시기를 원하신다. 우리는 비록 가난한 사람이라도 수입의 퍼센트를 높이므로 말미암아 하나님께 더 많이 드릴 수 있다. 누가복음 21장 1-4절에 등장하는 가난한 과부는 자신의 모든 소유인 100%를 드렸다.

"예수께서 눈을 들어 부자들이 헌금함에 헌금 넣는 것을 보시고 또 어떤 가난한 과부가 두 렙돈 넣는 것을 보시고 이르시되 내가 참으로 너희에게 말하노니 이 가난한 과부가 다른 모든 사람보다 많이 넣었도다 저들은 그 풍족한 중에서 헌금을 넣었거니와 이 과부는 그 가난한 중에서 자기가 가지고 있는 생활비 전부를 넣었느니라 하시니라"(눅 21:1-4)

우리의 수입 중에 몇 퍼센트를 하나님께 드릴 것인지 정하는 것은 하나님 앞에서 올바른 태도를 지니는 것이다. 그러므로 자신을 위한 종이봉투를 만들어 매월 수입이 있을 때마다 하나님께 드릴 일정한 액수를 먼저 따로 떼어놓아야 한다.

그러므로 따로 떼어놓은 물질은 하나님께 심어야할 씨앗이며, 하나님의 것이기 때문에 개인의 필요를 위해서 사용하지 말아야 한다.

그리고 매주 또는 매월 규칙적으로 지역교회를 통해서 하나님께 드려야 한다. 뿐만 아니라 우리는 우리의 힘대로 드리고, 힘에 지나도록 드려야 한다.

"내가 증언하노니 그들이 힘대로 할 뿐 아니라 힘에 지나도록 자원하여"(고후 8:3)

우리가 힘에 지나도록 드리는 것이 희생적인 헌금이다. 그리스도인의 성숙은 희생적인 헌금이라는 결과로 나타날 수 있다. 우리가 드릴 수 있는 능력 그 이상으로 드릴 때 우리는 희생적인 헌금을 드리는 것이다. 희생적인 헌금은 비이성적인 생각으로 드리는 것이 아니라 하늘에 보물을 쌓음으로 영원한 상급을 바라보고 드리는 것이기 때문에 온전한 생각으로 드리는 것이다. 그러므로 희생적인 헌금을 드리지 못하는 것은 드리는 즐거움과 미래의 상급을 빼앗기는 것이다. 다윗은 하나님께 드리기 위해서 자기의 것을 희생하는 마음을 가지고 드렸다.

"왕이 아라우나에게 이르되 그렇지 아니하다 내가 값을 주고 네게서 사리라 값 없이는 내 하나님 여호와께 번제를 드리지 아니하리라 하고 다윗이 은 오십 세겔로 타작 마당과 소를 사고"(삼하 24:24)

10. 후하고

너그럽게 드리라.

"너희가 모든 일에 넉넉하여 너그럽게 연보를 함은 그들이 우리로 말미암아 하나님께 감사하게 하는 것이라 이 봉사의 직무가 성도들의 부족한 것을 보충할 뿐 아니라 사람들이 하나님께 드리는 많은 감사로 말미암아 넘쳤느니라 이 직무로 증거를 삼아 너희가 그리스도의 복음을 진실히 믿고 복종하는 것과 그들과 모든 사람을 섬기는 너희의 후한 연보로 말미암아 하나님께 영광을 돌리고"(고후 9:11-13)

참된 부는 물질적인 것이 아니라 내면에 있는 "넉넉한 마음"이다. 예수님은 당신의 무한한 사랑으로 우리를 변화시켜 주셔서 '넉넉한 마음'을 가지게 하셨다. 마게도냐 교회 성도들이 심한 가난 중에서도 풍성한 연보를 드린 것은 그들이 넉넉한 마음을 가졌기 때문이다. 우리도 넉넉한 마음으로 하나님께 풍성하게 드려야 한다. 그러므로 하나님께 얼마를 드리겠다고 약속하고 드리라.

"이는 내가 너희의 원함을 앎이라 내가 너희를 위하여 마게도냐인들에게 아가야에서는 일 년 전부터 준비하였다는 것을 자랑하였는데 과연 너희의 열심이 퍽 많은 사람들을 분발하게 하였느니라 그런데 이 형제들을 보낸 것은 이 일에 너희를 위한 우리의 자랑이 헛되지 않고 내가 말한 것 같이 준비하게 하려 함이라 혹 마게도냐인들이 나와 함께 가서 너희가 준비하지 아니한 것을 보면 너희는 고사하고 우리가 이 믿던 것에 부끄러움을 당할까 두려워하노라 그러므로 내가 이 형제들로 먼저 너희에게 가서 너희가 전에 약속한 연보를 미리 준비하게 하도록 권면하는 것이 필요한 줄 생각하였노니 이렇게 준비하여야 참 연보답고 억지가 아니니라"(고후 9:2-5)

마게도냐 교회 성도들은 극한 가난과 어려운 중에도 성실하게 드렸다. "환난의 많은 시련 가운데서 그들의 넘치는 기쁨과 극심한 가난이 그들의 풍성한 연보를 넘치도록 하게 하였느니라"(고후 8:2)

11. 헌금을
올바르게 사용하라.

우리는 헌금을 어디에 드려야 할까? 우리는 일차적으로 자신이 다니고 있는 지역교회에 책임을 다 해야 한다. 신약 성경의 모든 헌금은 지역교회의 사역과 관련해서 드렸다. 그러면 우리가 드린 헌금은 무엇을 위해서 사용되어야 할까? 우리가 드린 헌금은 지역교회에서 복음을 전하는 사업을 위해서 사용해야 한다. 그러므로 우리는 지역교회를 중심으로 우리의 시간과 봉사와 물질을 드려야 한다. 지역교회는 이 시대를 위한 하나님의 정하신 기관이기 때문이다.

1) 세계복음화를 위한 복음전도에 사용하라.

S. O. L. 선교회는 돈을 가장 현명하고 가치 있게 사용하는 것은 다른 사람들을 그리스도께 인도하기 위해서 사용하는 것이라고 소개했다. L. E. 맥스웰은 의미 있게 물질을 사용했던 하나님의 사람을 소개한다.
"영국에 팔십 세에 다다른 어떤 고령의 신사가 있었다. 그의 자녀들과 친척들은 그의 생일 선물로 무엇을 드려야 할지를 결정하지 못했다. 그래서 그가 원하는 것을 살 수 있도록 돈을 모아 그에게 드리기로 했다. 친척들은 약 2,400달러나 되는 돈을 모았다. 노인은 이것에 대해서 듣고 물었다. '여러분들이 모은 이 돈을 가지고 내가 원하는 것을 해도 된다는 말인가?' 그들이 그에게 그렇다고 대답하자, 그는 '나는 이 돈을 하나님의 말씀을 자신의 언어로 들어 보지 못한 부족들을 위해 새로운 언어로 성경을 출판하는 일에 사용하고 싶습니다.'라고 말했다. 친척들은 영국과 외국의 성서공회와 의논했다. 그곳의 한 담당자는 이렇게 말했다. '놀랍군요. 아프리카의 몇몇 선교사들은 수년 동안 새로운 언어로 성경을 번역하였습니다. 우리는 방금 그 사본을 받았습니다.' 성경을 새 언어로 인쇄하는 데 비용이 얼마나 드는지를 물었을 때, 담당자는 '약 3,000달러'라고 대답했다. 친척들은 다시 모자를 돌려 필요한 액수를 모금했다. 오래지 않아서 성경은, 하나님의 말씀을 자신들의 언어로 들어 보지 못한 아프리카의 부족을 위해 그들의 언어로 인쇄되었다. 많은 사람들이 하나님의 귀중한 말씀을 읽음으로써 그리스도를 구세주로 믿게 되었다."

2) 교회의 사역자와 선교헌금을 위해서 사용하라.

"성전의 일을 하는 이들은 성전에서 나는 것을 먹으며 제단에서 섬기는 이들은 제단과 함께 나누는 것을 너희가 알지 못하느냐 이와 같이 주께서도 복음 전하는 자들이 복음으로 말미암아 살리라 명하셨느니라"(고전 9:13-14)

"잘 다스리는 장로들은 배나 존경할 자로 알되 말씀과 가르침에 수고하는 이들에게는 더욱 그리할 것이니라 성경에 일렀으되 곡식을 밟아 떠는 소의 입에 망을 씌우지 말라 하였고 또 일꾼이 그 삯을 받는 것은 마땅하다 하였느니라"(딤전 5:17-18)

"가르침을 받는 자는 말씀을 가르치는 자와 모든 좋은 것을 함께 하라"(갈 6:6)

"빌립보 사람들아 너희도 알거니와 복음의 시초에 내가 마게도냐를 떠날 때에 주고 받는 내 일에 참여한 교회가 너희 외에 아무도 없었느니라 데살로니가에 있을 때에도 너희가 한 번뿐 아니라 두 번이나 나의 쓸 것을 보내었도다"(빌 4:15-16)

여기 이 모든 말씀들은 우리가 드리는 헌금이 사역자를 위해 사용되어야 함을 말해주고 있다. 바울은 성전의 일을 하는 사역자들은 성전에서 나는 것을 먹어야 하며, 사역자가 사례비를 받는 것이 마땅하며, 빌립보교회 성도들이 사도 바울을 위해 선교헌금에 동참한 사실을 말하고 있다.

3) 사랑의 구제헌금으로 사용하라.

성도들 중에 자신의 생계를 꾸려나갈 수 없고, 신약성경의 지침에 충실한 자로 입증된 교회 지체들을 돕기 위한 사랑의 구제헌금으로 사용한다.

"과부로 명부에 올릴 자는 나이가 육십이 덜 되지 아니하고 한 남편의 아내였던 자로서 선한 행실의 증거가 있어 혹은 자녀를 양육하며 혹은 나그네를 대접하며 혹은 성도들의 발을 씻으며 혹은 환난 당한 자들을 구제하며 혹은 모든 선한 일을 행한 자라야 할 것이요"(딤전 5:9-10)

4) 어려운 교회를 돕기 위해서 사용하라.

"그 때에 선지자들이 예루살렘에서 안디옥에 이르니 그 중에 아가보라 하는 한 사람이 일어나 성령으로 말하되 천하에 큰 흉년이 들리라 하더니 글라우디오 때에 그렇게 되니라 제자들이 각각 그 힘대로 유대에 사는 형제들에게 부조를 보내기로 작정하고 이를 실행하여 바나바와 사울의 손으로 장로들에게 보내니라"(행 11:27-30)

"그러나 이제는 내가 성도를 섬기는 일로 예루살렘에 가노니 이는 마게도냐와 아가야 사람들이 예루살렘 성도 중 가난한 자들을 위하여 기쁘게 얼마를 연보하였음이라 저희가 기뻐서 하였거니와 또한 저희는 그들에게 빚진 자니 만일 이방인들이 그들의 영적인 것을 나눠 가졌으면 육적인 것으로 그들을 섬기는 것이 마땅하니라 그러므로 내가 이 일을 마치고 이 열매를 그들에게 확증한 후에 너희에게 들렀다가 서바나로 가리라"(롬 15:25-28)

글라우디오 황제가 로마를 통치할 때 천하에 큰 흉년이 들어 유대에 있는 예루살렘교회가 어려움에 처하자 안디옥교회 성도들이 사랑의 구제헌금에 동참하여 사도 바울 일행이 예루살렘교회에 전달한 사실을 언급하고 있다. 그러므로 어려운 교회를 돕기 위해 헌금이 사용되어야 한다.

5) 선교사를 돕기 위해서 사용하라.

"내게는 모든 것이 있고 또 풍부한지라 에바브로디도 편에 너희가 준 것을 받으므로 내가 풍족하니 이는 받으실 만한 향기로운 제물이요 하나님을 기쁘시게 한 것이라 나의 하나님이 그리스도 예수 안에서 영광 가운데 그 풍성한 대로 너희 모든 쓸 것을 채우시리라 하나님 곧 우리 아버지께 세세 무궁하도록 영광을 돌릴지어다 아멘"(빌 4:18-20)

이 내용은 빌립보교회가 사도 바울이 사역을 잘 감당하도록 선교헌금으로 바울을 도왔던 내용을 소개하고 있다. 그러므로 우리의 헌금은 선교사를 돕기 위해 사용되어야 한다.

나누어 줌으로
하늘에 보물을 쌓아 두라

우리는 본능적으로 나누어 주는 것보다 받는 것에 익숙하다. 더 심할 경우 나누어 주는 것은 고사하고 모든 것을 동원해서 상대방의 것을 빼앗기까지 한다. 하지만 우리가 나누어 주지 않고 계속해서 받으려는 태도를 취한다면 이미 사탄의 유혹에 넘어간 것이다. 그러므로 우리 예수님께서는 사도행전 20장 35절에서 "주는 것이 받는 것보다 복이 있다"고 말씀하셨다. 우리가 나누어 줄 때 주는 사람이 받는 축복과 받는 사람이 누리는 축복과, 하나님께서 그것을 보시면서 기뻐하시는 축복이 있다. 결국 나누지 않는 것은 하나님의 축복과 다른 사람의 축복과 자신의 축복이 도둑질 당하는 것이다.

그러므로 하나님 아버지께서는 하나밖에 없는 아들이었지만 우리를 사랑하사 우리를 위해 그 아들을 보내주심으로 자신의 사랑을 나타내셨다. 예수님께서는 우리를 사랑하사 하나밖에 없는 생명까지도 아낌없이 주셨다.

심고 거두는 원칙은 농부가 밭에 씨앗을 뿌리고 거두는 일에 적용되지만 인간관계에서 사랑을 주고받는 일에도 적용된다. 우리가 지금 당장 물질적으로 어렵더라도 나누어 줌으로 물질의 씨앗을 심어야 한다. 물질적으로 어렵더라도 우리는 너그러운 마음으로 나누어 주는 사람이 되어야 한다.

그러므로 세상의 재정의 법칙은 사고파는 법칙이지만 하나님 나라의 원칙은 주고받는 법칙이다. 그러므로 세상의 법칙으로 보면 나누어 주는 것은 물질이 줄어든다고 생각하지만 성경적 부자 되는 원칙은 나누어 줄수록 물질의 씨앗을 심기 때문에 나중에 더 많이 거두어 물질이 더 풍성해 진다. 우리가 다른 사람에게 선을 베풀 때 하나님께서 반드시 갚아 주시기 때문이다.

"이는 각 사람이 무슨 선을 행하든지 종이나 자유인이나 주께로부터 그대로 받을 줄을 앎이라"(엡 6:8)

우리가 다른 사람에게 선을 베푸는 것은 씨앗을 뿌리는 것이다.

그러므로 우리 하나님께서 우리가 심은 대로 거두게 하신다.

"주께로부터 그대로 받을 줄을 앎이라"

우리가 나누어 줄 수 있다는 것은 사랑이 풍부한 마음과 너그러운 마음에서 우러나오며, 우리의 너그러운 마음은 시간을 내게 하고, 사랑을 실천하게 하며, 용서를 실천하게 하고, 좋은 영향을 끼치고, 다른 사람들과 좋은 인간관계를 맺게 해주는 엄청난 축복이다.

우리가 가진 것이 없다면 다른 사람에게 베풀 수 없는데 이미 하나님께서 은혜로 우리에게 많은 것들을 주셨기 때문에 우리도 다른 사람에게 나누어 줄 수 있는 것이다. 그리고 우리가 나누어 주는 삶을 살아갈 때 우리가 하나님을 예배하기 때문에 우리 하나님께서 매우 기뻐하신다. 히브리서 기자는 우리가 선을 행하는 것은 하나님께 제사를 드리는 것이며, 그러므로 하나님께서 기뻐하신다고 말씀했다.

"오직 선을 행함과 서로 나누어 주기를 잊지 말라 하나님은 이같은 제사를 기뻐하시느니라"(히 13:16)

그러므로 우리가 가진 모든 것이 다 하나님의 소유라는 것을 인정해야 우리는 기쁨으로 나눌 수 있다. 그러므로 바울은 "누가 너를 남달리 구별하였느냐 네게 있는 것 중에 받지 아니한 것이 무엇이냐 네가 받았은즉 어찌하여 받지 아니한 것 같이 자랑하느냐"(고전 4:7)라고 말씀했다. 그러므로 바울은 이미 우리가 가진 것이 많은 부자라면 어떻게 살아야 하는지를 자세히 설명했다.

"네가 이 세대에서 부한 자들을 명하여 마음을 높이지 말고 정함이 없는 재물에 소망을 두지 말고 오직 우리에게 모든 것을 후히 주사 누리게 하시는 하나님께 두며 선을 행하고 선한 사업을 많이 하고 나누어 주기를 좋아하며 너그러운 자가 되게 하라 이것이 장래에 자기를 위하여 좋은 터를 쌓아 참된 생명을 취하는 것이니라"(딤전 6:17-19)

우리가 이미 하나님께 많은 축복을 받았다면 자원하는 마음으로 너그럽게 베푸는 삶을 살아야 한다. 우리는 무엇보다도 하나님께 소망을 두고 선을 행하며 살아야 한다. 우리는 선한 사업을 많이 하고, 모든 사람에게 너그러운 사람이 되어서 나누어 주기를 좋아해야 한다. 우리가 다른 사람에게 나누어 주는 것은 항상 상대방을 사랑하는 마음으로 나누어 주어야 한다. 우리가 사랑으로 나누어 주지 않으면 아무런 유익이 없기 때문이다.

"내가 내게 있는 모든 것으로 구제하고 또 내 몸을 불사르게 내줄지라도 사랑이 없으면 내게 아무 유익이 없느니라"(고전 13:3)

그렇다면 나누어 주는 삶을 살게 하는 너그러운 마음이란 무엇일까? 너그러운 마음은 상대방을 너그럽게 대접하는 것이다. 너그러운 마음은 모든 주는 일에 대한 법칙이기 때문에 아무런 대가를 바라지 않고 다른 사람에게 시간과 물질과 수고를 기꺼이 주는 마음이다.

그러므로 사랑하는 사람은 무슨 일을 하든지 너그러운 마음으로 행동한다. 우리가 너그럽게 베푸는 삶을 살아갈 때 우리 하나님께서 기쁨으로 받으신다. 너그러운 마음은 물질을 나누어 주는 것뿐만 아니라 가족과 함께 시간 보내고, 가족을 돕기 위해 의식적으로 내 능력을 활용하는 것이다. 너그러운 마음은 자기 자신을 선물로 주는 것이며, 하나님께서 상 주실 것을 바라보고, 사람에게 받을 것을 기대하지 않고, 기쁘게 베푸는 것이다.

세계 최고의 부자 록펠러는 하나님이 자신에게 재물을 얻을 능력을 주셨기 때문에 자신이 부자가 되었다고 믿었다. 그래서 그는 자신이 돈을 벌면 그것을 다시 나누어줄 것을 하나님이 아시고, 하나님이 자신을 나누어 주는 도구로 사용하신다는 것을 깨달았다. 그는 자신의 재산이 인류의 복지를 위해 사용하라고 하나님이 주신 선물이라고 생각하고, 자신의 재산을 나누어 주는 삶을 살았다. 그가 시카고대학에 엄청난 돈을 기부하여 학교가 크게 발전하였다. 그가 시카고대학의 15주년 개교일에 처음으로 학교에 방문하자 학교 측에서는 학생들을 시켜서 록펠러를 찬양하는 노래를 만들어 부르게 하면서 그를 환영했다. 그 환영의 노래를 듣고 록펠러는 이렇게 말했다.

"제가 학교에 기부한 돈은 하나님이 주신 것입니다. 그러니 어떻게 시카고대학에 기부하지 않을 수 있을까요? 적어도 나는 하나님께 축복의 씨앗을 뿌리면 반드시 20년, 30년 뒤에 어마어마하게 결실을 맺을 것을 볼 수 있었습니다. 나는 이런 하나님의 경제학을 철저히 내 어머니에게 배웠습니다. 모든 것은 하나님께서 예비하신 것입니다."

록펠러가 얼마나 많은 물질의 축복을 받았는지 록펠러재단에서 일을 하던 게이츠는 록펠러에게 이런 편지를 보냈다.

"회장님의 재산은 눈덩이가 불어나듯이 엄청난 속도로 불어나고 있습니다. 걷잡을 수 없을 정도라서 걱정입니다. 돈이 불어나는 속도보다 더 빨리 나누어 주셔야 합니다. 그렇지 않으면 회장님은 물론 회장님의 자녀분들, 그리고 손자의 손자까지 재산에 치어 죽을지도 모릅니다."(이채윤이 쓴 십일조의 비밀을 안 최고의 부자 록펠러에서)

유대인들의 생명을 구했던 쉰들러는 너그러운 마음으로 베푸는 삶을 살았다. '쉰들러 리스트'라는 영화에서 독일이 유대인을 학살할 때에 쉰들러가 자신이 갖고 있던 모든 재산을 털어서 수많은 유대인들을 살려준 이야기는 우리를 감동시킨다. 그러면서도 자기 옷에 달린 금장식을 팔았더라면 한 사람이라도 더 살릴 수 있었을 것이라고 자책하는 장면이 나온다. 그는 너그러운 사람이었기 때문에 자신의 모든 것을 나누어 줌으로 유대인들을 살렸다.

오늘날 신문에서 남몰래 많은 돈을 기부한 사람들의 이야기, 혹은 어렵게 돈을 모아서 자신은 가난하게 살았지만 다른 사람들을 돕고 있는 천사의 마음을 가진 할머니들의 이야기를 들을 때 우리의 마음은 감동을 받는다.

1. 어떻게 축복의 씨앗을
심을 수 있는가?

 여러 사람들에게 사랑을 베풀어 본 사람은 주는 삶이 얼마나 행복한지를 체험을 통하여 알게 된다. 그러므로 우리는 다른 사람에게 아낌없이 베풀어 주어야 한다. 너그럽고 아낌없이 베풀어 주는 것은 그리스도 안에서 새사람이 된 사람에게 일어나는 하나의 변화이다. 우리가 진정으로 변화되었다면 우리는 다른 누구보다도 아낌없이 베푸시는 하늘의 아버지를 닮아간다. 우리가 아낌없이 베푸는 것은 하나님께 받은 것에 대한 감사와 사랑을 표현하는 것이다.

 다른 사람에게 베풀어 주는 것에 대해 늘 언제나 하나님의 음성에 귀를 기울이고, 하나님께서 무엇을 말씀하시든지 그대로 순종하는 사람이 아름다운 사람이다. 우리가 할 수 없는 부분을 하나님께서 친히 채워주시고, 하나님께서 우리의 삶에서 친히 나누어주시고 있다는 사실을 믿어야 한다.

 성경적 부자 되는 원칙 중에 가장 중요한 원칙이 바로 심고 거두는 원칙이다. 심고 거두는 원칙 중에 하나님께 십일조와 헌금으로 물질의 씨앗을 심는 것도 중요하지만 우리는 너그러운 마음으로 나누어 줌으로 우리의 이웃들에게 물질의 씨앗을 심어야 한다. 예수님께서 우리에게 하나님을 사랑하고 이웃을 사랑하라는 최고의 법을 주셨기 때문이다.

"예수께서 이르시되 네 마음을 다하고 목숨을 다하고 뜻을 다하여 주 너의 하나님을 사랑하라 하셨으니 이것이 크고 첫째 되는 계명이요 둘 째도 그와 같으니 네 이웃을 네 자신 같이 사랑하라 하셨으니 이 두 계명 이 온 율법과 선지자의 강령이니라"(마 22:37-40)

우리가 나누어 줌으로 이웃에게 물질의 씨앗을 심을 수 있는 방법은 무엇일까? 하나님의 말씀에 따라 심어야 한다. 하나님은 말씀을 통해서 우리에게 구체적인 섬김의 방법을 보여 주셨기 때문이다.

그러므로 하나님의 말씀은 가난한 사람들에게 주는 삶을 살아가라고 권면한다. 그냥 단순하게 주라고 말씀하시는 것이 아니라 물질의 축복 을 누리기 위해서 나눔을 통해 씨앗을 심으라고 말씀하신다. 사실 고아 와 과부와 거류민들은 보호해 줄 사람이 없기 때문에 하나님께서 우리 를 통해 그들을 보호해 주시기를 바라신다. 우리는 가난한 사람들을 대 할 때 마음이 강퍅하지 말아야 한다. 그들을 도울 수 없다는 여러 가지 변명을 하거나 핑계를 대지 말아야 한다. 우리가 그들에게 나누어 주는 것은 자비를 베푸는 것이며, 자비는 상대방이 받을 자격을 갖추었는가 를 따지는 것이 아니다.

그러므로 우리는 하나님 아버지의 뜻을 알고, 하나님 아버지를 대신 해서 그들을 도울 때 우리 하나님께서 우리를 축복으로 갚아 주신다.

"흩어 구제하여도 더욱 부하게 되는 일이 있나니, 선한 눈을 가진 자는 복을 받으리니 이는 양식을 가난한 자에게 줌이니라, 주린 자에게 네 심정이 동하며 괴로워하는 자의 심정을 만족하게 하면 네 빛이 흑암 중에서 떠올라 네 어둠이 낮과 같이 될 것이며, 구제를 좋아하는 자는 풍족하여질 것이요 남을 윤택하게 하는 자는 자기도 윤택하여지리라, 가난한 자를 보살피는 자에게 복이 있음이여 재앙의 날에 여호와께서 그를 건지시리로다, 가난한 자를 구제하는 자는 궁핍하지 아니하려니와 못 본 체하는 자에게는 저주가 크리라, 그는 가난한 자와 궁핍한 자를 변호하고 형통하였나니 이것이 나를 앎이 아니냐 여호와의 말씀이니라"(잠 11:24, 22:9, 사 58:10, 잠 11:25, 시 41:1, 잠 28:27, 렘 22:16)

그러므로 성경에는 가난한 사람을 우리에게 부탁하는 말씀들이 가득하다. 그러므로 우리는 나누어 주는 삶이 무엇이며, 이 분야에서 우리의 책임이 무엇인지 알아야 한다. 성경은 우리 그리스도인들에게 나누어 주는 부분에 대해서 분명하게 말씀하시며, 많은 지면을 통해서 가르치고 있다.

우리는 때때로 물질적으로 우리보다 더 어려움에 처해 있는 사람들을 만나게 된다. 우리보다 물질적으로 어려운 모든 사람이 아니라 하나님께서 우리 삶에 보내신 사람들을 도와주면 되는 것이다. 우리도 어렵지만 우리가 씨앗을 심으면 하나님께서 거두게 해주신다는 믿음을 가지고 어려운 상황에서 우리의 마음이 움직여야 한다. 우리의 마음이 움직이면 얼마든지 그들을 도와줄 수 있기 때문이다. 그래서 사도 바울은 고린도교회 성도들에게 실천할 마음의 중요성을 강조했다.

"이 일에 관하여 나의 뜻을 알리노니 이 일은 너희에게 유익함이라 너회가 일 년 전에 행하기를 먼저 시작할 뿐 아니라 원하기도 하였은즉 이제는 하던 일을 성취할지니 마음에 원하던 것과 같이 완성하되 있는 대로 하라 할 마음만 있으면 있는 대로 받으실 터이요 없는 것은 받지 아니하시리라 이는 다른 사람들은 평안하게 하고 너희는 곤고하게 하려는 것이 아니요 균등하게 하려 함이니 이제 너희의 넉넉한 것으로 그들의 부족한 것을 보충함은 후에 그들의 넉넉한 것으로 너희의 부족한 것을 보충하여 균등하게 하려 함이라 기록된 것 같이 많이 거둔 자도 남지 아니하였고 적게 거둔 자도 모자라지 아니하였느니라"(고후 8:10-15)

물론 우리가 가진 것이 하나도 없다면 우리보다 어려운 사람을 도와줄 수 없을 것이다. 그래서 사도 바울은 "있는 대로 하라 할 마음만 있으면 있는 대로 받으실 터이요 없는 것은 받지 아니하시리라"고 말씀했다.

2. 나누어 주는 것이
얼마나 아름다운가?

우리는 가난한 사람을 만날 때 그들을 외면하지 말고 도와야 한다. 하나님께서 물질의 축복으로 갚아주시기 때문이다. 우리가 가난한 사람을 보살피는 것은 하나님께 빌려드리는 것이기 때문에 하나님께서 반드시 축복으로 갚아 주신다. 우리 하나님은 반드시 약속을 지키신다.

우리가 가난한 사람들을 도와줄 때 어떤 축복을 받을 수 있을까?

우리가 어려울 때 하나님께서 건져주시고, 하나님께서 지켜 주심으로 우리가 죽지 않고 살게 되는 축복을 받는다. 그리고 이 세상에서 여러 가지 다양한 축복을 받음으로 우리가 하는 모든 일이 잘 되는 축복을 받는다. 우리에게 궁핍함이 없게 하는 축복을 받는다. 우리에게 하늘에서 아름다운 보화가 내려오는 축복을 받는다. 이 모든 것은 하나님의 말씀이 우리에게 보증하는 축복들이다.

"너그러운 사람에게는 은혜를 구하는 자가 많고 선물을 주기를 좋아하는 자에게는 사람마다 친구가 되느니라, 범사에 너희에게 모본을 보였노니 곧 이같이 수고하여 약한 사람들을 돕고 또 주 예수의 친히 말씀하신 바 주는 것이 받는 것보다 복이 있다 하심을 기억하여야 할지니라, 내게는 모든 것이 있고 또 풍부한지라 에바브로디도 편에 너희의 준 것을 받으므로 내가 풍족하니 이는 받으실만한 향기로운 제물이요 하나님을 기쁘시게 한 것이라, 오직 선을 행함과 서로 나눠주기를 잊지 말라 이같은 제사는 하나님이 기뻐하시느니라, 베뢰아에 있는 사람들은 데살로니가에 있는 사람들보다 더 너그러워서 간절한 마음으로 말씀을 받고 이것이 그러한가 하여 날마다 성경을 상고하므로, 주라 그리하면 너희에게 줄 것이니 곧 후히 되어 누르고 흔들어 넘치도록 하여 너희에게 안겨 주리라 너희의 헤아리는 그 헤아림으로 너희도 헤아림을 도로 받을 것이니라, 네 하나님 여호와께서 네게 주신 땅 어느 성읍에서든지 가난한 형제가 너와 함께 거주하거든 그 가난한 형제에게 네 마음을 완악하게 하지 말며 네 손을 움켜쥐지 말고, 만일 내가 사람이 의복이 없이 죽어가는 것이나 가난한 자가 덮을 것이 없는 것을 못 본 체 했다면, 가난한 자를 보살피는 자에게 복이 있음이여 재앙의 날에 여호와께서 그를 건지시리로다 여호와께서 그를 지키사 살게 하시리니 그가 이 세상에서 복을 받을 것이라, 그는 가난한 자와 궁핍한 자를 불쌍히 여기며 궁핍한 자의 생명을 구원하며, 은혜를 베풀며 꾸어 주는 자는 잘 되나니 그 일을 정의로 행하리로다, 가난한 사람을 학대하는 자는 그를 지으신 이를 멸시하는 자요 궁핍한 사람을 불쌍히 여기는 자는 주를 공경하는 자니라, 가난한 자를 조롱하는 자는 그를 지으신 주를 멸시하는 자요 사람의 재앙을 기뻐하는 자는 형벌을 면하지 못할 자니라, 가난한 자를 불쌍히 여기는 것은 여호와께 꾸어 드리는 것이니 그의 선행을 그에게 갚아 주시리라, 귀를 막고 가난한 자가 부르짖는 소리를 듣지 아니하면 자기가 부르짖을 때에도 들을 자가 없으리라, 선한 눈을 가진 자는 복을 받으리니 이는 양식을 가난한 자에게 줌이니라, 가난한 자를 구제하는 자는 궁핍하지 아니하려니와 못 본 체하는 자에게는 저주가 크리라, 의인은 가난한 자의 사정을 알아주나 악인은 알아 줄 지식이 없느니라, 예수께서 이르시되 네가 온전하고자 할진대 가서 네 소유를 팔아 가난한 자들에게 주라 그리하면 하늘에서 보화가 네게 있으리라 그리고 와서 나를 따르라 하시니, 이는 마게도냐와 아가야 사람들이 예루살렘 성도 중 가난한 자들을 위하여 기쁘게 얼마를 연보하였음이라"(잠 19:6, 행 20:35, 빌 4:18, 히 13:16, 행 17:11, 눅 6:38, 신 15:7, 욥 31:19, 시 41:1-2, 72:13, 112:5, 잠 14:31, 17:5, 19:17, 21:13, 22:9, 28:27, 29:7, 마 19:21, 롬 15:26)

하나님의 말씀 성경은 너그러운 마음으로 베푸는 삶을 살았던 사람들은 소개했다.

첫째로 우리 예수님께서도 너그러운 마음으로 모든 사람들을 대하셨다.

포도원의 비유에서 한 시간 일한 일꾼을 불쌍히 여겨 하루의 품삯을 지불한 포도원의 주인은 바로 우리 예수님을 나타낸다.

"내 것을 가지고 내 뜻대로 할 것이 아니냐 내가 선하므로 네가 악하게 보느냐"(마 20:15)

예수님께서는 오병이어의 기적에서 무리들을 불쌍히 여겨 무리가 원하는 대로 너그럽게 베풀어주셨다. 예수님께서는 우리의 구원을 위해 자신의 생명을 십자가에 죽기까지 내어 놓으셨다.

"예수께서 가라사대 이 사람들로 앉게 하라 하신대 그 곳에 잔디가 많은지라 사람들이 앉으니 수효가 오천쯤 되더라 예수께서 떡을 가져 축사하신 후에 앉은 자들에게 나눠 주시고 고기도 그렇게 저희의 원대로 주시다 저희가 배부른 후에 예수께서 제자들에게 이르시되 남은 조각을 거두고 버리는 것이 없게 하라 하시므로 이에 거두니 보리떡 다섯 개로 먹고 남은 조각이 열 두 바구니에 찼더라(요 6:10-13)

둘째로 마게도냐 교회의 성도들도 너그러운 마음으로 예루살렘교회 성도들에게 베풀었다.

그들은 환난의 많은 시련가운데서도 너그럽게 풍성한 연보를 넘치게 드려 어려운 사람들을 도와주었다.

"형제들아 하나님께서 마게도냐 교회들에게 주신 은혜를 우리가 너희에게 알리노니 환난의 많은 시련 가운데서 그들의 넘치는 기쁨과 극심한 가난이 그들의 풍성한 연보를 넘치도록 하게 하였느니라, 너희가 모든 일에 넉넉하여 너그럽게 연보를 함은 그들이 우리로 말미암아 하나님께 감사하게 하는 것이라"(고후 8:1-2, 9:11)

셋째로 다윗 왕은 전쟁에 참여하지 못한 사람들에게 너그러운 마음으로 동일한 은혜를 베풀었다. "다윗과 함께 갔던 자들 가운데 악한 자와 불량배들이 다 이르되 그들이 우리와 함께 가지 아니하였은즉 우리가 도로 찾은 물건은 무엇이든지 그들에게 주지 말고 각자의 처자만 데리고 떠나가게 하라 하는지라 다윗이 이르되 나의 형제들아 여호와께서 우리를 보호하시고 우리를 치러 온 그 군대를 우리 손에 넘기셨은즉 그가 우리에게 주신 것을 너희가 이같이 못하리라 이 일에 누가 너희에게 듣겠느냐 전장에 내려갔던 자의 분깃이나 소유물 곁에 머물렀던 자의 분깃이 동일할지니 같이 분배할 것이니라 하고"(삼상 30:22-24)

넷째로 향유 옥합을 깨뜨린 마리아도 너그러운 마음으로 예수님께 베풀었다.

마리아는 그가 가진 것 중에 가장 귀한 것을 예수님 앞에 다 드렸다.

"유월절 엿새 전에 예수께서 베다니에 이르시니 이 곳은 예수께서 죽은 자 가운데서 살리신 나사로가 있는 곳이라 거기서 예수를 위하여 잔치할새 마르다는 일을 하고 나사로는 예수와 함께 앉은 자 중에 있더라 마리아는 지극히 비싼 향유 곧 순전한 나드 한 근을 가져다가 예수의 발에 붓고 자기 머리털로 그의 발을 닦으니 향유 냄새가 집에 가득하더라 제자 중 하나로서 예수를 잡아 줄 가룟 유다가 말하되 이 향유를 어찌하여 삼백 데나리온에 팔아 가난한 자들에게 주지 아니하였느냐 하니 이렇게 말함은 가난한 자들을 생각함이 아니요 그는 도둑이라 돈궤를 맡고 거기 넣는 것을 훔쳐 감이러라 예수께서 이르시되 그를 가만 두어 나의 장례할 날을 위하여 그것을 간직하게 하라 가난한 자들은 항상 너희와 함께 있거니와 나는 항상 있지 아니하리라 하시니라"(요 12:1-8)

그 때 제자들은 마리아가 아주 귀한 향유를 허비한다고 불만을 표시했다. 오늘날에도 많은 사람들이 너그럽게 베푸는 사람들을 바라보며,

'과연 그렇게까지 할 필요가 있었을까?'라고 말한다. 만일 우리가 그러한 방식으로 살아간다면 우리는 결코 너그럽게 나누어 주는 일을 하지 못할 것이다. 무슨 일이든 그렇게 말하는 사람이라면 그들은 인색한 사람이다. 그들은 겨우 자신이 할 의무만 실천하고, 합리적이지 않은 것은 실천하지 않기 때문에 항상 그 이상을 넘지 못할 것이다.

만일 마리아가 '내가 그렇게 까지 해서 예수님께 향유를 부어드릴 필요가 있을까?'라고 생각했다면 향유를 붓지 않았고, 그랬다면 예수님으로부터 칭찬을 받지도 못했을 것이다. 하지만 마리아는 필요에 의해서 행동하는 사람이 아니라, 사랑에 의해서 행동했다. 마치 바울이 영혼을 사랑하여 기쁨으로 자신을 허비하고 또 허비한 것처럼 마리아도 그렇게 베풀었다.

"내가 너희 영혼을 위하여 크게 기뻐하므로 재물을 사용하고 또 내 자신까지도 내어 주리니 너희를 더욱 사랑할수록 나는 사랑을 덜 받겠느냐"(고후 12:15)

우리가 너그럽게 베푸는 동기는 사랑에 있기 때문에 모든 것을 다 드려도 모자란다고 생각하게 된다. 우리가 베푸는 상대방을 진심으로 사랑한다면 우리의 모든 것을 다 주어도 모자란다고 생각할 것이다. 섬기는 일에 동기가 되는 것은 역시 사랑이기 때문이다.

3. 어떻게 너그러운 마음으로 베풀 수 있는가?

첫째로 우리는 너그러운 마음으로 우리의 시간을 선물로 나누어 줄 수 있다.

오늘날의 문화에서 시간은 우리가 다른 사람에게 줄 수 있는 가장 귀한 선물이다. 다른 사람에게 시간을 준다는 것은 삶의 일부를 주는 것이다. 우리는 상대방과 함께 시간을 보내면서 그 사람의 사정을 바로 알고 그를 위해서 기도할 수 있다. 시간을 내서 상대방에게 가족 관계와 그 사람의 적성과 그 사람의 관심 분야와 그 사람의 건강에 대해서 대화를 나누면 상대방은 우리가 그 사람에게 관심이 있다는 것을 느낄 것이다. 우리가 시간을 가지고 상대방을 알아가기 전에는 상대방을 도울 수 없기 때문이다.

모든 사람에게 시간을 선물로 주는 것은 어렵지만 날마다 한 두 사람에게 시간이라는 선물을 줄 수 있다. 부모가 자녀들을 위해 시간을 내지 않으면, 자녀들은 자신을 소중하게 여기지 않는다고 생각하여 자신들의 가치감을 잃게 될 것이다. 우리가 상대방과 시간을 함께 한다는 것은 너그러운 마음으로 관심을 표현하는 것이다.

사랑하는 부부가 시간을 내서 함께 밭을 가꾸고, 시장에 함께 가며, 함께 공원을 걷고, 함께 음악을 듣고, 함께 대화를 나누고, 함께 여행을 하는 것은 참으로 아름답다. 가족이 함께 하는 활동을 통해 좋은 추억을 쌓을 수 있기 때문이다. 가족이 함께 해변을 따라 산책 했던 일, 눈싸움을 했던 일, 요리하면서 온 가족이 즐겁게 지냈던 일들은 행복하고 소중한 추억으로 간직이 될 것이다. 부부나 부모와 자식 사이에 소중한 추억을 함께 공유한다는 것은 참으로 아름다운 것이다.

우리가 무엇을 하고 있느냐가 중요한 것이 아니라 왜 그것을 하느냐가 더 중요하다. 어느 누구라도 가족을 완벽하게 사랑할 수는 없지만 너그러운 마음으로 상대방에게 시간을 투자할 수는 있다. 그러므로 진정한 너그러움은 희생을 감수해야 한다. 그러면 가족들과 함께 시간을 보내지 못했던 사람들은 어떻게 해야 할까? 먼저 자신을 용서해야 한다. 사랑하는 가족들에게 깊은 상처를 준 것을 괴로워하기보다 자신을 먼저 용서하고, 가족들에게 저지른 잘못을 사과해야 한다.

우리가 시간을 내서 다른 사람을 도와 줄 때 자기 자신이 가장 큰 도움을 받는다. 많은 사람들은 자신에게 집중하면서 상대방의 이야기는 들어 주지 않는다. 자신의 옳은 생각만 강조하고, 상대방을 가르치고, 상대방이 틀린 것을 지적하고, 상대방에게 흥분하지만 우리는 상대방에게 조용히 귀를 기울이고, 상대방의 필요가 무엇이며, 상대방이 얼마나 사랑을 필요로 하는지를 주의 깊게 생각해야 한다. 우리가 너그러운 태도로 살아갈 때 우리의 가정이 행복해지고, 나와 관계된 공동체가 행복해진다.

사실 나의 시간을 어떻게 쓸 것인가를 결정하는 사람은 바로 나 자신이다. 미국의 유명한 여성으로 대법관을 역임한 산드라 데이 오코너는 자기 남편의 치매를 치료하기 위해서 그리고 함께 시간을 보내기 위해서 평생직장이었던 대법관의 자리를 사임하였다. 그녀가 자기 남편과 함께 마지막 시간을 보낸 이야기는 우리 마음에 감동을 준다. 또 자기를 알아보지 못하는 남편이 병원에서 다른 여인과 사랑에 빠지는 것을 보면서 그가 병중이나마 조금이라도 행복을 느끼는 것을 보면서 도리어 기뻐하였다. 시간이라는 선물은 가장 강력한 사랑의 표현이며, 많은 사람들이 그 선물을 받고 싶어 한다는 사실을 기억해야 한다.

둘째로 우리는 너그러운 마음으로 우리의 재능을 선물로 나누어 줄 수 있다.

우리 모두는 무엇인가를 할 수 있는 재능이 있기 때문에 그 재능을 사용하여 상대방에게 사랑을 표현해야 한다. 많은 아내들은 자신이 피곤하고 바쁠 때 남편이 집안일을 도와주길 원하지만 남편들은 자신의 아버지가 집안일을 도와주는 것을 보지 못했기 때문에 그런 일은 여자가 하는 일이라고 생각하여 돕지 않는다. 하지만 남편들이 집안일을 도와줄 때 아내들은 큰 힘을 얻고 남편이 자신을 돌보아 준다고 느낀다. 아내가 자신의 필요한 것에만 너무 집중하다보면 남편의 필요에 별로 신경을 쓰지 않지만 남편의 필요한 것을 준비해 주고, 음식도 때에 맞추어 준비하고, 집안을 깨끗이 정돈하는 일도 남편을 사랑하는 마음으로 섬기는 것이다.

다른 사람을 위해 자신의 재능을 나누는 일이 그만큼 중요하다. 어떤 사람은 음식을 잘 만들어 격려가 필요한 사람들을 섬긴다. 어떤 사람들은 기계를 잘 다루어 상대방의 필요를 채워 준다. 어떤 청년들은 가난한 동네의 학생들에게 공부로 도와준다. 이렇게 너그러운 사랑을 실천하는 사람들은 보람과 기쁨을 얻는다. 다른 사람들을 사랑하기 위해 자신의 재능을 사용하는 것은 생각보다 훨씬 간단하고 보람된 일이다.

셋째로 우리는 너그러운 마음으로 우리의 물질을 나누어 줄 수 있다.

빌 게이츠가 1994년에 자선단체를 설립하고 기본자금으로 9,400만 달러를 기부했다. 그 이후로도 그는 자신의 아내와 아프리카에 식수 공급과 에이즈 퇴치를 위해서 160억 달러를 기부했다. 2006년에는 워렌 버핏이 빌 게이츠 재단에 300억 달러의 주식을 기부했다. 우리가 소유하고 즐기는 모든 것과 마찬가지로 물질은 우리에게 주어진 선물이다. 우리가 물질을 나눌 때 느끼는 기쁨은 물질의 많은 혜택 가운데 하나이다. 그러므로 우리의 물질을 불필요하게 쌓아 두지 말고, 너그러운 마음으로 도움이 필요한 사람들에게 나누어 주어야 한다. 자신의 소유물을 느슨하게 쥐고 있으면 너그럽게 베풀 수 있기 때문이다. 너그러운 사람은 자신의 재산을 필요 이상으로 쌓아두지 않는다. 우리는 생각보다 가진 것이 너무나 많다.

그러므로 우리의 물질이나 시간이나 재능으로 다른 사람을 돕는 사람들은 그 일이 자신에게 활력을 주기 때문에 기쁨과 행복을 경험할 수 있다.

4. 물질적인 어려움을 어떻게 해결할 수 있는가?

우리가 인생을 살아가다보면 물질적으로 어려움을 경험할 때가 있다. 우리의 재정의 샘이 마르고, 내 땅에 기근이 찾아오고, 나의 통장의 잔고가 바닥이 나고, 우리가 가진 것이 하나도 없을 때 우리는 하나님의 음성에 귀를 기울여야 한다. 하나님은 그럴 때 우리가 하나님을 신뢰하고 의지하기를 바라신다. 우리 하나님께서 이런 상황을 통해서 믿음으로 살아가도록 우리를 훈련하고 있다고 믿어야 한다.

그러므로 우리가 현재 물질적으로 어려움을 경험하고 있다면 하나님의 약속을 믿고 어려운 사람들을 도와주는 삶을 살아가므로 우리의 문제를 해결해야 한다. 그러면 하나님께서 반드시 우리의 물질적인 어려움을 해결해 주실 것이다.

그러므로 우리가 어려울 때 더 어려운 사람을 돕는 것은 축복의 씨앗을 심는 것이다. 우리가 어려운 사람을 구제하는 것은 낡아지지 아니하는 하늘의 배낭 주머니를 만드는 것이다.

"너희 소유를 팔아 구제하여 낡아지지 아니하는 배낭을 만들라 곧 하늘에 둔 바 다함이 없는 보물이니 거기는 도둑도 가까이 하는 일이 없고

좀도 먹는 일이 없느니라"(눅 12:33)

우리에게 무엇이 필요할 때마다 마치 요술 주머니처럼 하늘 배낭은 우리의 필요를 공급할 것이다. 우리에게 필요한 것을 필요할 때마다 꺼내 쓸 수 있는 배낭 주머니가 있다면 얼마나 좋겠는가?

그런데 우리 예수님께서는 그런 하늘의 배낭 주머니를 만들 수 있다고 말씀하셨다. 그것은 바로 어려운 사람을 구제하고, 주는 삶을 사는 것이다. 그런데 우리가 가난해서 줄 돈이 없다면 어떻게 해야 할까?

그러면 우리 예수님은 우리의 소유를 팔아서 구제하라고 말씀하신다. 그러므로 우리에게 없는 것을 팔라고 말씀하시는 것이 아니다. 무엇이든지 우리에게 있는 소유를 팔아서 주는 삶을 살라고 말씀하신다. 그러면 언제든지 꺼내 쓸 수 있는 하늘의 배낭 주머니를 주시겠다고 말씀하신다. 그러므로 우리가 축복의 씨앗을 심었기 때문에 반드시 우리에게 거두게 해 주신다. 하지만 우리가 어려운 사람들을 못 본 체하면 성경은 우리에게 저주가 크게 있다고 말씀했다.

"가난한 자를 구제하는 자는 궁핍하지 아니하려니와 못 본 체하는 자에게는 저주가 크리라"(잠 28:27)

어려운 사람을 돕지 않는 것은 그만큼 큰 죄가 된다. 뿐만 아니라 하나님이 우리의 물질적인 어려움을 해결해 주시려고 찾아 오셨는데, 우리가 너그럽게 베푸는 씨앗을 심지 않으면 우리의 어려움을 해결할 수 있는 기회를 놓치게 된다. 우리가 어려운 사람을 보고 마음이 움직여 도와주어야할 이유가 무엇일까? 그것이 하나님의 뜻이기 때문이다.

우리가 잘 되기 위해서 하나님이 우리에게 기회를 만들어 주셨다.

우리에게 축복의 씨앗을 심을 수 있는 기회를 만들어 주셨다. 우리가 하나님의 축복을 받을 수 있는 기회가 마련되었다. 우리가 하나님으로부터 인도함을 받을 수 있는 기회가 주어졌다. 우리의 영혼이 만족케 되는 기회가 주어졌다. 우리가 건강의 축복을 누릴 수 있는 기회가 주어졌다. 우리가 하나님의 축복으로 빛나는 삶을 살기 위한 기회가 주어졌다. 우리가 모든 좋은 축복을 다 받기 위한 기회가 주어졌다.

그러므로 우리는 하나님의 말씀에 순종하고 실천함으로 이러한 모든 축복을 받아 누릴 수 있는 기회를 어찌 마다 하겠는가? 이 모든 것은 하나님의 말씀이 약속하는 내용들이다.

"주린 자에게 네 심정이 동하며 괴로워하는 자의 심정을 만족하게 하면 네 빛이 흑암 중에서 떠올라 네 어둠이 낮과 같이 될 것이며 여호와가 너를 항상 인도하여 메마른 곳에서도 네 영혼을 만족하게 하며 네 뼈를 견고하게 하리니 너는 물 댄 동산 같겠고 물이 끊어지지 아니하는 샘 같을 것이라"(사 58:10-11)

5. 가진 것이 없을 때 어떻게 베풀 수 있는가?

많은 사람들은 자신이 베푸는 삶을 살아갈 수 없는 이유를 찾는다.

자신은 가진 것이 없어서 이 땅에 수많은 가난한 사람들을 도와줄 수 없다고 말한다. 하지만 한 사람이 모든 가난한 사람을 도와야 하는 것은 아니다. 바로 자신의 주위에 있는 한 사람을 도와주고, 멀리 있는 한 사람을 도와주면 되는 것이다. 정말 어려움에 처해 있는 사람들은 대부분 저 멀리에 있는 다른 나라에 살고 있기 때문이다.

그러므로 한 번에 한 사람씩 도와주면 된다. 물론 우리가 가진 것이 아무 것도 없다면 우리는 다른 사람을 도울 수 없을 것이다. 그리고 우리 하나님은 없는 것을 받으시는 분이 아니다. 하지만 우리가 정말로 가진 것이 하나도 없을까?

우리는 정말로 가진 것이 없을까? 우리가 가진 것이 없어서 다른 사람을 도울 수 없다는 것은 이 세상에서 가장 큰 핑계 거리를 찾고 있는 것이다. 우리는 비록 작은 것이라도 분명히 가진 것이 있다. 하나님은 없는 것을 받으시는 분이 아니라 있는 대로 받으신다. 그러므로 중요한 것은 진정으로 하나님의 말씀을 믿고 순종하여 축복의 씨앗을 심기 원하는 마음이 있는지 그것이 중요하다.

"할 마음만 있으면 있는 대로 받으실 터이요 없는 것은 받지 아니하시리라"(고후 8:12)

할 마음만 있다면 다른 사람과 비교하면 비록 적은 것이라도 나눌 때 하나님은 우리의 나눔을 가장 크게 받으신다. 그러므로 가난한 과부는 드리고 싶은 마음이 있었기 때문에 자신이 드리는 액수가 다른 부자에 비하면 매우 작은 것이지만 자기의 모든 소유 곧 생활비 전부를 드렸다.

"예수께서 헌금함을 대하여 앉으사 무리가 어떻게 헌금함에 돈 넣는가를 보실새 여러 부자는 많이 넣는데 한 가난한 과부는 와서 두 렙돈 곧 한 고드란트를 넣는지라 예수께서 제자들을 불러다가 이르시되 내가 진실로 너희에게 이르노니 이 가난한 과부는 헌금함에 넣는 모든 사람보다 많이 넣었도다 그들은 다 그 풍족한 중에서 넣었거니와 이 과부는 그 가난한 중에서 자기의 모든 소유 곧 생활비 전부를 넣었느니라 하시니라"(막 12:41-44)

가난한 과부는 다 쓰고 조금 남은 것을 드린 것이 아니라 앞으로 써야 할 생활비 전부를 드렸다. 그러므로 우리 예수님은 과부가 그 어떤 부자보다도 가장 많이 드렸다고 칭찬하셨다. 그러므로 과부가 이렇게 심었는데 하나님께서 어찌 갚아 주지 않으실까? 분명히 풍성하게 갚아주신다. 그러므로 우리는 어려울수록 더 많이 심어야 한다. 하나님은 액수를 보시지 않으시고 비율을 보신다.

그런데도 불구하고 물질적인 어려움이 닥쳐오면 하나님께 드리는 액수를 줄이거나 아예 드리지 않는 사람들이 많다. 그와 같은 태도는 결코 하나님의 축복을 받을 자세가 아니다. 우리는 먼저 축복의 씨앗을 심고, 하나님께 물질의 축복을 요구해야 한다. 하나님께 축복의 씨앗을 심지도 않으면서 물질의 축복을 요구하지 말아야 한다. 이 부분에 우리가 실천해야할 말씀이 바로 빌립보서 4장 19절이다. "나의 하나님이 그리스도 예수 안에서 영광 가운데 그 풍성한 대로 너희 모든 쓸 것을 채우시리라"

이 말씀은 씨앗의 열매를 거두는 것이지 심지 않은 것을 거두는 말씀이 아니다. 그러므로 씨앗을 심지 않으면 하나님은 결코 우리의 모든 쓸 것을 풍성하게 채워주시지 않는다. 이 말씀에서 하나님이 나의 하나님이시기 때문에 모든 필요한 것을 채워주실 것이라고 우겨도 소용이 없다. 이 말씀은 원인이 아니라 결과이기 때문이다. 그러면 이 말씀의 원인은 무엇이며, 씨앗은 무엇인가? 빌립보서 4장 14절부터 16절 말씀이 씨앗이요, 원인이다.

"그러나 너희가 내 괴로움에 함께 참여하였으니 잘하였도다 빌립보 사람들아 너희도 알거니와 복음의 시초에 내가 마게도냐를 떠날 때에 주고 받는 내 일에 참여한 교회가 너희 외에 아무도 없었느니라 데살로니가에 있을 때에도 너희가 한 번뿐 아니라 두 번이나 나의 쓸 것을 보내었도다"

빌립보서 4장 19절에 나오는 "너희"는 사도 바울이 하나님의 사역을 감당하면서 물질적으로 어려움에 처하여 괴로운 상황 가운데 있었을 때 선교헌금으로 바울의 쓸 것을 도왔던 빌립보교회 성도들이다. 그들이 바울의 쓸 것을 도왔기 때문에 바울은 하나님이 그들의 모든 쓸 것을 채워주신다고 말씀하셨다. 그러므로 빌립보서 4장 19절의 열매를 거두려면 먼저 빌립보서 4장 14절부터 16절의 씨앗을 심어야 한다.

6. 은밀하게 축복의 씨앗을 심어야할 이유가 무엇인가?

우리가 다른 사람을 섬기고 나눌 때 아무도 모르게 은밀하게 도와야 한다. 다른 사람에게 인정받고 자랑하기 위해서 구제하는 것이 아니라 오른 손이 하는 것을 왼손이 모르게 은밀하게 도와야 한다.

"사람에게 보이려고 그들 앞에서 너희 의를 행하지 않도록 주의하라 그리하지 아니하면 하늘에 계신 너희 아버지께 상을 받지 못하느니라 그러므로 구제할 때에 외식하는 자가 사람에게서 영광을 받으려고 회당과 거리에서 하는 것 같이 너희 앞에 나팔을 불지 말라 진실로 너희에게 이르노니 그들은 자기 상을 이미 받았느니라 너는 구제할 때에 오른손이 하는 것을 왼손이 모르게 하여 네 구제함을 은밀하게 하라 은밀한 중에 보시는 너의 아버지께서 갚으시리라"(마 6:1-4)

하나님은 우리가 어떤 태도로 다른 사람들을 돕고 있는지 누구보다도 자세히 아신다. 그러므로 우리가 사람들에게 인정받기 위해서 베푼다면 그것은 이미 자기의 상을 받은 것이다. 그러므로 그 씨앗은 자랄 수 없고, 그 결과 풍성한 열매를 거둘 수도 없다.

갈릴리 호수와 염해를 생각해 보면 좋은 교훈을 배울 수 있다. 갈릴리 호수가 항상 맑고, 많은 물고기가 살아갈 수 있는 이유가 무엇일까? 갈릴리 호수 근원에는 헬몬 산이 있어 그곳의 눈이 녹아 내려서 맑은 물이 호수로 들어온다. 갈릴리 바다는 위로부터 풍성하게 공급을 받고 있기 때문에 언제나 풍성한 것이다. 뿐만 아니라 요단강을 통해 계속 흘러 보내기 때문에 풍성한 것이다.

계속 공급을 받아 베푸는 삶을 살고 있지만 죽음의 바다로 알려져 있는 염해는 갈릴리 호수로부터 공급은 받지만 어디로든지 주지 않기 때문에 아무런 생명체가 살아갈 수 없는 죽음의 바다가 되었다. 그러므로 우리 그리스도인은 하나님으로부터 풍성하게 공급받아 나누어 주는 삶을 살아야 한다. 하지만 하나님이 주신 풍성한 축복을 나누지 않고 자신의 창고에만 쌓아둔다면 반드시 하나님으로부터 오는 풍성한 축복이 차단이 된다. 하지만 우리가 나누어주는 삶을 살았다면 하나님께서 우리에게 반드시 갚아 주신다.

"주라 그리하면 너희에게 줄 것이니 곧 후히 되어 누르고 흔들어 넘치도록 하여 너희에게 안겨 주리라 너희가 헤아리는 그 헤아림으로 너희도 헤아림을 도로 받을 것이니라"(눅 6:38)

그러므로 우리가 주는 삶을 사는 것보다 더 확실한 투자는 없다. 우리가 나눔의 씨앗을 심었다면 때가 되면 반드시 그 열매를 거둔다. 우리의 나눔은 결코 헛되지 않아서 때가 되면 반드시 열매를 거둔다.

"우리가 선을 행하되 낙심하지 말지니 포기하지 아니하면 때가 이르매 거두리라"(갈 6:9)

이제 우리는 하나님을 사랑하고 섬기는 것처럼 우리의 이웃도 섬기고 나누어주고 사랑해야 한다. 그러면 반드시 축복의 열매를 거둔다. 그러므로 물질의 축복을 위해서 이렇게 기도하라.

"하나님 아버지여, 저는 빼앗는 자가 아니라 주는 자로 살아가기 원합니다. 그러므로 하나님께서 후히 되어, 누르고, 흔들어서, 넘치도록 하여 오늘 이 땅에서 저에게 안겨주실 것을 믿습니다. 나의 모든 필요는 하나님께서 채워주십니다. 하나님께서 영광 가운데 풍성한 대로 나의 모든 쓸 것을 채워주시니 나는 항상 부요합니다. 주님은 나의 목자가 되시니 나에게는 부족함이 없습니다. 지혜의 부족함도 없고, 능력의 부족함도 없고, 물질의 부족함도 없습니다. 주님께서 저를 행복으로 인도하십니다. 주님의 이름을 위해서 저를 의의 길로 인도하십니다. 나는 죽음을 두려워하지 않습니다. 주님은 언제나 나와 함께 하십니다. 나는 평생 동안 하나님의 축복 속에서 살아갈 수 있음을 믿습니다. 주님은 나의 포도나무이십니다. 주님의 모든 축복이 나에게 공급됨으로 나는 풍성한 열매를 맺습니다. 나는 율법의 저주에서 벗어나서 아브라함의 축복을 받았습니다. 나의 영혼은 잘되고, 범사도 잘되고 나는 강건합니다. 나는 복의 근원이며 세계열방에 축복을 끼칠 사람입니다. 나는 그리스도 안에서 하늘에 속한 모든 신령한 축복을 이미 받았습니다. 예수 그리스도의 이름으로 기도합니다. 아멘."

7. 나누어 주는 삶을 살아야 하는 이유가 무엇인가?

우리의 인생에서 우리가 움켜잡으려고 하면 할수록 소멸되고, 가지려 하면 할수록 공허해지는 것이 우리의 인생이다. 사람들이 왜 그토록 열심히 일하고 노력하는 이유가 무엇일까? 죽기 살기로 늦게까지 일하는 이유가 무엇일까? 결국은 자기 입으로 먹고 살기 위해서 그렇게 하지만 그런 인생은 결코 행복할 수 없다.

"사람의 수고는 다 자기의 입을 위함이나 그 식욕은 채울 수 없느니라"(전 6:7)

여기서 '그 식욕을 채울 수 없다'는 것은 자기 입만을 위해 살아가는 사람은 결코 행복해질 수 없다는 것이다. 그렇다면 우리는 무엇으로 우리의 삶을 풍성하고 행복하게 할 수 있을까? 우리가 진정한 행복을 얻으려면 너그러운 마음으로 나누어주는 삶을 살아야 한다.

그러므로 우리가 나누어 주는 삶을 살지 않는다면 우리는 진정으로 행복할 수 없다. 미숙한 사람은 우리의 것을 나누어주면 빼앗긴다고 생각하여 모든 것을 움켜쥐려 하지만 우리가 움켜쥐고 있는 것들은 진정으로 우리 것이 될 수 없다. 오히려 그것들이 우리를 옥죄게 만든다. 우리가 움켜쥐고 있는 물질은 우리의 것이 될 수 없다.

그렇다면 이 세상에서 가장 행복한 결심은 무엇일까?

그 어떤 경우에도 우리의 인생에서 나누어 주는 삶을 살겠다고 결심하는 것이다. 그러므로 우리는 물질사용에서 하나님의 뜻이 무엇인지 바로 알아야 한다. 우리 하나님께서 우리에게 요구하시는 것은 무엇인가? 하나님은 우리에게 나누어 주는 삶을 살아가라고 말씀하신다.

세상 진리는 우리가 주면 모두 빼앗긴다고 유혹하지만 하늘의 진리는 우리가 나누어 주는 삶을 살아가면 모든 것이 우리 것이 될 수 있다고 약속한다. 우리 인생에는 분명히 내 것처럼 보이지만 남김없이 내려놓아야 할 것들이 많다. 힘겹게 쌓아올린 명예, 꼭 움켜쥔 재물, 미래의 불안과 생명의 위험까지도 우리 하나님 앞에 온전히 내려놓아야 진정한 쉼과 참된 평안을 경험할 수 있다. 그러면 우리는 왜 나누어 주는 삶을 살아야 할까?

† 우리는 죽을 때 아무것도 가지고 갈 수 없기 때문이다.

"우리가 세상에 아무 것도 가지고 온 것이 없으매 또한 아무 것도 가지고 가지 못하리니, 그가 모태에서 벌거벗고 나왔은즉 그가 나온 대로 돌아가고 수고하여 얻은 것을 아무것도 자기 손에 가지고 가지 못하리니, 이르되 내가 모태에서 알몸으로 나왔사온즉 또한 알몸이 그리로 돌아가올지라 주신 이도 여호와시요 거두신 이도 여호와시오니 여호와의 이름이 찬송을 받으실지니이다 하고"(딤전 6:7, 전 5:15, 욥 1:21)

'공수레 공수거'라는 말처럼 우리는 어차피 빈손으로 왔다가 빈손으로 간다. 우리는 아무 것도 가지고 오지 않았으니 아무 것도 가지고 갈 수 없다. 우리는 벌거벗고 나왔으니 아무 것도 가지고 갈 수 없다. 우리 인생은 어차피 알몸으로 왔다가 알몸으로 가는 것이다. 그러므로 우리가 가진 물질을 지혜롭게 사용해야 한다. 사도 바울은 우리에게 하나님의 사역을 위해서 많이 투자하고 나누어 주기를 좋아하는 사람이 되라고 말씀하신다.

"선을 행하고 선한 사업을 많이 하고 나누어 주기를 좋아하며 너그러운 자가 되게 하라"(딤전 6:18) 그러면 우리는 왜 나누어 주는 삶을 살아야 할까?

† 주는 것이 받는 것보다 더 복이 있기 때문이다.

"범사에 여러분에게 모본을 보여준 바와 같이 수고하여 약한 사람들을 돕고 또 주 예수께서 친히 말씀하신 바 주는 것이 받는 것보다 복이 있다 하심을 기억하여야 할지니라"(행 20:35)

우리는 무엇보다도 나누어 주는 삶이 얼마나 행복한 삶인지 알아야 한다. 우리가 나누어 주는 삶을 살아갈 때 우리 하나님께서 다시 넘치도록 우리에게 주시기 때문이다.

"주라 그리하면 너희에게 줄 것이니 곧 후히 되어 누르고 흔들어 넘치도록 하여 너희에게 안겨 주리라 너희가 헤아리는 그 헤아림으로 너희도 헤아림을 도로 받을 것이니라"(눅 6:38)

그러므로 우리는 물질에 소망을 두지 말고 우리에게 모든 것을 주시고 누리게 하시는 우리 하나님께 소망을 두어야 한다. "네가 이 세대에서 부한 자들을 명하여 마음을 높이지 말고 정함이 없는 재물에 소망을 두지 말고 오직 우리에게 모든 것을 후히 주사 누리게 하시는 하나님께 두며"(딤전6:17)

그러면 우리는 왜 나누어 주는 삶을 살아야 할까?

† 어리석은 삶을 살지 않기 위해서이다.

하나님이나 이웃에게 나누어 주는 삶을 살지 않고 자기만을 위해 살아가는 사람은 이기적이고 어리석은 사람이다. 우리 예수님은 어리석은 사람이 누구인지 우리에게 소개했다.

"또 내가 내 영혼에게 이르되 영혼아 여러 해 쓸 물건을 많이 쌓아 두었으니 평안히 쉬고 먹고 마시고 즐거워하자 하리라 하되 하나님은 이르시되 어리석은 자여 오늘 밤에 네 영혼을 도로 찾으리니 그러면 네 준비한 것이 누구의 것이 되겠느냐 하셨으니 자기를 위하여 재물을 쌓아 두고 하나님께 대하여 부요하지 못한 자가 이와 같으니라"(눅 12:19-21)

다윗에게 나누어 주기를 거절한 나발은 나누어 주는 삶을 살지 않음으로 인하여 멸망을 당하였다. 그의 이름 나발은 어리석은 사람이라는 뜻인데 나발은 역시 나누어 주는 삶을 살지 않음으로 인하여 어리석은 사람이 되었다. 하지만 그의 아내 아비가일은 나누어 주는 삶을 살았기 때문에 나중에 다윗의 아내 왕비가 되는 축복을 받았다.

그러므로 나누어 주지 않고 물질에 목표를 두고 사는 사람은 어리석고 해로운 욕심에 떨어지며 파멸과 멸망을 당한다.

돈을 사랑함이 일만 악의 뿌리가 되기 때문이다. 결국 그들은 믿음을 떠나게 되고 많은 근심과 질병에 시달리게 된다.

"부하려 하는 자들은 시험과 올무와 여러 가지 어리석고 해로운 욕심에 떨어지나니 곧 사람으로 파멸과 멸망에 빠지게 하는 것이라 돈을 사랑함이 일만 악의 뿌리가 되나니 이것을 탐내는 자들은 미혹을 받아 믿음에서 떠나 많은 근심으로써 자기를 찔렀도다"(딤전 6:9-10)

그러면 우리는 왜 나누어 주는 삶을 살아야 할까?

† 나누어 주는 것이 하나님의 뜻이기 때문이다.

완전한 복음으로 구원받은 사람의 변화가운데 가장 중요한 것이 바로 아낌없이 나누어 주시는 하늘의 아버지를 닮는 것이다. 우리 하나님 아버지께서 아낌없이 나누어 주셨기 때문에 우리도 그분처럼 나누어 주는 사람이 되어야 한다.

"자기 아들을 아끼지 아니하시고 우리 모든 사람을 위하여 내주신 이가 어찌 그 아들과 함께 모든 것을 우리에게 주시지 아니하겠느냐"(롬 8:32)

그래서 세리장 삭개오는 구원받은 후 자신의 재산의 절반을 팔아서 가난한 사람들에게 나누어주었다. 우리가 아낌없이 나누어 주는 삶을 살아갈 때 우리 예수님께서는 이렇게 약속하셨다.

"주라 그리하면 너희에게 줄 것이니 곧 후히 되어 누르고 흔들어 넘치도록 하여 너희에게 안겨 주리라 너희가 헤아리는 그 헤아림으로 너희도 헤아림을 도로 받을 것이니라"(눅 6:38)

이처럼 하나님께서는 나누어 주는 사람에게 놀라운 보상을 약속하지만 이러한 보상을 기대하는 마음으로 이익을 생각하는 장사꾼처럼 나누어 주는 삶을 살아서는 안 된다. 단지 하나님의 사랑을 체험했기 때문에 나누어 주고, 나누어 주는 삶이 하나님의 뜻이기 때문에 하나님께 순종하기 위해서 나누어 주는 삶을 살아야 한다.

그러므로 요즘 나의 수입의 물질을 주로 어디에 사용하고 있는지 점검해 보아야 한다. 우리가 수입의 대부분을 빚을 갚는데 사용하고, 그 돈을 누리지 못하고 있다면 하나님께 나누어 주는 사람이 되기 위해서 풍성하게 채워달라고 기도해야 한다. 우리 하나님께서 우리에게 넘치게 채워주셔야 우리가 모든 착한 일을 넘치게 하고 하나님께도 감사하는 사람이 될 수 있기 때문이다.

"하나님이 능히 모든 은혜를 너희에게 넘치게 하시나니 이는 너희로 모든 일에 항상 모든 것이 넉넉하여 모든 착한 일을 넘치게 하게 하려 하심이라 기록된 바 그가 흩어 가난한 자들에게 주었으니 그의 의가 영원토록 있느니라 함과 같으니라 심는 자에게 씨와 먹을 양식을 주시는 이가 너희 심을 것을 주사 풍성하게 하시고 너희 의의 열매를 더하게 하시리니 너희가 모든 일에 넉넉하여 너그럽게 연보를 함은 그들이 우리로 말미암아 하나님께 감사하게 하는 것이라"(고후 9:8-11)

그러면 우리는 왜 나누어 주는 삶을 살아야 할까?

† 하나님이 먼저 우리를 사랑해 주셨기 때문이다.

예수 그리스도께서 먼저 우리를 사랑해 주셨기 때문에 우리도 그 사랑에 감동을 받고 우리도 그분을 사랑하기 위해서 나누어 주는 삶을 살아야 한다. "우리가 사랑함은 그가 먼저 우리를 사랑하셨음이라"(요일 4:19) 우리가 하나님의 사랑을 받았기 때문에 하나님의 뜻대로 나누어 주는 삶을 살아가는 것이다. 이것이 진정 가장 행복한 결심을 하는 것이다.

† 이기적인 삶을 살지 않기 위함이다.

어떤 사람은 다른 사람에게 너그럽게 베풀지 않고 자신만을 위한 계획을 세운다. 자신의 바쁜 삶을 살아가기 위해 자신에게만 집중한다. 그래서 시간과 돈과 에너지를 자신이 성취하고 싶은 것에만 사용한다면 본래의 목적이었던 다른 사람들을 위해 사용할 수 없게 된다.

자신만의 계획에 둘러 싸여 주변 사람들의 진정한 필요를 알아차리지 못한 채 섬길 기회도 놓쳐버린다. 자신의 일에 지나치게 집중하다보면 날마다 만나는 사람들의 가치를 망각하게 된다. 너그러움은 우리가 사람들의 아름다움을 알아보도록 새로운 눈을 뜨게 한다. 우리가 이기적이고 악한 생각을 하거나 나누어 줄 때마다 아까워하는 마음이 너그럽게 베푸는 것을 방해한다.

8. 가족 외에 누구에게 베풀어 주어야 하는가?

첫째로 우리는 교회의 형제와 자매들에게 베풀어 주어야 한다. 그러므로 사도 요한은 우리가 십자가의 사랑을 체험했다면 우리도 형제들의 궁핍함을 보고 도와주어야 한다고 말한다.

"그가 우리를 위하여 목숨을 버리셨으니 우리가 이로써 사랑을 알고 우리도 형제들을 위하여 목숨을 버리는 것이 마땅하니라 누가 이 세상의 재물을 가지고 형제의 궁핍함을 보고도 도와 줄 마음을 닫으면 하나님의 사랑이 어찌 그 속에 거하겠느냐"(요일 3:16-17)

둘째로 우리는 고아와 과부들에게 베풀어 주어야 한다. 그러므로 야고보 사도는 우리가 고아나 과부들을 돕는 것은 하나님 앞에 정결하고 더러움이 없는 경건한 신앙생활이라고 말한다.

"하나님 아버지 앞에서 정결하고 더러움이 없는 경건은 곧 고아와 과부를 그 환난 중에 돌보고 또 자기를 지켜 세속에 물들지 아니하는 그것이니라"(약 1:27)

셋째로 우리는 가난한 자와 괴로워하는 자와 상처 입은 자와 우리의 골육에게 베풀어 주어야 한다. 그러므로 이사야 선지자는 하나님이 기뻐하시는 진정한 신앙생활이 무엇인지 이렇게 소개했다. "내가 기뻐하는 금식은 흉악의 결박을 풀어 주며 멍에의 줄을 끌러 주며 압제 당하는 자를 자유하게 하며 모든 멍에를 꺾는 것이 아니겠느냐 또 주린 자에게 네 양식을 나누어 주며 유리하는 빈민을 집에 들이며 헐벗은 자를 보면 입히며 또 네 골육을 피하여 스스로 숨지 아니하는 것이 아니겠느냐"(사 58:6-7)

9. 베푸는 사람이
받는 축복은 무엇인가?

우리가 베푸는 삶을 살아가면 하나님께서 반드시 축복으로 갚아 주신다. 그러므로 이사야는 이사야 58장 7절에서 베푸는 삶을 소개하며 "또 주린 자에게 네 양식을 나누어 주며 유리하는 빈민을 집에 들이며 헐

벗은 자를 보면 입히며 또 네 골육을 피하여 스스로 숨지 아니하는 것이 아니겠느냐"라고 말했다. 그리고 이사야 58장 8-11절에서 베푸는 사람이 받는 축복을 소개했다.

"그리하면 네 빛이 새벽 같이 비칠 것이며 네 치유가 급속할 것이며 네 공의가 네 앞에 행하고 여호와의 영광이 네 뒤에 호위하리니 네가 부를 때에는 나 여호와가 응답하겠고 네가 부르짖을 때에는 내가 여기 있다 하리라 만일 네가 너희 중에서 멍에와 손가락질과 허망한 말을 제하여 버리고 주린 자에게 네 심정이 동하며 괴로워하는 자의 심정을 만족하게 하면 네 빛이 흑암 중에서 떠올라 네 어둠이 낮과 같이 될 것이며 여호와가 너를 항상 인도하여 메마른 곳에서도 네 영혼을 만족하게 하며 네 뼈를 견고하게 하리니 너는 물 댄 동산 같겠고 물이 끊어지지 아니하는 샘 같을 것이라"

그러므로 8절은 '그리하면'으로 시작된다. 이 접속사는 7절의 말씀을 행하면 하나님의 축복을 받을 것이라고 소개하는 것이다. 그리고 9절과 10절에서도 하나님의 축복을 받을 수 있는 조건을 "만일 네가 너희 중에서 멍에와 손가락질과 허망한 말을 제하여 버리고 주린 자에게 네 심정이 동하며 괴로워하는 자의 심정을 만족하게 하면"이라고 소개한다.

그렇다면 베푸는 삶을 살아가는 사람이 받는 축복은 무엇인가?

베푸는 삶을 살아가는 사람은 새벽 빛 같이 빛나는 삶을 살게 된다.

베푸는 삶을 살아가는 사람은 질병이 찾아올 때 속히 치유함을 받는 축복을 경험한다.

베푸는 삶을 살아가는 사람은 하나님의 영광이 베푸는 사람을 호위하는 축복을 받는다.

베푸는 삶을 살아가는 사람은 하나님의 기도 응답을 받는 축복을 받는다.

하나님께서 항상 베푸는 사람을 인도하여 메마른 곳에서도 만족하게 되고, 물이 끊어지지 아니하는 샘 같은 축복을 받는다.

베푸는 삶을 살아가는 사람은 탐욕에서 벗어나 마음이 깨끗해진다.

그러므로 우리 예수님께서는 마음이 깨끗해 지는 비결을 제시했다.

"주께서 이르시되 너희 바리새인은 지금 잔과 대접의 겉은 깨끗이 하나 너희 속에는 탐욕과 악독이 가득하도다 어리석은 자들아 겉을 만드신 이가 속도 만들지 아니하셨느냐 그러나 그 안에 있는 것으로 구제하라 그리하면 모든 것이 너희에게 깨끗하리라"(눅 11:39-41)

우리의 마음과 양심이 더러운 것은 탐욕과 악독이 가득하기 때문이다. 하지만 우리가 너그럽게 나누어주면 우리의 마음이 깨끗해진다.

"깨끗한 자들에게는 모든 것이 깨끗하나 더럽고 믿지 아니하는 자들에게는 아무 것도 깨끗한 것이 없고 오직 그들의 마음과 양심이 더러운지라"(딛 1:15)

10. 우리는 과연 얼마나
   너그러운 사람인가?

"오직 선을 행함과 서로 나누어 주기를 잊지 말라 하나님은 이같은 제사를 기뻐하시느니라, 선을 행하고 선한 사업을 많이 하고 나누어 주기를 좋아하며 너그러운 자가 되게 하라 이것이 장래에 자기를 위하여 좋은 터를 쌓아 참된 생명을 취하는 것이니라, 이것이 곧 적게 심는 자는 적게 거두고 많이 심는 자는 많이 거둔다 하는 말이로다 각각 그 마음에 정한 대로 할 것이요 인색함으로나 억지로 하지 말지니 하나님은 즐겨 내는 자를 사랑하시느니라 하나님이 능히 모든 은혜를 너희에게 넘치게 하시나니 이는 너희로 모든 일에 항상 모든 것이 넉넉하여 모든 착한 일을 넘치게 하게 하려 하심이라, 너희 소유를 팔아 구제하여 낡아지지 아니하는 배낭을 만들라 곧 하늘에 둔 바 다함이 없는 보물이니 거기는 도둑도 가까이 하는 일이 없고 좀도 먹는 일이 없느니라"(히 13:16, 딤전 6:18-19, 고후 9:6-8, 눅 12:33)

하나님은 여러 말씀들을 통해서 우리에게 이렇게 말씀하셨다.

사실 우리를 이루고 있는 모든 것들과 우리가 가진 모든 것이 하나님이 주신 선물이다.

"누가 너를 남달리 구별하였느냐 네게 있는 것 중에 받지 아니한 것이 무엇이냐 네가 받았은즉 어찌하여 받지 아니한 것 같이 자랑하느냐"(고전 4:7)

사실 너그러움이란 관대함, 관용, 마음이 넓음, 아낌없는 마음씨, 고결함 등으로 표현된다.

그러므로 우리의 너그러움은 우리의 마음이 얼마나 순수한지를 보여주는 거울이다.

웨스트민스터 사원에 있는 크리스토퍼 채프먼의 묘비(1686년)에는 이런 말이 새겨져 있다.

"내가 상대방에게 준 것이 내가 가진 것이다. 내가 베푼 것이 내가 가진 것이다. 내가 잃은 것은 다른 사람에게 베풀지 않아 내게 남아 있는 것이다."

우리는 나누어 주는 기쁨을 언제 경험했는가?

우리는 나누어 주는 삶에 관해서 어떤 태도를 취하고 있는가?

우리는 나누는 일에 이기적이지 않은가?

우리는 나누는 일에 일관성이 있는가?

우리는 나누는 일에 인색하지 않았는가?

우리가 나누어 주는 일에 훼방꾼은 무엇인가?

우리가 받은 선물 중에 가장 큰 것은 무엇인가?

우리의 가족이나 친구들 중에

함께 시간을 보내고 싶은 사람은 누구인가?

우리는 어떻게 그들과 시간을 보낼 수 있는가?

우리는 주변 사람들의 필요를 너그럽게 채워 주고 있는가?

우리는 맡겨진 자원을 어떻게 사용하고 있는가?